Um projeto de democracia

DAVID GRAEBER

Um projeto de democracia

Uma história, uma crise, um movimento

1ª edição

Tradução
Ana Beatriz Teixeira

Revisão técnica
Pablo Ortellado

PAZ & TERRA
São Paulo/Rio de Janeiro
2015

Copyright © David Graeber, 2013
Copyright da tradução © Paz & Terra, 2015

Título original em inglês: *The Democracy Project: A History, A Crisis, A Movement*

Capa: Gabinete de Artes

Miolo: Filigrana

Direitos de edição da obra em língua portuguesa no Brasil adquiridos pela EDITORA PAZ E TERRA. Todos os direitos reservados. Nenhuma parte desta obra pode ser apropriada e estocada em sistema de bancos de dados ou processo similar, em qualquer forma ou meio, seja eletrônico, de fotocópia, gravação etc., sem a permissão do detentor do copyright.

Editora Paz e Terra Ltda.
Rua do Paraíso, 139, 10º andar, conjunto 101 – Paraíso
São Paulo, SP – 04103-000
http://www.record.com.br

Seja um leitor preferencial Record.
Cadastre-se e receba informações sobre nossos lançamentos e nossas promoções.
Atendimento e venda direta ao leitor:
mdireto@record.com.br ou (21) 2585-2002

Texto revisado segundo o novo Acordo Ortográfico da Língua Portuguesa.

CIP-BRASIL. CATALOGAÇÃO NA PUBLICAÇÃO
SINDICATO NACIONAL DOS EDITORES DE LIVROS, RJ

G764p

Graeber, David, 1961-
Um projeto de democracia / David Graeber. Tradução de Ana Beatriz Teixeira. / Revisão técnica de Pablo Ortellado. – 1. ed. – São Paulo: Paz & Terra. 2015.

Inclui bibliografia e índice
ISBN 978-85-7753-341-1

1. Crises financeiras. 2. Crise financeira global. 3. Crises financeiras – Estados Unidos. 4. Finanças internacionais. 5. Crises financeiras – Estados Unidos – História. I. Título.

14-14682

CDD: 331.0981
CDU: 331(81)(09)

Impresso no Brasil
2015

Para meu pai

Sumário

Agradecimentos   9
Introdução   11

1. O começo está próximo   25
2. Por que funcionou?   71
3. "A plebe começa a pensar e a raciocinar": A história oculta da democracia   155
4. Como as mudanças acontecem   207
5. Quebrando o encanto   263

Notas   291
Índice   297

Agradecimentos

Gostaria de agradecer a todas as pessoas que fazem parte do movimento e me ensinaram tudo o que sei.

Introdução

No dia 26 de abril de 2012, cerca de trinta ativistas do Occupy Wall Street se reuniram na escadaria do Federal Hall, em Nova York, em frente à Bolsa de Valores.

Havia mais de um mês, vínhamos tentando restabelecer um ponto de apoio no sul de Manhattan, depois de termos sido expulsos, seis meses antes, de onde estávamos acampados, no Parque Zuccotti. Mesmo que não pudéssemos formar um novo acampamento, esperávamos pelo menos encontrar um lugar onde pudéssemos fazer assembleias periódicas e montar nossa biblioteca e nossas cozinhas. A grande vantagem do Parque Zuccotti era o fato de ser um lugar onde qualquer pessoa interessada no que estávamos fazendo podia nos encontrar para saber sobre as próximas ações ou simplesmente falar de política. E a falta de um lugar assim estava causando problemas que não acabavam mais. As autoridades municipais, no entanto, tinham decidido que nunca mais teríamos outro Zuccotti. Se encontrávamos um local onde podíamos nos instalar legalmente, elas simplesmente mudavam as leis e nos enxotavam. Quando tentamos nos estabelecer na Union Square, mudaram as regras de uso do espaço; quando um grupo de ocupantes começou a dormir na calçada da própria Wall Street, contando com uma decisão judicial que dizia explicitamente que cidadãos tinham o direito de dormir nas ruas de Nova York como forma de protesto político, o município considerou a parte sul de Manhattan uma "zona de segurança especial" em que a lei não se aplica.

Por fim, nos estabelecemos nos degraus do Federal Hall, uma larga escadaria de mármore diante da qual há uma estátua de George Washington, guardando a entrada do edifício onde a Declaração de Direitos foi assinada 223 anos antes. A escada não estava sob jurisdição municipal; era território federal, sob a administração do Serviço Nacional de Parques, e representantes da Polícia de Parques dos Estados Unidos — talvez conscientes de que o espaço inteiro havia sido considerado um monumento às liberdades civis — disseram não se opor à nossa ocupação, contanto que ninguém efetivamente dormisse lá. Os degraus eram largos o bastante para acomodar facilmente algumas centenas de pessoas, e, a princípio, apareceu algo em torno dessa quantidade de ocupantes. Em pouco tempo, porém, o município interveio e convenceu o pessoal dos parques a deixá-los assumir o controle: colocaram grades de ferro em todo o perímetro e outras para dividir a escadaria em dois compartimentos. Passamos a nos referir a eles como as "jaulas da liberdade". Uma equipe da Swat se posicionou na entrada; um comandante da polícia de camisa branca* monitorava cuidadosamente todos que tentavam entrar, informando que, por razões de segurança, não mais do que vinte pessoas eram permitidas em cada jaula, a qualquer hora. No entanto, alguns poucos determinados perseveraram: conseguiram manter presença 24 horas, revezando-se em turnos, organizando pequenas palestras durante o dia, iniciando debates improvisados com operadores entediados de Wall Street que vagavam durante os intervalos e mantendo vigília nas escadas de mármore à noite. Logo os cartazes grandes foram proibidos. Depois, qualquer coisa feita de cartolina. Então, vieram as detenções aleatórias. O comandante queria deixar claro que, mesmo que não pudesse prender todos nós, podia seguramente prender qualquer um de nós, por praticamente qualquer motivo, a qualquer momento. Naquele dia vi um ativista ser algemado e preso por "poluição sonora" enquanto entoava palavras de ordem e outro, um veterano da guerra do Iraque, acusado de atentado ao

---

* Na polícia de Nova York, a camisa branca é usada por oficiais com patente de tenente ou superior. Os demais usam camisas azuis ou pretas. (N. T.)

pudor por ter usado palavrões ao discursar. Talvez tenha sido porque anunciamos o evento como um "protesto de livre manifestação". O agente encarregado parecia querer deixar algo claro: mesmo no local de nascimento da Primeira Emenda, ele ainda tinha o poder de nos prender unicamente por causa de nosso discurso político.

Um amigo meu chamado Lopi, famoso por participar de passeatas em um triciclo gigante estampado com um letreiro colorido que dizia "Jubileu!",* tinha organizado o evento, batizando-o "Fale contra Wall Street: uma assembleia pacífica na escadaria do edifício do Federal Hall National Memorial, berço da Declaração de Direitos, atualmente sob bloqueio do exército do um por cento". Particularmente, nunca fui muito bom em instigar multidões. Durante todo o tempo em que estive envolvido com o Occupy, nunca fiz um discurso. Minha intenção era estar lá principalmente como testemunha e para dar apoio moral e organizacional. Durante quase toda a primeira meia hora do evento, enquanto um ocupante após o outro se dirigia para a frente da jaula para falar sobre guerra, devastação ecológica e corrupção do governo diante de uma aglomeração improvisada de câmeras de vídeo na calçada, eu me mantive nas margens, tentando puxar conversa com os policiais.

— Então você faz parte de uma equipe da Swat — disse a um jovem mal-encarado que guardava a entrada das jaulas, com um grande rifle de assalto ao seu lado. — Mas o que isso significa, Swat? "Equipe de Armas..."

— ...e Táticas Especiais — disse ele rapidamente, antes que eu tivesse chance de dizer o nome original da unidade, que era Equipe de Armas Especiais de Ataque.

— Sei. Então, tenho uma curiosidade: que tipo de armas especiais seus comandantes acham que são necessárias para lidar com trinta cidadãos desarmados em assembleia pacífica nas escadarias de um prédio federal?

— É só por precaução — respondeu ele, desconfortável.

---

* Antiga tradição hebraica de perdoar as dívidas a cada período de cinquenta anos. Aqui, é uma referência ao projeto do movimento Occupy de "comprar" dívidas de cidadãos. (N. T.)

Eu já tinha dispensado dois convites para falar, mas Lopi era insistente, e por isso acabei achando melhor dizer alguma coisa, ainda que breve. Então tomei meu lugar diante das câmeras, olhei de relance para George Washington, que contemplava o céu sobre a Bolsa de Nova York, e comecei de improviso.

— Acho muito apropriado que estejamos reunidos aqui hoje nos degraus do mesmo prédio onde a Declaração de Direitos foi assinada. É engraçado. A maioria dos americanos acredita viver em um país livre, a maior democracia do mundo. Acham que são nossos direitos e nossas liberdades constitucionais, estabelecidos na Declaração pelos pais fundadores,* que nos definem como nação, que fazem de nós quem realmente somos; — direitos e liberdades que, de acordo com os políticos, nos autorizam até mesmo a invadir outros países de forma mais ou menos arbitrária. Mas, na verdade, os homens que escreveram a Constituição não queriam que ela contivesse uma Declaração de Direitos. É por isso que eles são emendas. Não estavam no documento original. A única razão para que todas aquelas frases ressonantes sobre liberdade de expressão e de reunião acabassem constando na Constituição foi o fato de antifederalistas como George Mason e Patrick Henry terem ficado tão indignados quando viram o texto final que começaram a mobilizar o povo contra a ratificação, a menos que a Constituição passasse a incluir, entre outras coisas, o direito de envolvimento naquele mesmo tipo de mobilização popular que estavam realizando. Aquilo aterrorizou os federalistas. Afinal, uma das razões pelas quais tinham convocado a Convenção Constitucional, em primeiro lugar, era justamente afastar o perigo que viam nos movimentos populares mais radicais, que tinham clamado pela democratização das finanças e até mesmo pelo cancelamento de dívidas. A última coisa que queriam era ver as multidões reunidas em assembleias públicas e uma onda de debates populares como os que tinham surgido durante a Revolução. Então, James Madison recolheu uma lista de mais de duzentas propostas,

---

* "Pais fundadores" é a forma como são chamados os líderes políticos que participaram da redação da Constituição dos Estados Unidos. (N. T.)

que usou para redigir o texto do que hoje chamamos de Declaração de Direitos.

"O poder nunca desiste de nada voluntariamente. Se hoje temos liberdades, não é porque grandes e sábios pais fundadores as concederam. É porque pessoas como nós insistiram no exercício dessas liberdades — fazendo exatamente o que estamos fazendo aqui — antes mesmo que alguém estivesse disposto a reconhecer que tinham direito a elas.

"Não está escrito em nenhum lugar da Declaração de Independência ou da Constituição que os Estados Unidos são uma democracia. Há uma razão para isso: homens como George Washington eram abertamente contrários à democracia, o que torna um pouco estranho o fato de hoje estarmos aqui em volta da estátua dele. Mas o mesmo valia para todos eles: Madison, Hamilton, Adams... Eles escreveram explicitamente que estavam tentando criar um sistema que fosse capaz de afastar e controlar os perigos da democracia, muito embora tivessem sido alçados ao poder por uma revolução feita por pessoas que queriam justamente a democracia. E, claro, a maioria de nós está aqui porque ainda não acha que vivemos sob um regime democrático, em nenhum sentido do termo. Olhem ao redor: aquela equipe da Swat diz tudo o que é preciso saber. Nosso governo se reduziu a um sistema de corrupção institucionalizada no qual você pode ser levado para a cadeia apenas por dizer isso. Talvez eles ainda não consigam nos manter presos por mais do que apenas alguns dias de cada vez, mas com certeza estão se esforçando para mudar essa situação. Não estariam nos prendendo se não soubessem que isso é verdade. Não há nada que assuste mais os governantes deste país do que a perspectiva de a democracia eclodir. E se existe essa perspectiva, se os homens que estiveram dispostos a tomar as ruas para exigir uma Declaração de Direitos têm herdeiros, somos provavelmente nós."

*

Antes daquele momento em que Lopi me empurrou para o palco, eu nem estava pensando no Occupy Wall Street como um movimento enraizado em nenhuma grande tradição da história dos Estados Unidos. Estava mais interessado em falar sobre suas raízes no anarquismo, no feminismo, ou até no Movimento de Justiça Global. Mas acho, olhando agora, que era verdade o que disse. Afinal, há algo estranhamente incoerente na maneira como nos ensinam a pensar sobre a democracia nos Estados Unidos. Por um lado, ouvimos repetidamente que é apenas uma questão de eleger políticos para governar. Por outro, sabemos que a maioria dos americanos ama a democracia, odeia políticos e é cética em relação à ideia de governo. Como todas essas coisas podem ser verdadeiras ao mesmo tempo? Claramente, quando os americanos adotam a democracia, só podem estar pensando em algo muito mais amplo e profundo do que a mera participação nas eleições (com o que, aliás, metade deles nem se preocupa). A democracia tem que ser uma combinação de um ideal de liberdade individual com uma noção, ainda não concretizada, de que pessoas livres deveriam ser capazes de se sentar juntas como adultos razoáveis e administrar seus próprios assuntos. Nesse caso, não surpreende que os atuais governantes do país tenham tanto medo de movimentos democráticos. Levado às últimas consequências, o impulso democrático só pode ter como resultado fazer com que eles se tornem inteiramente dispensáveis.

Agora, poderíamos muito bem objetar que, mesmo que isso fosse verdade, a maioria da população certamente relutaria em levar o impulso democrático às últimas consequências — ou mesmo a algo perto disso. E com razão, porque a maior parte da população não é anarquista. Por mais que professem descontentamento com o governo ou, em muitos casos, com a própria ideia de governo, poucos de fato apoiariam sua dissolução. Talvez por não terem ideia do que poderia substituí-lo. A verdade é que a maioria dos americanos aprendeu desde muito jovem a ter horizontes políticos extremamente limitados e uma noção bastante restrita das possibilidades humanas. Para a maior parte deles, a democracia é, em última análise, uma espécie de abstração, um ideal, não algo que já tenham praticado ou experimentado. Foi por isso que, quando começaram a participar de assembleias gerais e outras formas de tomada de decisão horizontal que empregamos no Occupy, muitos sentiram como se toda a sua noção do que era politicamente possível tivesse se transformado da noite para o dia — como também me senti, em 2000, quando me envolvi com a Direct Action Network [Rede de Ação Direta], em Nova York.

*

Este, portanto, não é um livro apenas sobre o Occupy, mas sobre a possibilidade de democracia nos Estados Unidos. Mais ainda, é um livro sobre o imaginário revolucionário que o movimento despertou.

Basta comparar a agitação generalizada que saudou os primeiros meses do Occupy com o clima durante as eleições presidenciais um ano depois. Aquele outono testemunhou dois candidatos — um, o presidente em exercício imposto como fato consumado a uma base do Partido Democrata que muitas vezes se sentira traída por ele; o outro, forçado pelo poder do dinheiro a uma base republicana que havia deixado claro que preferiria praticamente qualquer outro — dispendendo a maior parte de sua energia cortejando bilionários, como de vez em quando o público pode ver pela televisão, plenamente conscientes de que, a menos que façam parte dos cerca de 25 por cento dos americanos que vivem nos estados decisivos, seu voto não fará a menor diferença. Mesmo entre aqueles cujos votos realmente importam, considera-se que é simplesmente uma escolha entre qual dos dois partidos vai desempenhar o papel preponderante nas negociações de cortes na aposentadoria, no Medicare* e na Previdência Social, já que sacrifícios terão de ser feitos e a realidade do poder nem sequer considera a possibilidade de que eles recaiam sobre os ricos.

Em um artigo da revista *Esquire*, Charles Pierce observa que muitas das performances de comentaristas de TV naquele ciclo eleitoral lembravam celebrações sadomasoquistas da impotência popular, algo semelhante aos *reality shows* em que gostamos de assistir a chefes agressivos humilhando seus assistentes:

---

* Medicare é o programa de saúde do governo dos Estados Unidos destinado a idosos e à população de baixa renda. (N. T.)

*

Nós nos permitimos atolar nos hábitos da oligarquia, como se nenhuma outra política fosse possível, mesmo em uma república supostamente autônoma. E a resignação é um desses hábitos mais óbvios. Naturalizamos o hábito de ver nossas políticas atuarem sobre nós, em vez de insistir que nós é que temos o controle sobre elas. Os astros da TV nos dizem que as celebridades políticas vão fazer seu Grande Acordo* e que, então, "nós" vamos aplaudi-los por terem feito as "escolhas difíceis" em nosso nome. É assim que você inculca os hábitos da oligarquia em uma comunidade política de bem-estar. Primeiro, você desilude as pessoas da ideia de que o governo é a expressão máxima dessa comunidade; depois, elimina ou emascula todos os centros de poder que possam existir de forma independente da sua influência asfixiante — o trabalho sindicalizado, por exemplo —; em seguida, deixa bem claro quem está no comando: eu sou o chefe; acostume-se.[1]

*

Esse é o tipo de política que resta quando qualquer noção da própria possibilidade de democracia vai por água abaixo. Mas também é um fenômeno momentâneo. É bom lembrar que as mesmas conversas ocorriam em meados de 2011, quando tudo o que a classe política conseguia discutir era uma crise artificialmente inventada sobre o "teto da dívida" e o "grande acordo" (para fazer novos cortes no Medicare e na Previdência Social) que viria inevitavelmente.

Então, em setembro do mesmo ano, aconteceu o Occupy, e com ele centenas de fóruns políticos genuínos nos quais os americanos comuns podiam falar sobre suas preocupações e seus problemas reais, paralisando as tradicionais conversas dos comentaristas políticos. Não porque participantes do Occupy tivessem levado aos políticos

---

* *Grand Bargain*, ou "grande acordo", foi um acordo feito entre o presidente Obama e líderes do Partido Republicano. (N. T.)

demandas e propostas específicas, mas porque, ao dar uma amostra do que a verdadeira democracia pode ser, geraram uma crise de legitimidade em todo o sistema.

É claro que esses mesmos comentaristas políticos consideram que o Occupy morreu com as expulsões de novembro de 2011. O que eles não entendem é que, uma vez ampliado o horizonte político das pessoas, a mudança é permanente. Centenas de milhares de americanos (e não apenas eles, é claro, mas também gregos, espanhóis e tunisianos) tiveram experiências diretas de auto-organização, ação coletiva e solidariedade humana. Isso faz com que seja quase impossível voltar à vida anterior e ver as coisas da mesma maneira. Enquanto as elites financeiras e políticas do planeta patinam cegamente em direção à próxima crise com a mesma escala da de 2008, continuamos a realizar ocupações em prédios, fazendas, casas desapropriadas e locais de trabalho — temporários ou permanentes — e a organizar greves de inquilinos,* seminários e assembleias de devedores, lançando, assim, as bases para uma cultura verdadeiramente democrática e apresentando as habilidades, os hábitos e a experiência que darão vida a uma concepção inteiramente nova de política. Com isso, renasceu o imaginário revolucionário que a sabedoria convencional** há muito tinha dado como morto.

Todos os envolvidos reconhecem que a criação de uma cultura democrática terá que ser um processo de longo prazo. Afinal, estamos falando de uma profunda transformação moral. Mas também estamos cientes de que isso já aconteceu antes. Alguns movimentos sociais nos Estados Unidos causaram profundas transformações morais — o movimento abolicionista e o feminismo vêm à mente de modo mais imediato —, mas levaram um bom tempo para isso. Assim como o Occupy, esses movimentos também operavam em grande parte fora do sistema político formal, empregaram desobediência civil e ação direta e nunca imaginaram que poderiam alcançar seus objetivos em um único ano. Obviamente, muitos outros

---

*   Mobilização de inquilinos para deixar de pagar o aluguel. (N. T.)
** O termo "sabedoria convencional" foi usado pelo economista Kenneth Galbraith em 1958 para designar as ideias prontas, nunca questionadas, do senso comum. (N. T.)

tentaram transformações morais igualmente profundas e falharam. Ainda assim, há bons motivos para acreditar que mudanças fundamentais — as mesmas que possibilitaram que o Occupy crescesse tão rapidamente, em primeiro lugar — estão ocorrendo na natureza da sociedade americana, mudanças que oferecem uma oportunidade real para o restabelecimento de longo prazo do projeto democrático.

*

O argumento social que desenvolverei aqui é bastante simples: o que está sendo chamado de Grande Recessão apenas acelerou uma profunda transformação no sistema de classes dos Estados Unidos que já estava em curso havia décadas. Considere estas duas estatísticas: no momento em que escrevo este livro, agências de cobrança estão atrás de um em cada sete americanos; ao mesmo tempo, uma pesquisa revelou que, pela primeira vez, a minoria da população (45 por cento) se descreve como "classe média". É difícil imaginar que esses dois fatos não estejam correlacionados. Tem havido muita discussão sobre a erosão da classe média americana, mas a maior parte das discussões deixa de fora o fato de que "classe média" nos Estados Unidos nunca foi uma categoria propriamente econômica. A definição tem mais a ver com a sensação de estabilidade e segurança que decorre de achar que — não importa o que se pense dos políticos — instituições do cotidiano como a polícia, o sistema de ensino, as clínicas de saúde e até mesmo os fornecedores de crédito estão basicamente do seu lado. Diante disso, fica difícil imaginar que alguém que vive a experiência de perder a residência familiar com uma simples assinatura digital de um funcionário da financeira poderia se sentir parte da classe média. E isso independe de sua renda ou de seu grau de escolaridade.

A crescente sensação por parte dos americanos de que as estruturas institucionais que os cercam não estão ali para ajudá-los — ou até mesmo de que elas são forças obscuras e hostis — é uma consequência direta da *financeirização* do capitalismo. Isso pode parecer uma afirmação estranha, porque estamos acostumados a pensar nas finanças como algo muito distante dessas preocupações cotidianas. A maioria das pessoas sabe que a maior parte do lucro de Wall Street não vem mais do desempenho da indústria ou do comércio, mas da pura especulação e da criação de instrumentos financeiros complexos. Mas a crítica habitual é que tudo é apenas uma questão de especulação, ou o equivalente a uma espécie de elaborado truque de mágica que, com um rápido movimento, cria riqueza simplesmente por afirmar que ela existe. Na verdade, o que a financeirização significa é o conluio entre governo e instituições financeiras para garantir que uma proporção cada vez maior de cidadãos fique profundamente endividada.

Isso ocorre em todos os níveis. Empregos nas áreas de farmácia e enfermagem passaram a ter novas exigências em termos de qualificação acadêmica, forçando quem quer trabalhar nesses setores a contrair financiamentos estudantis apoiados pelo governo, o que assegura que uma parcela significativa de seus futuros salários vá diretamente para o banco. O conluio entre assessores financeiros de Wall Street e os políticos regionais leva municípios à falência, ou deixa-os à beira da falência. A polícia é então orientada a ser mais rigorosa em relação ao cumprimento, por parte dos moradores, de normas sobre cuidados com jardins, lixo e manutenção, de modo que as multas resultantes dessa fiscalização aumentem a receita para pagar os bancos.

Seja como for, uma parte dos lucros retorna para os políticos por meio dos lobistas e dos Comitês de Ação Política. A diferença entre o poder financeiro e o poder do Estado fica cada vez menos clara, já que quase todas as funções dos governos locais se tornam um mecanismo de extração financeira, e o governo federal não deixa dúvidas de que considera sua função principal manter os preços das ações em alta e fazer o dinheiro fluir para os detentores de instrumentos financeiros (sem mencionar garantir que nenhuma grande instituição financeira, qualquer que seja seu comportamento, jamais quebre).

Estávamos chegando exatamente a essa conclusão quando decidimos nos chamar pela primeira vez de "os 99 por cento". Com isso, fizemos algo quase inédito: conseguimos colocar as questões não só de classe, mas de poder de classe, de volta no centro do debate político nos Estados Unidos.

Suspeito que isso só tenha sido possível por causa de mudanças graduais na natureza do sistema econômico — no Occupy Wall Street (OWS), estamos cada vez mais nos referindo a ele como "o capitalismo mafioso" — que fazem com que seja impossível relacionar o governo dos Estados Unidos com a vontade popular, ou mesmo com o consentimento popular. Em momentos como esse, qualquer despertar do impulso democrático só pode ser um ímpeto revolucionário.

1. O começo está próximo

Em março de 2011, Micah White, editor da revista canadense *Adbusters*, me pediu para escrever uma coluna sobre a possibilidade de um movimento revolucionário eclodir na Europa ou nos Estados Unidos. Na época, o melhor que pude pensar em dizer foi que, quando surge um verdadeiro movimento revolucionário, todos — inclusive os organizadores — são pegos de surpresa. Não muito tempo antes, no auge da revolta na Praça Tahrir, eu tinha tido uma longa conversa nesse sentido com uma anarquista egípcia chamada Dina Makram-Ebeid, que usei para abrir a coluna.

"O curioso", disse minha amiga egípcia, "é que a gente faz isso há tanto tempo que meio que esquece que pode vencer. Todos esses anos, organizamos passeatas, comícios. (...) E se apenas 45 pessoas aparecem, ficamos deprimidos. Se conseguimos 300, ficamos felizes. Então, um dia, aparecem 500 mil. E ficamos incrédulos: de certo modo, já tínhamos desistido de acreditar que isso podia acontecer."

O Egito de Hosni Mubarak foi uma das sociedades mais repressivas do planeta: todo o aparato do Estado estava organizado de modo a garantir que nunca viesse a acontecer o que acabou acontecendo. E ainda assim aconteceu.

Então por que não aqui?

Para ser honesto, a maioria dos ativistas que conheço sente algo muito parecido com o que minha amiga egípcia sentia: organizamos nossas vidas em torno da possibilidade de algo que não temos certeza se acreditamos que realmente possa acontecer.

E então aconteceu.

É claro que, no nosso caso, não foi a queda de uma ditadura militar, mas a eclosão de um movimento de massa baseado na democracia direta — um resultado, a seu modo, tão sonhado por seus organizadores, tão temido por aqueles que detinham o poder supremo do país e de resultados tão incertos quanto a derrubada de Mubarak havia sido.

A história desse movimento já foi contada em inúmeros veículos, do *Occupy Wall Street Journal* ao próprio *Wall Street Journal*, com diferentes motivações, pontos de vista, listas de personagens e graus de precisão. Na maior parte das versões, minha própria importância foi bastante exagerada. Meu papel era servir de ponte entre os campos. Mas meu objetivo neste capítulo não é corrigir o registro histórico, ou mesmo escrever a história do movimento, mas sim dar às pessoas uma noção de como é viver no fulcro de tal convergência histórica.

Grande parte da nossa cultura política, e até mesmo da nossa existência diária, nos faz achar que esses eventos são simplesmente impossíveis (de fato, há razões para acreditar que nossa cultura política seja projetada para fazer com que nos sintamos assim). O resultado tem um efeito inibidor sobre a imaginação. Mesmo aqueles que, como Dina ou eu, organizaram boa parte de suas vidas e a maioria de suas fantasias e aspirações em torno da possibilidade dessa eclosão da imaginação, se surpreendem quando ela de fato começa a acontecer.

É por isso que é crucial começar este livro enfatizando que eclosões transformadoras da imaginação aconteceram, estão acontecendo e certamente vão continuar a acontecer. Quem vivencia esses eventos tem seus horizontes escancarados pela experiência e começa a se perguntar que outra coisa, antes considerada impossível, também pode acontecer. Esses acontecimentos nos levam a repensar tudo o que achávamos que sabíamos sobre o passado. É por isso que quem está no poder faz de tudo para reprimi-los, para tratá-los como anomalias peculiares em vez de encará-los como um tipo de ocasião a partir da qual tudo, inclusive o próprio poder deles, se origina. Então, contar a história do Occupy, mesmo que do ponto de vista de apenas de um de seus atores, é importante. É apenas à luz da sensação de possibilidade despertada pelo movimento que tudo o mais que tenho a dizer fará sentido.

*

Quando escrevi a coluna para a *Adbusters* — "Awaiting the Magic Spark" [Esperando a centelha mágica], título dado pelos editores —, estava morando em Londres, dando aulas de antropologia na Goldsmiths, University of London University, no meu quarto ano de exílio da academia dos Estados Unidos. Tinha me envolvido bastante com o movimento estudantil do Reino Unido naquele ano: visitei várias das dezenas de ocupações a universidades em protesto contra o violento ataque do governo conservador ao sistema de ensino público britânico, participando da mobilização e das ações de rua. A *Adbusters* me convidou justamente para escrever um texto especulando sobre a possibilidade de o movimento estudantil marcar o início de uma rebelião mais ampla, de escala europeia ou mesmo mundial.

Sempre fui fã da *Adbusters*, mas só pouco tempo antes tinha me tornado assinante. Costumava ser mais uma pessoa de ação nas ruas quando não estava atuando como teórico social. A *Adbusters*, por outro lado, era uma revista ligada aos *culture jammers*:* foi criada por publicitários rebeldes que tomaram nojo da indústria para a qual trabalhavam e decidiram mudar de lado, usando suas habilidades profissionais para subverter o mundo corporativo que haviam sido treinados para promover. Ficaram famosos por criar "subversões de propaganda", antianúncios — por exemplo, anúncios de "moda" nos quais modelos bulímicas vomitavam no vaso sanitário — com custos de produção profissional que tentaram veicular em grandes publicações e na televisão, tentativas inevitavelmente fracassadas.

De todas as revistas radicais, a *Adbusters* era sem dúvida a mais bonita, mas muitos anarquistas consideravam que sua abordagem

---

* *Jammers* são ativistas de movimentos antiglobalização e anticonsumo que utilizam a internet para mobilizar ações em espaços públicos. (N. T.)

elegante e irônica a tornava pouco agressiva. Comecei a escrever para eles quando Micah White me contatou, em 2008, para contribuir com uma coluna. Em meados de 2011, ele queria me tornar uma espécie de correspondente regular no Reino Unido.

Os planos foram deixados de lado quando uma licença de um ano me levou de volta aos Estados Unidos. Cheguei à minha terra natal, Nova York, em julho de 2011, com a expectativa de passar a maior parte do verão dando entrevistas e promovendo meu livro recém-lançado sobre a história da dívida. Também queria voltar a me conectar com a cena ativista nova-iorquina, mas hesitava um pouco, porque tinha a nítida impressão de que estava um pouco caótica. A primeira vez que me envolvi de verdade com o ativismo na cidade foi entre 2000 e 2003, no auge do Movimento de Justiça Global. O movimento, que começara com a revolta zapatista em Chiapas, no México, em 1994, e chegara aos Estados Unidos com as ações de massa que suspenderam as reuniões da Organização Mundial do Comércio em Seattle em 1999, tinha sido a última vez que tivéramos a sensação de que algum tipo de movimento revolucionário mundial poderia estar ganhando forma. Foram dias inebriantes. Depois de Seattle, parecia que todo dia acontecia alguma coisa: um protesto, uma ação, uma festa do Reclaim the Streets* ou de outros ativistas no metrô, e mil reuniões de planejamento diferentes.

Mas as ramificações do 11 de Setembro nos atingiram em cheio, mesmo que tenham levado alguns anos para surtir pleno efeito. O nível de violência arbitrária que a polícia estava disposta a empregar contra os ativistas se elevou de maneira inimaginável. Quando um punhado de estudantes desarmados ocupou o telhado da New School em um protesto em 2009, por exemplo, consta que o Departamento de Polícia de Nova York reagiu com quatro esquadrões antiterroristas, incluindo comandos que desceram de rapel de helicópteros, equipados com todos os tipos de armamento de ficção científica.** E a es-

---

* *Reclaim the Streets*, que significa "reconquistar as ruas", é um movimento anarquista. (N. T.)
** Refiro-me aqui à segunda ocupação da New School, em 2009. A ocupação anterior, da cafeteria, em 2008, resultou em uma pequena vitória dos estudantes, com relativamente pouca violência policial. A segunda foi recebida com uma força instantânea e desmedida.

cala dos protestos contra a guerra e contra a Convenção Nacional do Partido Republicano em Nova York ironicamente tirou um pouco do vigor da cena dos protestos: grupos "horizontais" ao estilo anarquista, baseados em princípios de democracia direta, foram substituídos por vastas coligações verticais antiguerra para as quais a ação política consistia basicamente em protestar segurando cartazes. Enquanto isso, a cena anarquista de Nova York, que tinha estado no centro do Movimento de Justiça Global, assolada por inúmeras disputas pessoais, tinha sido reduzida à organização de uma feira literária anual.

O Movimento 6 de Abril

Mesmo antes de retornar em tempo integral no verão de 2011, tinha começado a me reconectar com a cena ativista de Nova York quando visitei a cidade no recesso de primavera, no final de abril. Minha velha amiga, Priya Reddy, que já sentou diante de árvores para impedir que fossem derrubadas e é uma ecoativista veterana, me convidou para assistir às palestras de dois dos fundadores do Movimento Jovem 6 de Abril, do Egito, no Brecht Forum, um centro educacional de tendência radical que costumava oferecer espaços gratuitos para eventos.

Era um programa imperdível, pois o 6 de Abril havia desempenhado um papel fundamental na recente revolução egípcia. Os dois egípcios, que estavam em Nova York para divulgar um livro, tinham algumas horas livres e decidiram despistar os assessores de imprensa e se encontrar com outros ativistas. Ligaram para Marisa Holmes, uma cineasta revolucionária anarquista que estava rodando um documentário sobre a Revolução Egípcia. Ao que parece, o telefone dela era o único número que tinham de um ativista em Nova York. Marisa convocou o público para o evento no Fórum Brecht com apenas um dia de antecedência. Conseguiu reunir vinte pessoas, sentadas em torno de uma grande mesa na biblioteca do centro educacional para ouvir os dois egípcios. Um deles, Ahmed Maher, jovem, calvo e bastante calado — principalmente em virtude de seu inglês vacilante —, parecia ser o fundador do grupo. O outro, Waleed Rashed, era alto, corado, articulado e engraçado. Tomei-o mais como um porta-voz do que um estrategista. Juntos, contaram histórias sobre as vezes em que foram detidos e todos os pequenos artifícios que usaram para driblar a polícia secreta.

— Nós nos valemos muito dos taxistas. Sem que eles soubessem disso. No Egito temos uma tradição: os taxistas têm de falar. Sem parar. Não pode ser diferente. Tem até uma história sobre um empresário que pegou um táxi em um trajeto longo e, depois de meia hora, se entediou com a tagarelice interminável do motorista e pediu para ele ficar quieto. O motorista parou o carro e exigiu que o passageiro saísse. "Como se atreve? O táxi é meu! Tenho o direito de falar sem parar!" Então, um dia, quando soubemos que a polícia ia dissipar nossa assembleia, anunciamos em nossas páginas do Facebook que íamos todos nos reunir na Praça Tahrir às três da tarde. É claro que todos sabíamos que estávamos sendo monitorados. Então, naquele dia, cada um teve o cuidado de pegar um táxi por volta das nove da manhã e dizer ao motorista: "Sabe? Ouvi dizer que vai haver uma grande assembleia na Praça Tahrir às duas da tarde." E de fato em poucas horas todos no Cairo sabiam sobre a assembleia. Tivemos a adesão de dezenas de milhares de pessoas antes que a polícia aparecesse.

*

Ficou claro que o 6 de Abril não era de modo algum um grupo radical. Rashed, por exemplo, trabalhava em um banco. Os dois representantes do movimento eram *liberais** clássicos por natureza, o tipo de pessoas que, se tivessem nascido nos Estados Unidos, teriam sido defensores de Barack Obama. No entanto, ali estavam eles, fugindo de seus acompanhantes para falar com um grupo diversificado de anarquistas e marxistas, que — haviam se dado conta — eram seus homólogos americanos.

---

* O termo *liberalismo* nos Estados Unidos tem sentido diferente de sua acepção na Europa e na América Latina. Enquanto nestes territórios liberalismo se refere sobretudo ao pensamento econômico que defende o Estado, nos Estados Unidos o termo se refere à posição política que defende o Estado de Bem-Estar Social e o legado social do New Deal do ex-presidente Roosevelt. (N. R.)

— Quando estavam atirando bombas de gás lacrimogêneo na multidão, percebemos uma coisa — disse Rashed. — Em todas estava escrito "Made in USA". Descobrimos mais tarde que no equipamento usado para nos torturar quando fomos detidos também. Você não esquece uma coisa dessas.

Depois da conversa formal, Maher e Rashed quiseram ver o rio Hudson, que ficava do outro lado da estrada. Então, os seis ou sete mais destemidos dentre nós nos atiramos em meio aos carros da West Side Highway e paramos em um píer vazio. Usei um cartão de memória que tinha comigo para copiar vídeos que Rashed queria nos dar: alguns egípcios e outros curiosamente produzidos pelo grupo estudantil sérvio Otpor!, que tinha tido provavelmente o papel mais importante na mobilização dos grandes protestos e de várias outras formas de resistência não violenta que derrubaram o regime de Slobodan Milosevic no final de 2000. O grupo, explicou Rashed, foi uma das maiores inspirações para o 6 de Abril, cujos fundadores tinham não apenas se correspondido com veteranos do Otpor!, mas muitos chegaram a ir para Belgrado, no início da organização, para participar de seminários sobre técnicas de resistência não violenta. O 6 de Abril, inclusive, adotou uma logomarca semelhante à do Otpor!, com um punho erguido.

— Você sabia — eu disse a ele —, que o Otpor! foi originalmente criado pela CIA?

Ele deu de ombros. Aparentemente, a origem do grupo sérvio era irrelevante para ele.

Mas as origens do Otpor! eram ainda mais complicadas. Na verdade, nos apressamos em explicar, as táticas implementadas, com a ajuda da CIA, pelo Otpor! e por muitos outros grupos na vanguarda das "revoluções coloridas" da primeira década do século XX — do antigo Império Soviético aos Bálcãs — foram táticas que a CIA tinha aprendido ao estudar o Movimento de Justiça Global, incluindo as executadas por algumas das pessoas reunidas ali no rio Hudson naquela noite.

É impossível para os ativistas saber realmente o que o outro lado está pensando. Nem mesmo conseguimos saber com exatidão quem é o outro lado: quem está nos monitorando, quem, se é que havia alguém, estava coordenando os esforços internacionais de segurança contra nós. Mas não dá para deixar de especular. E era difícil não notar que, por volta de 1999, bem na época em que uma vaga rede global de coletivos antiautoritários começou a se mobilizar para acabar com as cúpulas de comércio, de Praga a Cancun, utilizando técnicas surpreendentemente eficazes de democracia direta descentralizada e desobediência civil não violenta, certos agentes do aparelho de segurança dos Estados Unidos começaram não apenas a estudar o fenômeno, mas a tentar, eles mesmos, fomentar esses movimentos.

Não era a primeira vez que esse tipo de reviravolta acontecia: na década de 1980, a CIA tinha feito algo semelhante, usando os frutos das pesquisas de contrainsurgência dos anos 1960 e 1970 sobre o funcionamento das guerrilhas, para tentar fabricar insurgências, como a dos Contras, na Nicarágua. Algo similar parecia estar acontecendo novamente. O governo dos Estados Unidos começou a despejar dinheiro em fundações internacionais dedicadas à promoção de táticas não violentas, e os instrutores americanos — alguns, veteranos do movimento antinuclear dos anos 1970 — ajudaram a organizar grupos como o Otpor!.

É importante não superestimar a eficácia desses esforços. A CIA não pode produzir um movimento do nada. Os investimentos se revelaram eficazes na Sérvia e na Geórgia, mas fracassaram completamente na Venezuela. A verdadeira ironia histórica, porém, é que foram essas técnicas, lançadas pelo Movimento de Justiça Global e espalhadas pelo mundo pelos grupos que receberam ajuda da CIA, que, por sua vez, inspiraram os movimentos que derrubaram Estados-clientes dos Estados Unidos. É um sinal do poder das táticas democráticas de ação direta que, uma vez soltas no mundo, elas se tornem incontroláveis.

US Uncut

Para mim, o que resultou de mais concreto daquela noite com os egípcios foi ter conhecido Marisa. Cinco anos antes, ela havia feito parte de uma iniciativa brilhante — embora, no fim, de curta duração — de recriar o grupo ativista dos anos 1960 Students for a Democratic Society [Estudantes por uma Sociedade Democrática] (SDS). Muitos ativistas em Nova York ainda se referiam aos organizadores principais como "aqueles garotos da SDS", mas, enquanto a maioria deles àquela altura estava presa a empregos de 50 ou 60 horas semanais para pagar dívidas de financiamento estudantil, Marisa, que tinha estado em uma subdivisão da SDS de Ohio e só mais tarde se mudou para a de Nova York, ainda era bastante ativa. Aliás, em quase tudo o que realmente valia a pena na cena ativista da cidade naquele momento parecia haver um dedo dela. Marisa é dessas pessoas quase sempre subestimadas: é baixa, despretensiosa, com uma tendência a se encolher e praticamente desaparecer em eventos públicos. Mas é uma das ativistas mais talentosas que já conheci. Como eu viria a descobrir, tinha uma capacidade quase sobrenatural de avaliar instantaneamente uma situação e descobrir o que está acontecendo, o que é importante e o que precisa ser feito.

Quando a pequena reunião às margens do Hudson terminou, Marisa me falou sobre outra, no dia seguinte, no EarthMatters, no East Village. Era um encontro de um novo grupo com o qual ela estava trabalhando, chamado US Uncut [Estados Unidos Sem Cortes], inspirado, explicou, na coalizão UK Uncut [Reino Unido Sem Cortes], que havia sido criada para mobilizar desobediência civil de massa contra os planos de austeridade do governo Tory,* em 2010. Marisa me avisou logo: na maioria, eram bastante *liberais*. Não havia muitos anarquistas, mas, de alguma forma, esse era o encanto do grupo. A seção de Nova York era composta por pessoas de várias origens — "pessoas de verdade, não ativistas" —, donas de casa de meia-idade, funcionários dos correios etc. "Mas estão todos muito entusiasmados com a ideia de fazer uma ação direta."

A ideia tinha certo apelo. Nunca tive a chance de trabalhar com o UK Uncut quando estava em Londres, mas certamente já tinha cruzado com eles. A tática do grupo era simples e brilhante. Um dos grandes escândalos do pacote de austeridade do governo conservador na época era que, ao mesmo tempo que estavam alardeando a

---

* Tory é o nome do partido de tendência conservadora do Reino Unido. (N. T.)

necessidade de triplicar as taxas estudantis, fechar centros de juventude e cortar os benefícios para aposentados e pessoas com deficiência para compensar o que descreviam como um déficit orçamentário paralisante, não demonstravam absolutamente nenhum interesse em recolher os incontáveis bilhões de libras esterlinas em impostos atrasados devidos por empresas que estavam entre suas maiores doadoras de campanha. Essa receita, se recolhida, tornaria grande parte desses cortes completamente desnecessária. O modo de o UK Uncut dramatizar a questão foi dizer: bem, se vão fechar nossas escolas e clínicas porque não querem pegar o dinheiro de bancos como o HSBC ou de empresas como a Vodafone, vamos simplesmente dar aulas e ministrar tratamento médico nos saguões dessas empresas.

A ação mais dramática do UK Uncut tinha acontecido em 26 de março, apenas algumas semanas antes do meu retorno a Nova York. Logo depois de uma grande passeata em Londres, com meio milhão de trabalhadores, para protestar contra os cortes, cerca de 250 ativistas ocuparam a loja de departamentos ultraelegante Fortnum & Mason, famosa principalmente por vender os chás e biscoitos mais caros do mundo. Os negócios iam bem, apesar da recessão, mas os proprietários tinham conseguido de alguma maneira deixar de pagar 40 milhões de libras esterlinas em impostos.

Na época, eu estava trabalhando com outro grupo, o Arts Against Cuts [Arte Contra os Cortes], formado em sua maioria por mulheres artistas cuja principal contribuição no dia do protesto foi fornecer centenas de bombas de tinta a estudantes vestidos com casacos, capuzes e bandanas pretas (em linguagem ativista, "Black Bloc").* Nunca tinha visto uma bomba de tinta antes. Eu me lembro de ficar impressiona-

---

* Há uma impressão generalizada de que "Black Blocs" [blocos negros] são uma espécie de organização obscura, dada a ideologia e as táticas anarquistas e ultramilitantes. Na verdade, é uma tática que ativistas, em geral anarquistas, podem empregar em qualquer protesto: cobrir o rosto e se vestir com roupas pretas bastante parecidas, formando uma massa disposta e capaz de se envolver em táticas militantes, caso seja necessário, o que, no mundo anglófono, pode significar tanto ficar de braços dados com outros ativistas para formar uma barreira contra a polícia quanto danificar a fachada de lojas. A técnica não é empregada regularmente. Não tinha havido uma manifestação Black Bloc significativa em Londres até que o movimento estudantil decidiu experimentar a abordagem naquele abril. E até onde sei, não houve nenhuma outra depois disso.

do com quão pequenas eram quando as vi nas mochilas de algumas amigas. Não eram bombas de fato, mas pequenos balões de água do mesmo formato e apenas ligeiramente maiores que um ovo, cheios com metade água e metade tinta solúvel de cores diferentes. O bom era que podiam ser arremessadas como bolas de beisebol em quase qualquer alvo — uma loja sonegadora, um Rolls Royce ou um Lamborghini que estivesse passando, um policial da tropa de choque. Elas causavam uma impressão dramática e imediata, espirrando cores primárias por toda parte, mas não implicavam o mais remoto risco de machucar alguém.

O plano naquele dia era que os estudantes e seus aliados deixassem a passeata dos trabalhadores em pequenos grupos às 15h e se espalhassem pela zona comercial no Centro de Londres, bloqueando cruzamentos e decorando com bombas de tinta as fachadas dos prédios das empresas conhecidas por sonegar impostos. Cerca de uma hora depois, soubemos da ocupação da Fortnum & Mason pelo UK Uncut e fomos até lá para ver se podíamos ajudar em alguma coisa. Cheguei exatamente no instante em que a tropa de choque bloqueava as entradas e os últimos ocupantes que não queriam correr o risco de ser presos se preparavam para saltar da imensa marquise nos braços dos manifestantes que cercavam a loja. Os black blocs se reuniram e, depois de lançar nossos poucos balões restantes, demos os braços para evitar a aproximação da tropa de choque, que tentava desobstruir a rua a fim de começar as detenções em massa.

Algumas semanas depois, em Nova York, minhas pernas ainda tinham as marcas de golpes e arranhões por ter sido chutado nas canelas naquele dia. Eu me lembro de ter pensado na época que agora entendia por que os antigos guerreiros usavam armadura para proteger as pernas: quando há duas fileiras opostas de guerreiros com escudos se enfrentando, a coisa mais óbvia a fazer é chutar seu adversário nas canelas.

*

Como pude constatar, o US Uncut não estava planejando nada tão dramático quanto aquilo. A reunião, como mencionei, foi realizada na varanda dos fundos da famosa delicatéssen vegetariana EarthMatters, no Lower East Side, onde se vendem chás de ervas quase tão caros quanto os da Fortnum & Mason. E era de fato um grupo tão diverso e pouco convencional quanto Marisa havia previsto. O plano deles era uma ação semelhante à que o UK Uncut tinha idealizado na Fortnum & Mason: para protestar contra o fechamento de salas de aula na cidade por causa do déficit orçamentário, dariam aulas no saguão do Bank of America, um gigante financeiro que não paga nenhuma espécie de imposto. Alguém desempenharia o papel de professor e daria uma palestra sobre a evasão fiscal corporativa; Marisa filmaria tudo para fazer um vídeo que seria divulgado na internet. O problema, explicaram, era que estavam tendo certa dificuldade para encontrar alguém que assumisse o papel de professor.

Minha passagem de volta para Londres estava marcada para aquele domingo. Portanto, eu não estava muito animado com a perspectiva de ser detido pela polícia, mas parecia ser meu destino. Após hesitar por um instante, me ofereci.

Acabou não havendo muito com o que me preocupar. A ideia de "ocupação" do US Uncut era se instalar no saguão do banco, tirar proveito da confusão inicial para começar a "aula" e então sair assim que a polícia ameaçasse prender alguém. Consegui encontrar no fundo do meu armário algo que se parecesse vagamente com um casaco de tweed e estudei a história fiscal do Bank of America. Uma amostra do que coloquei na "cola" para ser distribuída no evento: "Em 2009, o Bank of America lucrou 4,4 bilhões de dólares, não pagou nenhum imposto federal, mas ainda assim recebeu um crédito fiscal de 1,9 bilhão de dólares. Gastou, no entanto, cerca de 4 milhões de dólares em lobby, dinheiro que foi diretamente para os políticos que fizeram as leis que tornaram isso possível".[1] Apareci para a ação na hora marcada. Marisa filmou tudo e transmitiu ao vivo por *streaming* na internet. A ocupação durou cerca de 15 minutos.

Quando voltei para Nova York, em julho, uma das primeiras pessoas para quem liguei foi Marisa, e ela me conectou novamente com outra ação do Uncut, no Brooklyn. Dessa vez, porém, fugimos ainda mais rápido.

Rua Beaver, 16

No dia 31 daquele mesmo mês, minha amiga Colleen Asper me convenceu a participar de um evento organizado pelo 16 Beaver Group.

O 16 Beaver Studio é um espaço de arte batizado em homenagem a seu endereço, a apenas uma quadra da Bolsa de Valores de Nova York. Na época, eu conhecia o espaço como um lugar onde artistas fãs do autonomismo italiano faziam seminários sobre cybermarxismo, o cinema de arte da Índia e o significado atual do Manifesto SCUM de Valerie Solanas. Colleen havia insistido que eu fosse até lá naquele domingo para que tivesse uma noção do que estava acontecendo em Nova York.

Tinha concordado, mas depois meio que esqueci, porque estava passando a manhã com um amigo britânico, um arqueólogo de passagem pela cidade para uma conferência, e ficamos absortos explorando os empórios de quadrinhos em Midtown, tentando achar bons presentes para os filhos dele. Por volta das 12h30, recebi uma mensagem de Colleen:

    C: Você vem para o negócio do 16 Beaver?
    D: Quando é mesmo? Vou sim.
    C: Agora ☺, mas vai até as 17h; então se vier mais tarde, ainda vai ter gente falando.
    D: Estou indo.
    C: Legal!
    D: Sobre o que eles vão falar mesmo?
    C: Um pouco de tudo.

O objetivo da reunião era fazer apresentações sobre os vários movimentos antiausteridade em ascensão no mundo — na Grécia, na Espanha e em outros lugares — antes de uma discussão aberta sobre como levar algo semelhante para os Estados Unidos.

Cheguei atrasado. Quando entrei na sala, já tinha perdido as discussões sobre a Grécia e a Espanha, mas fiquei surpreso ao ver vários rostos familiares. Uma velha amiga, uma artista chamada Georgia

Sagri, tinha falado sobre a Grécia, e quando cheguei um amigo ainda mais antigo, Sabu Kohso, estava no meio de uma conversa sobre mobilizações antinucleares, na esteira do derretimento dos reatores de Fukushima, no Japão.

A única discussão que peguei inteira foi a última, sobre Nova York, e foi um grande anticlímax. O apresentador era Doug Singsen, um historiador da arte do Brooklyn College de fala mansa, que contou a história da coalizão New Yorkers Against Budget Cuts [Nova-Iorquinos Contra os Cortes no Orçamento], que havia patrocinado um pequeno acampamento na calçada em frente à prefeitura, no sul de Manhattan, a que chamaram de Bloombergville, por causa do prefeito Michael Bloomberg. De certa maneira, era uma história de frustrações.

A coalizão tinha começado como uma ampla aliança de sindicatos e grupos comunitários de Nova York, com o propósito expresso de patrocinar desobediência civil contra o orçamento de estrita austeridade do prefeito Bloomberg. Isso por si só já era incomum, porque, normalmente, os dirigentes sindicais rejeitam a própria menção ao termo desobediência civil, ou pelo menos a qualquer tipo de desobediência civil que não seja completamente roteirizada e previamente combinada (por exemplo, combinando com a polícia quando e como os ativistas serão detidos). Dessa vez, sindicatos como a United Federation of Teachers [Federação de Professores] desempenharam um papel ativo no planejamento do acampamento, inspirados, em parte, pelo sucesso dos protestos no Cairo, em Atenas e em Barcelona. Mas quando tudo ficou pronto, amarelaram e pularam fora.

No entanto, uns quarenta ou cinquenta ativistas dedicados, em sua maioria socialistas e anarquistas, fincaram pé por cerca de quatro semanas, de meados de junho até o início de julho. Com números tão pequenos, nenhum aliado político e sem atenção da mídia, desafiar a lei estava fora de questão: todos acabariam sendo imediatamente detidos e ninguém ficaria sabendo. Mas eles tinham do seu lado uma obscura lei municipal que permitia dormir na calçada como forma de protesto político, desde que se deixasse uma passagem para o trânsito de pessoas e não se armasse nada que fosse considerado "estrutura" (como uma cobertura ou uma barraca). Claro, sem barracas ou qualquer outro tipo de estrutura, era difícil qualificar aquilo como um "acampamento" de fato. Os organizadores fizeram o melhor que puderam para estabelecer contatos com a polícia, mas não estavam em uma posição particularmente forte para negociar. Acabaram sendo empurrados cada vez mais para longe da prefeitura, até a dispersão total.

O verdadeiro motivo para a coalizão ter se fragmentado tão rapidamente, Singsen explicou, foi político. Os sindicatos e a maioria dos grupos comunitários contavam com aliados no Conselho Municipal, que estavam ocupados em negociar um acordo sobre o orçamento com o prefeito. "Logo ficou claro que havia duas posições", disse ele. "Os moderados, dispostos a aceitar alguns cortes, achando que isso os colocaria em uma posição privilegiada para conter o estrago, e os radicais — o acampamento Bloombergville —, que não concordavam com a necessidade de cortes." Quando parecia que finalmente se chegaria a um acordo, todo o apoio à desobediência civil, mesmo na forma mais branda, desapareceu.

*

Três horas depois, Sabu, Georgia, Colleen, alguns estudantes que organizaram o Bloombergville e eu estávamos tomando uma cerveja a poucos quarteirões dali, tentando chegar a um consenso sobre o que pensávamos a respeito de tudo aquilo. Para mim era um prazer ver Georgia novamente. A última vez que havíamos nos encontrado tinha sido em Exárchia, um bairro de Atenas repleto de centros sociais construídos em prédios abandonados, praças ocupadas e cafés anarquistas, onde havíamos passado uma noite inteira virando copos de ouzo em cafés de esquina enquanto discutíamos as implicações revolucionárias da teoria da ágape de Platão, ou o amor universal. De tempos em tempos, nossas conversas eram interrompidas pelo batalhão de choque, que marchava pela área durante toda a noite para que ninguém se sentisse confortável. Colleen explicou que isso era típico de Exárchia. De vez em quando, especialmente se um policial tivesse acabado de se ferir em confronto com manifestantes, a polícia escolhia um café, atacava todo mundo e destruía as máquinas de cappuccino.

Voltando a falar de Nova York, começamos a pensar o que seria necessário para dar uma chacoalhada na cena ativista nova-iorquina e tirá-la de seu estado de paralisia.

— O que mais ficou na minha cabeça sobre o Bloombergville — eu disse — foi quando o palestrante disse que os moderados estavam dispostos a aceitar alguns cortes, e os radicais rejeitavam qualquer possibilidade de corte. Eu estava só acompanhando, balançando a cabeça, mas de repente me dei conta: Espera aí! O que é que esse cara está dizendo? Como chegamos ao ponto em que a posição *radical* é a de manter as coisas exatamente do jeito que estão?"

Os protestos do UK Uncut e as vinte e poucas ocupações estudantis que aconteceram na Inglaterra naquele ano haviam caído na mesma armadilha. É claro que eram muito combativas: tinham vandalizado a sede do Partido Conservador e emboscado membros da família real. Mas não eram *radicais*. A mensagem que passavam era, na realidade, bastante reacionária: *parem com os cortes!* O quê? E voltar ao paraíso perdido de 2009? Ou mesmo de 1959 ou 1979?

— Para ser bastante honesto — acrescentei —, é um pouco inquietante assistir a um bando de anarquistas com máscaras do lado de fora da Topshop arremessando bombas de tinta por cima de uma fileira de policiais gritando "Paguem seus impostos!"'

(Embora, eu sei, eu também tinha sido um daqueles radicais com bombas de tinta.)

Haveria alguma forma de escapar da armadilha? Georgia estava animada com a campanha que tinha visto na *Adbusters* chamada "Occupy Wall Street". Quando me descreveu o anúncio, fui cético. Não seria a primeira vez que alguém tentaria fechar a Bolsa de Valores. Deve até ter havido alguma vez em que realmente conseguiram, na década de 1980 ou 1990. E, no outono de 2001, havia planos de uma ação em Wall Street logo após as ações contra o FMI em Washington. Mas então aconteceu o 11 de Setembro, a três quadras do local proposto, e tivemos que deixar os planos de lado. Eu supunha que fazer qualquer coisa perto do Marco Zero estaria fora de cogitação por décadas — tanto prática quanto simbolicamente. E, acima de tudo, eu não via com clareza quais seriam os objetivos dessa convocação para ocupar Wall Street.

Ninguém tinha certeza. Mas outro anúncio on-line chamou a atenção de Georgia: uma convocação para uma "assembleia geral", uma reunião para planejar a ocupação de Wall Street, o que quer que ela viesse a ser.

Na Grécia, ela explicou, foi assim que eles começaram: ocupando a Syntagma, uma praça pública perto do Parlamento, e criando uma assembleia genuinamente popular, uma nova ágora com base em princípios de democracia direta.* A *Adbusters*, disse, pressionava por algum tipo de ação simbólica. Eles queriam que dezenas de milhares de pessoas fossem para Wall Street, armassem barracas e se recusassem a sair até que o governo concordasse em atender uma grande exigência. Se haveria uma assembleia, tinha que ser antes, para determinar que exigência seria essa: que Obama criasse um comitê para restabelecer a Glass-Steagall (a lei da época da Depressão que impedia que bancos comerciais participassem de especulação de mercado) ou uma emenda constitucional que abolisse a figura da pessoa jurídica, ou alguma outra coisa.

Colleen lembrou que a *Adbusters* tinha sido fundada basicamente por pessoas da área de marketing, e sua estratégia fazia todo o sentido quando encarada dessa perspectiva: criar um slogan atrativo, que expresse com precisão a mensagem que se quer passar, e depois ficar martelando esse slogan. Mas, ponderou, será que esse tipo de legibilidade é benéfica para um movimento social?

Muitas vezes, o poder de uma obra de arte é precisamente o fato de não se ter certeza a respeito do que ela está tentando dizer. O que há de errado em fazer com que o outro lado pense um pouco? Especialmente se manter as coisas em aberto permite que você ofereça

---

* Aparentemente houve uma grande disputa entre marxistas e anarquistas sobre que expressão usar: os marxistas queriam que fosse "democracia real", inspirados pelos Indignados da Espanha; os anarquistas insistiam em "democracia direta". Fizeram uma votação, e os anarquistas venceram.

um fórum para um descontentamento que todos sentem mas que ainda não encontraram uma forma de expressar.

Georgia concordou. Por que não fazer da assembleia a mensagem em si, como um fórum aberto para que as pessoas falassem sobre os problemas e propusessem soluções não contempladas pelo sistema atual. Ou para que discutissem a criação de um sistema completamente novo. A assembleia poderia ser um modelo que se espalharia até haver uma em cada bairro de Nova York, uma em cada quadra, em cada local de trabalho.

Esse também havia sido o maior sonho do Movimento de Justiça Global. Na época, o chamamos de "contaminacionismo". Na medida em que éramos um movimento revolucionário, em oposição a um mero movimento de solidariedade apoiando movimentos revolucionários no exterior, toda a nossa visão se baseava em uma espécie de crença de que a democracia é contagiante. Ou, pelo menos, o tipo de democracia direta sem líderes que tínhamos despendido tanto cuidado e esforço para desenvolver. No instante em que as pessoas eram expostas a ela, assistindo a um grupo de pessoas que realmente ouvem umas às outras e chegam a uma decisão inteligente coletivamente sem que ela tenha sido imposta a ninguém de nenhuma maneira (sem falar quando isso acontece com mil pessoas, como nos conselhos de porta-vozes que organizamos antes das grandes ações), tendiam a mudar sua percepção sobre o que era politicamente possível. Foi com certeza esse o efeito que ela teve sobre mim.

Nossa expectativa era de que as práticas democráticas se espalhariam e, inevitavelmente, se adaptariam às necessidades das organizações locais. Nunca havia nos ocorrido que, digamos, um grupo nacionalista porto-riquenho de Nova York e um coletivo de ciclistas veganos de San Francisco fariam democracia direta do mesmíssimo modo. Mas, em grande medida, foi isso o que aconteceu.

Tivemos um enorme sucesso transformando a própria cultura ativista. Depois do Movimento de Justiça Global, os velhos tempos de comitês diretores e afins tinham praticamente ficado para trás. Quase todo mundo na comunidade ativista tinha acabado por concordar com a ideia de política prefigurativa: a ideia de que a forma organizacional de um grupo ativista deve encarnar o tipo de sociedade que ele quer construir. O problema era tirar essas ideias do gueto ativista e colocá-las diante de um público mais amplo, pessoas que não estavam envolvidas em nenhum tipo de política de base. Os meios de comunicação não ajudavam em nada: você podia assistir a um ano inteiro de cobertura de imprensa e ainda assim não ter a menor ideia de que o movimento tratava de divulgar a democracia direta. Assim, para que o contaminacionismo funcionasse, tínhamos que reunir as pessoas no mesmo espaço físico. E isso se mostrou extremamente difícil.

Concluímos que talvez daquela vez pudesse ser diferente. Afinal de contas, não se tratava mais do Terceiro Mundo sendo atingido por uma crise financeira e planos de austeridade devastadores. Dessa vez, a crise tinha chegado à nossa casa.

Todos combinamos de nos reunir na Assembleia Geral.

2 de Agosto

O Bowling Green é um pequeno parque a duas quadras da Bolsa de Valores, no extremo sul de Manhattan. Tem esse nome porque, no século XVII, colonos holandeses a usavam para jogar boliche de nove pinos. Hoje é um gramado cercado com uma grande área de calçamento de paralelepípedos ao norte, que, por sua vez, fica ao sul de uma zona para pedestres dominada por uma grande estátua de bronze de um touro que pisoteia o chão, uma imagem do entusiasmo mal contido e potencialmente mortal que os habitantes de Wall Street parecem ter adotado como símbolo do espírito animal (como cunhou John Maynard Keynes) que governa o sistema capitalista. Normalmente é um parque tranquilo, salpicado de turistas estrangeiros e ambulantes que vendem réplicas de 15 centímetros do touro.

Era por volta das 16h30 no dia da assembleia geral e eu já estava um pouco atrasado para a reunião, marcada para as 16h, mas, dessa vez, de propósito. Tinha pegado um caminho mais longo, que passava diretamente pela Wall Street, só para ter uma ideia da presença da polícia. Era pior do que eu imaginava. Havia guardas por toda a parte: dois pelotões de policiais uniformizados passando o tempo, procurando algo com que se ocupar; dois esquadrões de policiais a cavalo montando sentinela nas ruas de acesso; policiais em motos passando para cima e para baixo pelo alambrado de ferro colocado depois do 11 de Setembro para conter homens-bomba. E era apenas uma tarde de terça-feira qualquer!

Quando cheguei ao Bowling Green, o que encontrei foi ainda mais desanimador. No início, não tinha nem sequer certeza de que tinha ido à reunião certa. Já havia se formado um comício em estágio avançado. Duas câmeras de TV apontavam para um palco improvisado delimitado por banners gigantes, megafones e pilhas de cartazes impressos. Um homem alto, com dreadlocks esvoaçantes, fazia um discurso apaixonado sobre resistir aos cortes no orçamento para umas oitenta pessoas em semicírculo em torno dele. A maioria parecia vagamente entediada e desconfortável, inclusive, notei, as equipes de TV, que, olhando bem, pareciam ter deixado as câmeras operando sozinhas. Encontrei Georgia em uma das laterais, olhando com a testa franzida para as pessoas que estavam no palco.*

— Espera aí. Aqueles caras são do WWP? — perguntei.

— Sim, são eles.

Eu tinha passado alguns anos fora da cidade, por isso demorei alguns instantes para reconhecê-los. Para a maior parte dos anarquistas, o Workers World Party [Partido Mundial dos Trabalhadores] (WWP) era nosso maior antagonista no mundo do ativismo. Aparentemente era liderado por um pequeno grupo de dirigentes partidários em sua maioria brancos que, em eventos públicos, se posicionavam discretamente atrás de um punhado de negros e latinos. Eram famosos por acreditar em uma estratégia política da década de 1930: criar grandes "frentes populares" como o International Action Center [Centro de Ação Internacional] (IAC) ou o ANSWER, acrônimo de Act Now to Stop War and End Racism [Aja Agora para Parar

---

* Colleen também estava lá, mas acompanhando a mãe, de passagem pela cidade. Mais tarde soube que a mãe dela ficou tão incomodada com o estilo stalinista da reunião, que Colleen se viu obrigada a sair de lá e levá-la a uma galeria de arte.

a Guerra e Acabar com o Racismo],* formadas por dezenas de grupos que apareciam aos milhares para marchar com cartazes previamente impressos. A maioria dos membros de base dos grupos da coalizão era atraída pela retórica combativa e pela aparentemente interminável oferta de dinheiro, e ignoravam como o comitê central se posicionava em relação às questões mundiais, por exemplo.

Esses posicionamentos eram quase uma caricatura de um marxismo-leninismo ultrapassado, tanto que algumas vezes chegamos a nos perguntar se aquilo tudo não seria algum tipo de brincadeira sofisticada financiada pelo FBI: o WWP ainda apoiava, por exemplo, a invasão soviética da Tchecoslováquia em 1968 e a opressão aos protestos por democracia na Praça da Paz Celestial na China. E adotavam uma linha "anti-imperialista" tão rigorosa que não só se opunham a qualquer intervenção americana no exterior, mas também apoiavam ativamente qualquer um que o governo dos Estados Unidos desaprovasse, do governo da Coreia do Norte às milícias hutus de Ruanda. Os anarquistas em geral se refeririam a eles como "os stalinistas". Tentar cooperar com eles estava fora de questão; não tinham interesse em trabalhar com nenhuma coalizão que não fosse inteiramente controlada por eles.

Aquilo era um desastre.

Como foi que o WWP acabou controlando a reunião? Georgia não sabia bem. Mas nós dois sabíamos que, enquanto estivessem no controle, não havia possibilidade de que acontecesse uma assembleia de verdade. E, de fato, quando perguntei a algumas pessoas ao meu lado o que estava acontecendo, elas confirmaram que o plano era fazer um comício, depois abrir rapidamente o microfone para discursos e por fim realizar uma passeata pela própria Wall Street, durante a qual os líderes apresentariam uma longa lista de exigências preestabelecidas.

Para ativistas dedicados à construção de políticas de democracia direta — os "horizontais", como gostamos de nos chamar —, a reação habitual a esse tipo de coisa é entrar em desespero. Foi sem

---

* O nome do grupo é também um trocadilho. *Answer* significa "resposta". (N. T.)

dúvida o que senti. Participar de uma manifestação assim é como cair em uma armadilha. A agenda já está definida, mas não está claro quem a formulou. Na verdade, muitas vezes é difícil descobrir qual é a agenda até momentos antes de o evento começar, quando alguém a anuncia pelo megafone. Ver o palco e as pilhas de cartazes e ouvir a palavra "passeata" evocaram lembranças de mil tardes sem propósito gastas marchando em pelotões como uma espécie de exército impotente, em uma rota predefinida, com o organizador dos manifestantes articulando com a polícia para nos tocar para dentro dos "currais para manifestantes" formados por grades de proteção. Eram eventos em que não havia espaço para a espontaneidade, para a criatividade, para a improvisação; na verdade, tudo parecia feito para impossibilitar a auto-organização ou a livre expressão. Até os gritos e os slogans já vinham prontos de cima.

Avistei um aglomerado que parecia ser o núcleo principal da liderança do WWP. É fácil saber, porque eles tendem a ser de meia-idade e brancos, além de sempre se posicionarem ligeiramente para fora do palco (os que de fato aparecem são invariavelmente pessoas de cor).

Um deles, um indivíduo surpreendentemente alto, deixava o grupo a todo momento para passar pelo meio da plateia.

— Ei! — chamei quando ele passou por mim. — Talvez vocês não devessem anunciar uma assembleia geral se não vão fazer uma de fato.

Pode ser que eu tenha me expressado de forma menos educada. Ele olhou para mim.

— Ah, sim, isso é o que eu chamo de solidariedade. Insultar os organizadores... Olha aqui, vou te dizer uma coisa. Se não está gostando, por que não vai embora?

Ficamos nos encarando por desagradáveis instantes, até que ele foi embora.

Considerei ir embora também, mas notei que as outras pessoas tampouco pareciam particularmente felizes com o que estava acontecendo. Usando a linguagem do ativismo, aquilo não era um grupo de "verticais", ou seja, o tipo de gente que gosta de fazer passeatas com cartazes previamente produzidos por outras pessoas e ouvir os porta-vozes do comitê central de alguém com quem não têm ligação. A maioria parecia ser do tipo "horizontal": simpatizantes dos princípios anarquistas de organização, formas não hierárquicas de democracia direta.

Avistei pelo menos um *wobbly*,* um jovem de óculos escuros e camiseta preta do Industrial Workers of the World [Trabalhadores Industriais do Mundo] (IWW), vários universitários vestindo parafernália zapatista e alguns outros tipos obviamente anarquistas. Também vi alguns velhos amigos, incluindo Sabu, que estava com outro ativista japonês, a quem eu havia conhecido em uma ação nas ruas de Quebec em 2001. Por fim, Georgia e eu olhamos um para o outro e percebemos que estávamos pensando a mesma coisa: "Por que estamos sendo tão complacentes? Por que toda vez que vemos algo assim acontecer, murmuramos e vamos embora?" Se bem que, eu acho, o que realmente pensamos na hora foi mais parecido com: "Sabe de uma coisa? Foda-se essa merda. Eles anunciaram uma assembleia geral. Então vamos fazer uma."

Então me dirigi a um estranho qualquer, um jovem coreano-americano que olhava com irritação para o palco. Fiquei sabendo depois que ele se chamava Chris e era um anarquista que integrava o Food Not Bombs [Comida, Não Bombas]. Mas naquele momento tudo o que eu sabia era que ele parecia furioso.

— Então... — interpelei-o. — Eu estava pensando... Se alguns de nós decidíssemos romper com tudo isso aqui e iniciar uma assembleia geral de verdade, você estaria interessado?

— Por que, tem alguém falando em fazer isso?

— Bem, estamos falando agora.

— Porra, com certeza! É só me dizer quando.

Um jovem ao lado dele também se interessou. Mais tarde eu soube que seu nome era Matt Presto. Como Chris, ele se tornaria um dos principais organizadores do Occupy Wall Street.

— Para ser honesto, eu estava pronto para sair fora. Mas para isso pode valer a pena ficar.

---

* Como são chamados os membros do sindicato Industrial Workers of the World. (N. T.)

Assim, com a ajuda de Chris e Matt, Georgia e eu juntamos alguns dos que pareciam ser mais claramente horizontais e formamos um pequeno círculo de vinte e poucas pessoas na entrada da praça, o mais longe possível dos microfones. Quase imediatamente, representantes da reunião principal vieram nos chamar de volta. Não era gente da WWP, que tende a ficar à parte desse tipo de coisa, mas estudantes inexperientes com camisa de botão.

— Que ótimo... — murmurei para a Geórgia. — É a ISO.

A ISO é a International Socialist Organization [Organização Socialista Internacional], na sigla em inglês. No espectro dos ativistas, a WWP está no polo oposto ao dos anarquistas, mas a OSI fica irritantemente no meio, ou seja, o mais perto que se consegue chegar de um grupo horizontal sem sê-lo de fato. Eles são trotskistas e, em princípio, a favor da ação direta, da democracia direta e de estruturas de baixo para cima de todos os tipos. No entanto, seu principal papel em qualquer reunião parece ser sempre desencorajar os elementos mais radicais de colocar qualquer uma dessas coisas em prática. O mais frustrante era que, individualmente, em geral eram pessoas muito legais. A maioria deles eram garotos simpáticos, quase todos estudantes, incrivelmente bem-intencionados e, ao contrário do que acontecia na WWP, seus superiores hierárquicos (apesar do teórico apoio à democracia direta, o grupo tinha uma rígida estrutura de comando organizada de cima para baixo) permitiam que participassem de coalizões amplas que não eram controladas por eles — mesmo que apenas com o objetivo de talvez assumir o controle. Eram as pessoas mais indicadas para intervir e tentar mediar.

— Acho que tudo isso é um mal-entendido — disse um dos rapazes ao nosso círculo separatista. — Esse evento não é organizado por nenhum grupo específico. É uma coalizão ampla de grupos populares e indivíduos dedicados à luta contra o pacote de austeridade do Bloomberg. Conversamos com os organizadores. Eles disseram que definitivamente vai ter uma assembleia geral depois dos discursos.

Eram três, todos jovens e bem-apessoados. E notei que cada um deles, em um momento ou em outro, usou a mesma expressão: "uma coalizão ampla de grupos populares e indivíduos".

Não havia muito o que pudéssemos fazer. Se os organizadores estavam prometendo uma assembleia geral, tínhamos que pelo menos dar uma chance. Concordamos, com alguma resistência, e voltamos para a reunião.

Não é preciso dizer que não houve nenhuma assembleia geral. A ideia dos organizadores de uma "assembleia" parecia ser deixar o microfone aberto para que qualquer pessoa pudesse ter alguns minutos para expressar seu posicionamento político geral ou pensamentos sobre um assunto em particular antes que todos saíssem em passeata preordenada.

Depois de vinte minutos, chegou a vez de Georgia falar. Devo dizer que, profissionalmente, Georgia era uma artista performática, e sempre fez questão de cultivar uma persona pública primorosamente construída — basicamente, a de uma louca. Essas personas sempre se baseiam em elementos da personalidade da própria pessoa. No caso da Georgia, os amigos mais próximos tentavam descobrir quanto dela realmente havia ali. Ela certamente é uma das pessoas mais impulsivas que já conheci. Mas tinha um talento especial, em determinados momentos e lugares, para tocar exatamente no ponto certo, em geral embaralhando todas as ideias sobre o que realmente deveria estar acontecendo.

Georgia deu início aos seus três minutos declarando:

— Isso não é uma assembleia geral! Isso é um comício organizado por um partido político! Não tem absolutamente nada a ver com o movimento global de Assembleias Gerais — fazendo referência às assembleias na Grécia e na Espanha, das quais representantes de grupos políticos organizados são invariavelmente excluídos.

Honestamente, não ouvi tudo, porque estava tentando localizar outros potenciais grupos de resistência e convencê-los a se juntar a nós quando decidíssemos desertar novamente. Mas, como todo mundo que estava lá naquele dia, me lembro do clímax. O tempo de Georgia havia se esgotado e ela acabou em uma acalorada discussão com uma mulher de ascendência africana, oradora da WWP, que improvisou uma resposta:

— Bem, acho a intervenção da oradora anterior profundamente desrespeitosa. Não passa de uma tentativa consciente de perturbar a reunião.

— Isso não é uma reunião! É um comício.

— Como eu estava dizendo... Acho a intervenção da oradora anterior profundamente desrespeitosa. Você pode discordar do outro se quiser, mas eu ao menos esperaria que nós nos tratássemos com respeito e solidariedade. O que a última oradora fez...

— Espera aí! Você não acha que sequestrar uma reunião é uma falta de respeito e solidariedade?

Nesse ponto outra pessoa do WWP se intrometeu, com um falso ar de indignação:

— Não acredito que você *interrompeu* uma pessoa negra!

— Por que não poderia? — retrucou Georgia. — Eu também sou negra.

Gostaria de ressaltar aqui que Georgia é loira.

A reação pode ser descrita com um "Hã?!" geral.

— Você é o *quê*?

— É exatamente o que eu disse. Sou negra. Você acha que é a única negra aqui?*

A perplexidade geral lhe deu tempo apenas para anunciar que íamos reorganizar a verdadeira assembleia geral e que nos reuniríamos em 15 minutos no portão que dava para o gramado. Nessa hora, ela foi enxotada do palco.

Ouvimos insultos e vitupérios. Depois de cerca de meia hora de drama, formamos o círculo de novo, do outro lado do Bowling Green, e dessa vez quase todo mundo que ainda estava no comício o abandonou para vir para o nosso lado. Ficamos com um grupo quase todo de horizontais: não só os *wobblies* e o pessoal da solidariedade zapatista, mas vários espanhóis que tinham sido bastante ativos nos Indignados de Madri, alguns anarquistas insurrecionalistas que tinham participado das ocupações em Berkeley alguns anos antes, um punhado de espectadores ainda confusos — talvez uns quatro ou cin-

---

* Nem é preciso dizer que a declaração de Georgia foi tema de comentários dos amigos dela por várias semanas. Eles especularam sobre sua possível motivação: Georgia nasceu na Grécia, um dos poucos países onde você pode ser discriminado por ser loiro, já que os gregos em geral acham que isso quer dizer que você é um imigrante albanês pobre. Mais tarde, quando a questionei, ela insistiu que não havia nada a ser discutido e repetiu: "Sim, sou negra", como se fosse óbvio.

co — e um número igual de membros do WWP (nenhum do comitê central), que foram, contrariados, monitorar nossas atividades.

Um jovem chamado Willie Osterwail, que havia ocupado uma propriedade abandonada em Barcelona, se ofereceu como mediador. Rapidamente chegamos à conclusão de que não tínhamos ideia do que faríamos.

Um problema era que a *Adbusters* já havia anunciado a data para a ação: 17 de setembro. Isso era um problema por duas razões. Primeiro, teríamos apenas seis semanas. Levamos mais de um ano para organizar os bloqueios e as ações diretas que fecharam as reuniões da OMC em Seattle em novembro de 1999. A *Adbusters* parecia acreditar que podíamos de alguma maneira juntar 20 mil pessoas para acampar no meio de Wall Street, mas, mesmo supondo que a polícia permitisse, o que não ia acontecer, qualquer pessoa com experiência em mobilização sabia que ninguém consegue reunir esse número de pessoas em questão de semanas. Juntar uma multidão as sim em geral envolve atrair pessoas de todo o país, o que exigiria gru pos de apoio em diferentes cidades e, em especial, ônibus, o que por sua vez demandaria que mobilizássemos todo o tipo de angariação de fundos, pois, até onde sabíamos, não tínhamos nenhum recurso. (Ou tínhamos? Havia boatos de que a *Adbusters* tinha dinheiro. Mas nenhum de nós sabia se a revista estava diretamente envolvida. Não havia nenhum representante deles na reunião.)

O segundo problema era fechar a Wall Street em 17 de setembro. Não havia como fazer isso, porque a data caía em um sábado. Se pretendíamos fazer algo que tivesse algum impacto direto sobre os executivos de Wall Street, ou pelo menos algo que fosse notado por eles, teríamos que descobrir uma forma de ainda estar por lá na segunda-feira às 9h. E nem tínhamos certeza se a Bolsa de Valores era o alvo ideal. Logisticamente, e talvez simbolicamente, era provável que tivéssemos mais sorte com o Federal Reserve, o FED,* ou com os escritórios da Standard & Poor,** ambos a poucos quarteirões de distância.

---

*   Equivalente ao Banco Central nos Estados Unidos. (N.T.)
**   Empresa que publica índices da Bolsa de Valores. (N. T.)

*

Decidimos adiar a discussão desse problema por ora. Também decidimos postergar toda a questão das demandas e, em vez disso, formar grupos de discussão. Essa é uma prática horizontal padrão: todo mundo dá suas ideias para grupos de trabalho até que tenhamos uma lista (nesse caso, eram apenas quatro grupos: Divulgação, Comunicação/Internet, Ação e Processo/Mediação). Em seguida, o grupo se divide em círculos menores para fazer um *brainstorming*; depois de, digamos, uma hora, se reúnem novamente e um porta-voz apresenta aos demais um relato da discussão e todas as decisões tomadas coletivamente.

Fiquei no grupo do Processo, previsivelmente formado basicamente por anarquistas determinados a fazer do grupo um modelo. Rapidamente decidimos que operaríamos por consenso, com a opção de recorrermos a uma votação por dois terços se houvesse um impasse. Também estabelecemos que sempre haveria pelo menos dois mediadores, um homem e uma mulher, um para conduzir a reunião, o outro para "cuidar da fila" (ou seja, a lista de pessoas que pediam para falar). Discutimos formas de votação com as mãos e pesquisas informais de opinião não vinculantes, ou "medições de temperatura".*

Quando os grupos se juntaram novamente, já havia escurecido. A maioria só tinha chegado a decisões provisórias. O grupo Ação tinha aventado possíveis cenários, mas a principal decisão tinha sido sobre um novo encontro alguns dias depois para o reconhecimento da área a pé. O grupo Comunicação acordou em criar uma lista por e-mail e se encontrar para discutir a construção de um site. A primeira tarefa era descobrir o que já existia (por exemplo, quem tinha criado a conta no Twitter @OccupyWallStreet, uma vez que não pareciam estar na reunião), se a *Adbusters* tinha alguma coisa a ver com isso e o que já tinham feito. O grupo Divulgação tinha decidido se reunir na quinta-feira para elaborar folhetos e tentar pensar em como deveríamos descrever o que estávamos fazendo, especialmente nossa posição em

---

* Abordaremos em detalhes o funcionamento dessas ferramentas de consenso no Capítulo 4.

relação à coalizão anticortes. Várias pessoas do grupo, incluindo meu amigo Justin, aquele que eu conhecia de Quebec, estavam atuando como mobilizadores sindicais e asseguraram que conseguiriam atrair pessoas do setor.

Decidimos que faríamos outra assembleia geral — esperávamos que muito maior — nos arredores do Memorial à Grande Fome Irlandesa, na terça-feira às 19h30.

Apesar do caráter provisório de todas as nossas decisões, já que ninguém sabia se estávamos construindo a partir de esforços já existentes ou criando algo novo, o humor do grupo era de quase completa euforia. Sentíamos que tínhamos acabado de testemunhar uma verdadeira vitória das forças da democracia, que varreu definitivamente do mapa os velhos modos de mobilização. Em Nova York, era praticamente a primeira vez na história que uma vitória assim ocorria. Ninguém sabia ao certo o que estava por vir, mas, pelo menos por ora, estávamos todos fascinados com a perspectiva de descobrir.

Quando fomos para casa, já eram quase 23h. A primeira coisa que fiz foi ligar para Marisa:

— Você não vai acreditar no que aconteceu. Você *tem* que participar disso.

Os 99 por cento

DE: David Graeber <david@anarchisms.org>
ASSUNTO: **olá! Uma perguntinha**
DATA: 3 de agosto de 2011 00:46:29 CDT
PARA: Micah White <micah@adbusters.org>

Oi, Micah.
Acabo de ter um dia estranhíssimo. Cerca de oitenta pessoas se reuniram perto da escultura do touro, perto do Bowling Green, às 16h30, porque tínhamos ouvido que haveria uma "assembleia geral" para planejar a ação do dia 17 de setembro convocada por... bem, por vocês! Fomos lá conferir e descobri-

mos que, na verdade, não era uma assembleia, era o Partido Mundial dos Trabalhadores com alto-falantes, microfone e cartazes fazendo um comício. Depois abririam um breve espaço para falas livres e, então, fariam uma passeata.
Em geral, encaramos esse tipo de coisa com cínica resignação, mas dessa vez (...) decidimos mandá-los para o inferno. Reunimos os horizontais, que acabaram se revelando 85 por cento dos presentes, desertamos, fizemos uma reunião geral, criamos uma estrutura e um processo, grupos de trabalho, e começamos uma mobilização de verdade. Foi como um pequeno milagre e voltamos para casa sentindo uma rara felicidade.
Uma questão que surgiu, porém, foi: "O que a *Adbusters* efetivamente tem a ver com tudo isso? Estão oferecendo recursos de alguma maneira? Ou foi apenas uma convocação?" Fiquei de verificar...

David

Enviei a mensagem antes de ir para a cama. Pela manhã, recebi a seguinte resposta:

Oi, David.
Obrigado pelo relatório sobre o que aconteceu. Estou contente que você tenha estado lá para reverter as coisas.
Eis a situação...
Na *Adbusters*, vínhamos considerando há alguns meses a ideia de uma ocupação da Wall Street. Em 7 de junho, enviamos um e-mail para nossa lista de 90 mil *jammers* aventando a ideia. A resposta foi extremamente positiva e, por isso, decidimos ir em frente. Na edição mais recente da revista, que acabou de chegar às bancas (número 97: *The Politics of Post-Anarchism* [A política do pós-anarquismo]), há um pôster de página dupla convocando para a ocupação no dia 17 de setembro. Na capa da edição americana tem também um quadrinho com #OCCUPYWALLSTREET. Ela vai funcionar como um longo rastilho

de pólvora, divulgando a ocupação nos países de língua inglesa pelo próximo mês ou mais...

Nesse ponto, decidimos que, dada nossa limitação de recursos e pessoal, nosso papel seria apenas publicar o meme e torcer para que os ativistas se empoderassem localmente para transformar o evento em realidade, seguindo o mesmo modelo da Espanha, onde as pessoas, e não os partidos e organizações políticas, tomaram todas as decisões.

A "assembleia geral" a que você assistiu foi organizada por um grupo não afiliado, o mesmo grupo por trás das ações "No Cuts"* de Nova York e do Bloombergville (um acampamento para protestar contra os cortes que durou cerca de duas semanas). Meu contato era com Doug Singsen, do No Cuts. Não sei nada a respeito de Doug, nem por que a assembleia foi sequestrada pelo Partido Mundial dos Trabalhadores, ou se isso estava planejado desde o início...

Micah

A *Adbusters* acabava de lançar uma ideia. Eles tinham feito isso várias vezes antes, e nunca houve nenhuma consequência concreta. Mas dessa vez todos os tipos de grupos, aparentemente sem nenhuma relação entre si, pareciam estar tentando agarrar a ideia. Mas nós fomos os únicos a realmente organizar uma mobilização no local. No dia seguinte, a lista de discussão do nosso pequeno grupo já estava funcionando e todo mundo que tinha estado na reunião original começava a tentar descobrir quem éramos, como nos chamaríamos e o que estávamos efetivamente tentando fazer.

Mais uma vez, tudo começou com a questão da demanda única. Depois de descartar algumas ideias iniciais — Cancelar as dívidas? Abolir as leis de licenciamento para legalizar a liberdade de reunião? Abolir a figura da pessoa jurídica? —, Matt Presto, que estava com Chris entre

---

* "No Cuts" significa "sem cortes". O grupo é contrário aos cortes no orçamento destinado ao setor público. (N. T.)

os primeiros a se juntar a nós no Bowling Green, praticamente deu o assunto por encerrado ao observar que na verdade existiam dois tipos de demandas. Algumas eram alcançáveis, como a sugestão que a *Adbusters* publicou, de exigir um comitê para considerar a restauração da lei Glass-Steagall. Talvez uma boa ideia, mas alguém realmente se submeteria à brutalidade e ao risco de detenção para que se nomeasse um comitê? Nomear um comitê é o que os políticos costumam fazer quando *não* querem tomar nenhuma medida concreta. E há o tipo de demanda que se faz porque se sabe que, embora a esmagadora maioria dos americanos ache uma boa ideia, provavelmente ela nunca será atendida na atual ordem política — acabar com o lobby corporativo, por exemplo. Nossa tarefa era elaborar uma nova concepção da ordem política ou ajudar a criar uma maneira de todos poderem fazer isso? Quem éramos nós para propor uma nova concepção da ordem política? Até aquele momento, basicamente um monte de gente que tinha ido a uma reunião. Se tínhamos sido todos atraídos pela ideia de fazer assembleias gerais, era porque as víamos como um fórum para que a esmagadora maioria da população americana, deixada de fora do debate político, desenvolvesse suas próprias ideias e concepções.

Isso pareceu resolver a questão para a maioria de nós. Mas levou a outra pergunta: como exatamente descreveríamos essa maioria de americanos deixada de fora do debate político? Quem estávamos convocando para se juntar a nós? Os oprimidos? Os excluídos? O povo? Todas as velhas expressões pareciam banais e inadequadas. Como colocar as coisas de tal forma que ficasse claro que a única maneira de as pessoas poderem exigir ser ouvidas era ocupando Wall Street?

Naquele verão eu tinha concedido seguidas entrevistas sobre a dívida, tema do livro que eu acabara de publicar. Em algumas ocasiões, fui convidado inclusive a colaborar com veículos como a CNN, o *Wall Street Journal* e até mesmo o *New York Daily News* — ou, pelo menos, com seus blogs (raramente cheguei a estar de fato nos programas ou nas edições impressas). Por isso, estava tentando me manter a par do debate econômico nos Estados Unidos.

Pelo menos desde maio daquele ano, quando o economista Joseph Stiglitz publicou uma coluna na *Vanity Fair* intitulada "Of the 1%,

By the 1%, and For the 1%" [Do um por cento, pelo um por cento e para o um por cento], que gerou uma grande discussão em colunas de jornais e blogs de economia sobre o fato de que apenas um ou dois por cento da população terem passado a deter uma parcela cada vez maior da riqueza nacional, enquanto a renda de todo o resto estava estagnada ou, em termos reais, encolhendo. O que mais me impressionou no argumento de Stiglitz foi a conexão entre riqueza e poder: esse um por cento era formado por aqueles que criam as regras de como o sistema político funciona, e o tinha transformado em um sistema baseado no suborno legalizado:

> Riqueza gera poder, o que gera mais riqueza. Durante o escândalo de poupança e empréstimos dos anos 1980, um escândalo cujas dimensões, nos padrões de hoje, parecem quase pitorescas, o banqueiro Charles Keating foi questionado por um comitê do Congresso se o valor de 1,5 milhão de dólares que ele havia repartido entre importantes autoridades eleitas poderia de fato comprar influência. "Certamente espero que sim", respondeu ele. (...) O pessoal e o político estão hoje em perfeito alinhamento. Praticamente todos os senadores americanos e a maioria dos deputados, quando chegam à Câmara, fazem parte do um por cento mais rico, são mantidos no poder pelo dinheiro dos um por cento mais rico, e sabem que, se servirem bem a esse um por cento, serão recompensados quando deixarem o cargo.[2]

O um por cento detinha a esmagadora maioria dos valores mobiliários e outros instrumentos financeiros; e também tinha feito a maioria das contribuições de campanha. Em outras palavras, era exatamente essa proporção da população que era capaz de transformar sua riqueza em poder político e usar esse poder para acumular ainda mais riqueza.

Também me dei conta de que, já que esse um por cento era efetivamente o que chamávamos de "Wall Street", aí estava a solução perfeita para nosso problema: quem eram as vozes excluídas, impedidas de participar do sistema político, e por que as estávamos convocando para o distrito financeiro de Manhattan, e não, digamos, para a capital Washington? Se Wall Street representava o um por cento, então nós éramos todos os demais.

> DE: David Graeber <david@anarchisms.org>
> ASSUNTO: **Re: [discussão17desetembro] Re: [17desetembro] Re: DEMANDA ÚNICA para a ocupação?**
> DATA: 04 de agosto de 2011 16:25:38 CDT
> PARA: september17@googlegroups.com
>
> Que tal "Movimento dos 99 por cento"?
> Os dois partidos governam em nome de um por cento dos americanos, que receberam praticamente todos os rendimentos do crescimento econômico, são as únicas pessoas que se recuperaram completamente da recessão de 2008 e controlam o sistema político e quase toda a riqueza financeira.
> Então, se ambos os partidos representam o um por cento, nós representamos os 99 por cento cujas vidas ficam essencialmente de fora dessa equação.
> David

O dia seguinte, sexta-feira, 5 de agosto, era a data combinada para a reunião do grupo Divulgação, nos escritórios do Writers Guild, no centro da cidade, onde meu velho amigo Justin Molino trabalhava. Todos pareceram gostar da ideia dos 99 por cento. Surgiram algumas preocupações preliminares: comentou-se, por exemplo, que já havia existido uma campanha chamada "Os outros 98 por cento". Obviamente, a ideia não era de todo original. Era provável que diversas pessoas tivessem pensado algo parecido no mesmo período. Mas, no fim das contas, aconteceu de nós a formularmos exatamente na hora e no lugar certos.

Logo, Georgia, juntamente com Luis e Begonia, dois "Indignados" da Espanha, preparavam nosso primeiro folheto para anunciar a assembleia geral da terça-feira, que já começávamos a chamar de "AG".*

Reuniões

Marisa compareceu à AG seguinte. Durante as discussões, tivemos a ideia de iniciar um grupo de trabalho de capacitação. Nosso grupo era composto principalmente por jovens ativistas que tinham feito seu *début* na Bloombergville. Estavam entusiasmados com o processo de consenso e com a ação direta, mas poucos tinham experiência de verdade com esses conceitos. No início, o processo era uma confusão: muitos participantes não entendiam que um bloqueio (ou seja, um veto, normalmente a ser usado apenas como último recurso) era diferente de um voto "não". Até os mediadores, que deveriam conduzir as reuniões, tendiam a começar as discussões de propostas sem antes perguntar se alguém tinha dúvidas ou alguma preocupação, mas simplesmente dizendo: "OK, essa é a proposta. Algum bloqueio?"

Além de capacitação no processo democrático, havia uma escassez de competências básicas de ação de rua: precisávamos encontrar alguém para dar capacitação jurídica, para que as pessoas ao menos soubessem o que fazer se fossem detidas, já que algumas definitivamente seriam, tendo ou não praticado atos ilegais. Precisávamos ainda de capacitação médica, para saber o que fazer se alguém se ferisse, e de capacitação em desobediência civil, para aprender quando e como fazer uma fileira de braços cruzados, quando se fazer de morto e quando cumprir ou não cumprir ordens.

Passei boa parte das semanas seguintes rastreando velhos amigos da Direct Action Network [Rede de Ação Direta] que tinham se escondido, se aposentado, se cansado de tudo, desistido da causa, co-

---

* Por uma questão de registro histórico, uma vez que há tanta discussão sobre a origem do slogan "Nós somos os 99 por cento", a resposta é que, muito apropriadamente, foi uma criação coletiva. Eu lancei a ideia dos 99 por cento, Begonia e Luis acrescentaram o "nós" e o verbo acabou sendo adicionado por Chris, do Food Not Bombs [Comida, Não Bombas], ao criar a página no Tumblr um mês depois.

meçado a trabalhar ou ido viver em alguma fazenda orgânica. Tentei convencê-los de que não era outro alarme falso, de que dessa vez era de verdade, para que se juntassem a nós e compartilhassem sua experiência. Demorou, mas aos poucos vários realmente se reintegraram.

Nessa primeira AG no Memorial à Grande Fome Irlandesa, decidimos que todas as AGs seguintes seriam no parque Tompkins Square, no East Village, ou seja, não nos arredores relativamente desolados da própria Wall Street, mas no coração de uma verdadeira comunidade de Nova York, o tipo de lugar em que esperávamos ver assembleias locais surgirem depois. Marisa e eu concordamos em mediar a primeira delas, em 13 de agosto. Marisa tinha uma boa experiência com o processo de consenso. Na verdade, ela era tão boa, e todos os demais tão inseguros, que acabou tendo que ajudar a mediar as quatro reuniões seguintes. Ela se tornou a pessoa que dava coesão às partes: presente em quase todas as reuniões do grupo de trabalho, coordenando, traçando planos. Sem ela, provavelmente nada teria de fato acontecido.

*

Ao longo das semanas seguintes, nosso plano começou a tomar forma. Decidimos o que realmente queríamos: algo parecido com o que já havia acontecido em Atenas, Barcelona e Madri, onde milhares de cidadãos comuns, a maioria sem nenhum preparo em termos de mobilização política, estavam dispostos a ocupar praças públicas em protesto contra toda a classe política de seu país. A ideia seria ocupar um espaço público similar para criar uma assembleia geral em Nova York, que poderia, como suas primas europeias, atuar como um modelo de verdadeira democracia direta, em contraposição à farsa corrupta apresentada como "democracia" pelo governo dos Estados Unidos. A ação em Wall Street seria um trampolim para a criação de toda uma rede de assembleias desse tipo.

Esses eram nossos objetivos, mas era impossível dizer o que realmente aconteceria no dia 17. A *Adbusters* nos garantiu que havia 90 mil pessoas nos seguindo na página deles. Também convocaram 20 mil para lotar as ruas no dia. Isso obviamente não aconteceria. Mas quantas pessoas apareceriam? E o que faríamos com elas quando aparecessem? Estávamos bastante cientes do que enfrentaríamos. A polícia de Nova York contava com quase 40 mil agentes. O prefeito Bloomberg gosta de dizer que, se Nova York fosse um país independente, sua força policial seria o sétimo maior exército do mundo.* A região de Wall Street, por sua vez, era provavelmente o lugar público mais policiado no planeta. Seria possível empreender qualquer ação ao lado da Bolsa de Valores? Fechá-la, mesmo que por um instante, estava fora de questão, independentemente das circunstâncias, em vista do novo ambiente de segurança instaurado depois do 11 de Setembro — e mais ainda porque tínhamos apenas seis semanas para nos preparar.

Ideias malucas foram aventadas nas reuniões do grupo de trabalho e na lista de discussão. Estaríamos em número consideravelmente menor que os policiais. Talvez pudéssemos usar a presença esmagadora da polícia contra ela, fazê-la parecer ridícula. Uma ideia era anunciar um bloqueio de cocaína: poderíamos formar uma corrente humana em torno da área da Bolsa de Valores e declarar que não permitiríamos a entrada de cocaína até que Wall Street concordasse com nossas exigências ("E, depois de três dias, nada de prostitutas também!"). Outra ideia, mais prática, era que o grupo de trabalho — que já estava se coordenando com pessoas que ocuparam praças na Grécia, Espanha, Alemanha e no Oriente Médio — criasse um sistema de transmissão simultânea pela internet que projetasse, no muro da Bolsa de Valores, imagens de representantes dessas ocupações, que diriam o que achavam dos financistas de Wall Street. Pensamos que algo assim colaboraria muito para a construção do movimento em longo prazo: já realizaria algo no primeiro dia (mesmo que não houvesse um segundo), tornando-o uma espécie de pequeno evento histórico. Pequenas vitórias desse tipo são sempre cruciais. As pessoas sempre querem voltar para casa dizendo que fizeram algo que

---

* É bom lembrar que isso não é verdade. A posição correta seria algo em torno do 37º lugar; Nova York viria à frente da Tunísia e logo atrás de Portugal.

ninguém nunca tinha feito antes. Mas, tecnicamente, dadas as nossas limitações de tempo e dinheiro, aquilo se revelou impossível.*

Para ser sincero, a maior preocupação de vários de nós, veteranos, durante aquelas semanas agitadas, era apenas que o evento inicial não se revelasse um completo fiasco. Queríamos ter certeza de que os jovens entusiastas que participavam pela primeira vez de uma grande ação não acabariam logo espancados, detidos ou psicologicamente traumatizados, com a habitual falta de apoio da mídia. Antes de dar início à ação, alguns conflitos internos tiveram que ser resolvidos.

Os anarquistas mais agressivos e rabugentos de Nova York se recusaram a participar, e ainda nos ridicularizavam do lado de fora, nos acusando de "reformistas". Mais abertos, os anarquistas com *a* minúsculo, como eu, gastavam um bom tempo tentando fazer com que os verticais que restavam não instituíssem algo que pudesse se transformar em uma estrutura de liderança formal, o que inevitavelmente fracassaria, como as experiências anteriores haviam mostrado. O WWP se retirou da organização logo no início, mas um punhado de estudantes da ISO e seus aliados, cerca de uma dúzia, pressionavam o tempo todo por uma maior centralização. Uma das mais árduas batalhas foi sobre a questão de instituir ou não negociadores para se relacionarem com a polícia e *marshals*. A posição dos verticais, cuja experiência provinha de Bloombergville, era a de que ter dois ou três negociadores treinados para fazer a interface com a polícia, além de *marshals*, pessoas que transmitissem informações aos ocupantes, era uma necessidade básica. Os horizontais insistiam que um acordo assim se transformaria instantaneamente em uma estrutura de lideranças que transmitem ordens; a polícia sempre tenta identificar os líderes e, se não os encontra, cria uma estrutura de liderança fazendo acordos diretamente com os negociadores e em seguida pressionando esses mesmos negociadores (e os *marshals*) para que os coloquem em prática.

---

* Mais tarde, várias ocupações adquiriram meios técnicos com a intenção de projetar imagens impactantes nas fachadas dos edifícios, mas a polícia de Nova York determinou que a prática, sem autorização, era uma forma de invasão.

A situação foi submetida a votação — ou, mais precisamente, uma pesquisa de opinião, quando o mediador pede às pessoas para levantarem as mãos em sinal de aprovação, baixarem em sinal de desaprovação, ou colocá-las para os lados para se absterem ou expressarem incerteza. A ideia era apenas ter uma noção de como as pessoas se sentiam em relação ao tema, para ver se havia algum sentido em prosseguir. Nesse caso, não havia. Mais de dois terços se opuseram firmemente à criação de qualquer tipo de negociadores ou *marshals*. O compromisso com a horizontalidade estava definitivamente firmado.

Havia controvérsias sobre a participação de vários grupos marginais, de seguidores de Lyndon LaRouche* a uma mulher de um grupo obscuro (e possivelmente inexistente) que atendia pelo nome de US Day of Rage [Dia Americano da Fúria], que sistematicamente bloqueava qualquer tentativa de incluir os sindicatos porque achava que devíamos atrair dissidentes do Tea Party.** Em determinado ponto, os debates na AG ficaram tão controversos que acabamos mudando o código de sinais com as mãos: vínhamos usando como sinal de "resposta direta" as duas mãos acenando para cima e para baixo com os dedos esticados, gesto que deveria ser usado quando alguém tinha algum tipo de informação crucial e precisasse pedir ao mediador para furar a fila e fazer esclarecimentos (por exemplo: "Não, a ação não é na terça-feira, é na quarta-feira!"). Mas as pessoas estavam usando o sinal para dizer: "O grupo precisa saber o quanto eu discordo dessa última afirmação." Estávamos reduzidos ao espetáculo de alguns obstinados sentados no chão, apontando sem parar uns para os outros enquanto se engajavam em uma discussão interminável, até que os demais os mandassem calar a boca. Acabei sugerindo que nos livrássemos de vez da "resposta direta" e substituíssemos os "pedidos de informe" por um dedo levantado. Tenho certeza de que não inventei isso; devo ter visto em algum lugar. Estranhamente,

---
* Político americano. Candidatou-se à presidência dos Estados Unidos em todas as eleições desde 1976. (N. T.)
** O Tea Party é um movimento conservador que defende a não regulação do mercado. Surgiu em 2009 após protestos contra leis federais. (N. T.)

O COMEÇO ESTÁ PRÓXIMO | 63

uma vez adotado, o novo método pôs fim imediato às idas e vindas e melhorou a qualidade do nosso debate.

O dia

Não tenho certeza de quando nem como o grupo de trabalho sobre Tática chegou a essa decisão, mas um dos primeiros consensos a aparecer foi o de que ocuparíamos uma praça pública. Era realmente a única opção prática.

Nos Estados Unidos, assim como no Egito, todo mundo sabia que a polícia ficaria sabendo de cada palavra dita em reuniões ou escrita em listas de discussão abertas. Assim, quando, algumas semanas antes da data, o grupo Tática escolheu um local público e anunciou em nossos textos de divulgação que realizaríamos lá nossa Assembleia Geral no dia 17 de setembro, presumimos que o município bloquearia o acesso. O local era a Chase Plaza, uma área espaçosa em frente ao prédio do Chase Manhattan Bank, a duas quadras da Bolsa de Valores, adornada com uma bela escultura de Picasso e teoricamente aberta ao público em geral. Eu tinha passado a maior parte da noite do dia 16 em uma capacitação sobre desobediência civil no Brooklyn ministrada por Lisa Fithian, outra mobilizadora inveterada e veterana do Justiça Global que tinha se especializado em ensinar táticas mais criativas a grupos sindicais. Naquele dia, à meia-noite, eu, Marisa, Lisa e Mike McGuire, um veterano anarquista, barbudo e largadão, que tinha acabado de chegar de Baltimore, saltamos em Wall Street para fazer um reconhecimento e descobrimos, é claro, que a Chase Plaza tinha sido cercada e fechada ao público por tempo indeterminado, sem nenhuma explicação.

— Está tudo bem — disse Marisa. — Tenho certeza de que o grupo de Tática tem um plano B.

Ela não sabia que plano poderia ser, já que estava mais nos grupos Capacitação e Transmissão ao Vivo, mas tinha certeza de que havia um. Andamos um pouco, especulando sobre a viabilidade de vários espaços ao ar livre, até que por fim pegamos o metrô para casa.

No dia seguinte, o plano era que todos começassem a se reunir em torno do meio-dia perto da estátua do touro, na Praça Bowling Green, mas nós quatro nos encontramos uma ou duas horas mais cedo. Passei algum tempo perambulando. Tirei fotos com meu iPhone de policiais montando barricadas em torno da Bolsa de Valores e postei no Twitter. Isso teve um efeito inesperado. O perfil oficial @OccupyWallStreet (que, na verdade, tinha sido criado e era mantido por um pequeno coletivo transgênero de Montreal) imediatamente divulgou que eu estava no local do evento e parecia saber o que estava acontecendo. Em algumas horas, meu perfil tinha cerca de dois mil novos seguidores. Mais ou menos uma hora mais tarde, notei que, dez minutos depois de cada nova atualização, alguém em Barcelona já tinha traduzido e retransmitido em espanhol. Comecei a ter uma noção do interesse global pelo que estava acontecendo ali naquele dia.

Ainda assim, restava o grande mistério: quantas pessoas apareceriam? Já que não tínhamos tido tempo para grandes esforços com relação ao transporte, qualquer palpite poderia estar certo. Mais ainda: tínhamos consciência de que, se um grande número de pessoas comparecesse, não teríamos escolha a não ser acampar em algum lugar, embora isso não estivesse nos planos. Como não havíamos organizado hospedagem, não tínhamos onde colocar quem aparecesse.

A princípio, porém, não parecia que teríamos esse problema: os números eram lamentavelmente pequenos. Ainda por cima, várias dessas poucas pessoas pareciam bastante excêntricas. Lembro-me de uma dúzia de "capelães de manifestação", vestidos com uma túnica branca, cantando hinos com mensagens políticas; a uns dez metros de distância, um outro coral rivalizava: uma dúzia de seguidores de Lyndon LaRouche executavam elaboradas harmonias clássicas. Pequenos grupamentos de jovens andarilhos sem casa — ou talvez fossem apenas ativistas com péssima aparência — apareciam de vez em quando e davam voltas em torno das barricadas que a polícia havia construído ao redor da estátua do touro, protegida o tempo todo por um esquadrão de policiais uniformizados.

Aos poucos notei os números começarem a crescer. Quando Reverendo Billy, um famoso artista performático e ativista, começou a pregar dos degraus do Museu do Índio Americano, no extremo sul da Bowling Green, parecia haver pelo menos mil pessoas. Em algum momento, alguém me entregou um mapa: tinha cinco números diferentes, cada um marcando uma praça próxima que poderia ser apropriada para a Assembleia Geral. Por volta de 14h30, foi anunciado que deveríamos todos seguir para a localização número 5.

Era o Parque Zuccotti.

*

Quando chegamos ao Parque Zuccotti, ficou claro que tínhamos reunido tantas pessoas — duas mil no mínimo — que não tínhamos muita certeza de como seria possível fazer uma assembleia geral. Alguém — parece que um dos mobilizadores dos estudantes de fora da cidade — subiu em um dos grandes bancos de pedra em volta da praça para anunciar que nos dividiríamos em grupos de trinta pessoas durante uma hora para o *brainstorming* a respeito da criação de uma sociedade genuinamente democrática ou qualquer outra coisa que os participantes considerassem sua preocupação política mais vital. A iniciativa se mostrou uma ótima ideia. Em pouco tempo toda a praça era um labirinto de pequenos círculos, o que deu tempo ao grupo de trabalho Processo, reunido às pressas, para pensar rápido em um plano.

Seria certamente o trabalho de mediação do século. Felizmente, àquela altura tínhamos um bom número de voluntários experientes — Marina Sitrin, outra ativista da Direct Action Network que eu tinha originalmente chamado para ajudar com a capacitação jurídica; Marisa; um jovem e talentoso advogado chamado Amin Husain; Matt e Lisa Fithian. Escolhemos rapidamente duas pessoas como mediadores principais, duas como suplentes (eu era um deles), duas para controlar as inscrições para falas, um escrevente para registrar as decisões, um observador de ambiente, que ficaria no meio da multidão monitorando se todos conseguiam ouvir e se havia sinais de descontentamento, frustração ou tédio que precisassem ser resolvidos.

Também decidimos formar um círculo gigante. Como explicou uma jovem que tinha vindo da Espanha para ajudar — e Georgia confirmou mais tarde —, esse foi um erro absolutamente estúpido. Não havia modo de a equipe de mediadores ser ouvida por mais da metade das pessoas no meio de tanta gente, mesmo a plenos pulmões. O certo seria ter formado um semicírculo e abrir passagens para que os oradores pudessem andar até a frente e se dirigir à assembleia. Quando descobrimos isso, já era tarde demais.

Depois de ter convocado o grupo a formar um círculo, passamos um bom tempo tentando pensar em como nos comunicar com todos ao mesmo tempo. Conseguimos reunir vários megafones e amarramos três deles em uma engenhoca improvisada, apontando em três direções diferentes. Mas não deu muito certo. Finalmente, percebemos que teríamos de recorrer ao microfone humano, outra tática que conhecíamos desde os tempos do Movimento de Justiça Global.

Ninguém sabia ao certo qual era a origem do microfone humano. Não era uma novidade para os ativistas das ações contra a OMC, em Seattle, em novembro de 1999. De certa forma, é incrível que não tenha sido descoberto muito antes. É uma solução perfeita para um problema óbvio, que pessoas em grandes assembleias devem ter enfrentado várias vezes ao longo de milhares de anos. Talvez tenha sido amplamente utilizado em períodos mais longínquos da história da humanidade, mas simplesmente não fora registrado por ser considerado óbvio demais.

O expediente é bem simples. Uma pessoa fala em voz alta, fazendo uma pausa a cada dez ou vinte palavras, mais ou menos. Quando ela para, todos que conseguiram ouvi-la repetem a frase, e então as palavras alcançam duas vezes a distância que alcançariam. Não é apenas prático, mas tem também um efeito curioso e profundamente democrático. Antes de mais nada, desencoraja fortemente os discursos. Ninguém cairia na asneira de divagar sabendo que milhares de pessoas estão esperando para repetir cada palavra. Em segundo lugar, já que qualquer um pode falar, e todos têm que repetir, os participantes são obrigados a realmente ouvir.

A essa altura, no entanto, não estávamos muito preocupados com as implicações filosóficas, mas com questões práticas imediatas. Éramos duas mil pessoas em uma praça cercada por pelo menos mil policiais. Batedores tinham confirmado que havia uma ostensiva quantidade de cavalos, motonetas, camburões e equipamento antimotim nas imediações. Policiais de camisa branca — ou seja, de patente mais alta — perguntavam pelos planos a todos que achavam que pudessem ser os líderes. Mas naquele ponto, mesmo se alguém quisesse desempenhar o papel de negociador com a polícia, ninguém saberia dizer nada a eles.

A reunião prosseguiu até bem tarde. Fizemos questão de não anunciar nenhum plano específico para depois da assembleia — em parte porque não queríamos tomar decisões pelos demais e em parte para garantir que, em vez de cair em discussões teóricas abstratas, a ordem do dia da AG fosse a questão prática de decidir qual seria o próximo passo. Foi ótimo para dar o tom. Muitas hipóteses foram levantadas, consideradas e, na maioria, abandonadas. A polícia continuava divulgando que se preparava para nos expulsar. Primeiro disse que fecharia a praça às 22h; depois, às 22h30, depois, às 23h. As pessoas propositalmente os ignoravam ou respondiam que a reunião ainda não tinha acabado.

Logo ficou evidente que havia ali duas escolas de pensamento: um grupo maior, que queria tomar a praça e torná-la base permanente para as operações, algo bem parecido com o que aconteceu na Praça Tahrir, no Egito, na Praça Syntagma, em Atenas, e na Plaza de Cataluña, em Barcelona; e outro grupo menor, mas igualmente determinado, que achava que deveríamos fazer uma passeata diretamente para Wall Street e, se possível, tomar a rua em frente à Bolsa de Valores. Algumas pessoas argumentaram que, tecnicamente, não era nem mesmo ilegal que acampássemos na praça. Depois de Bloombergville, ficou determinado que seria legal dormir na calçada como forma de expressão política desde que se deixasse uma passagem para os transeuntes. Algumas almas destemidas tinham testado a novidade várias semanas antes, colocando sacos de dormir em frente à Bolsa de Valores. Foram detidas imediatamente, mas depois de insistirem em ser levados a um juiz, conseguiram dele uma declaração muito clara de que a ação era legal e sua prisão, não.

Com esse precedente, insistiam, a polícia não se atreveria a nos prender pelo mesmo ato, no mesmo local, uma segunda vez. Outros observaram que, depois de torrar quase um milhão de dólares com as horas extras da polícia em uma ação daquelas, o município provavelmente não se importaria em gastar 20 ou 30 mil a mais em indenizações por detenções indevidas: com certeza nos prenderiam de qualquer maneira.

Quando se opera por consenso, o grupo não vota, trabalha para criar um compromisso, ou melhor, uma síntese criativa, que todos aceitem. Foi o que aconteceu naquele momento. O auge do processo foi quando Mike, o anarquista veterano de Baltimore, fez a seguinte proposta.

— Parece haver duas posições — disse ele.
— *Parece haver duas posições* — a multidão repetiu.
— Ou ficamos na praça, ou marchamos para Wall Street.
— *Ou ficamos na praça, ou marchamos para Wall Street.*
— Não sabemos se vão nos deixar passar a noite aqui.
— *Não sabemos se vão nos deixar passar a noite aqui.*
— É claro que o que a polícia menos quer é uma passeata em Wall Street.
— *É claro que o que a polícia menos quer é uma passeata em Wall Street.*
— Então proponho o seguinte...
— *Então proponho o seguinte...*
— Comunicamos que vamos ocupar a praça...
— *Comunicamos que vamos ocupar a praça...*
— E que se a polícia tentar nos retirar, faremos a passeata na mesma hora.
— *E que se a polícia tentar nos retirar faremos a passeata na mesma hora.*

Depois de uma meia hora de uma roda de discussão, esclarecimentos e sugestões, votamos o consenso em torno de uma proposta baseada na sugestão de Mike, e o grupo decidiu adotá-la.

*

Em semanas, o movimento se espalhou por oitocentas cidades, recebendo franco apoio de membros de grupos radicais de oposição até da China. O verdadeiro crédito desse cenário deve ser atribuído sobretudo aos jovens que fincaram pé, decididos a ficar, e se recusaram a deixar a praça, apesar dos inúmeros atos de repressão policial (em muitos casos, claramente ilegais), que pretendiam intimidar os ocupantes e tornar a vida naquele lugar um inferno, na esperança de que isso os desmotivasse e os fizesse abandonar o projeto. Um exemplo disso foi o fato de negarem permissão ao uso de lonas para cobrir os computadores durante as chuvas fortes. Com o tempo, a polícia recorreu também a atos premeditados de terrorismo, com cassetetes e spray de pimenta.

Ativistas obstinados já haviam suportado heroicamente condições como essas, dos acampamentos para defender florestas nos anos 1990 a exemplos recentes como Bloombergville — e o mundo simplesmente os ignorou. Não pude deixar de me fazer a mesma pergunta que minha amiga egípcia Dina fez depois da derrubada do governo de Mubarak: Por que isso não aconteceu dessa vez? Onde foi que finalmente acertamos?

2. Por que funcionou?

Ninguém estava preparado para o que aconteceu depois. Era surpreendente que a polícia não expulsasse os ocupantes de imediato. Achávamos que o cenário mais provável era que na mesma noite centenas de policiais do batalhão de choque, amparados por cavalos e helicópteros, viessem para cima de nós. Isso seria uma ação bem ao estilo do Departamento de Polícia de Nova York, cuja estratégia normalmente é oprimir manifestantes com a mera força dos números. Naquele caso, no entanto, alguém tomou a decisão de esperar.

Uma das razões para isso era a ambiguidade da situação jurídica: enquanto a maior parte dos parques públicos fecham à meia-noite, o Zuccotti era um híbrido público-privado, de propriedade de uma empresa de investimentos, a Brookfield Office Properties. Tecnicamente, essas "propriedades públicas de donos privados" ficam acessíveis ao público 24 horas por dia. Ainda assim, pela nossa experiência, a mera existência da lei teria sido de pouca relevância se as autoridades decidissem que queriam nos expulsar de qualquer maneira. Mas ela serviu para encobrir a situação.

Mas por que afinal eles iriam querer encobrir a situação? A princípio, a estratégia da polícia era, ao contrário, a de uma perseguição mesquinha e permanente, para tornar as condições tão insuportáveis que acabaríamos indo embora: "sem barracas" virou "sem lonas"; a energia foi cortada; os geradores foram tomados; todas as formas de amplificação de som foram consideradas ilegais, mas obras misteriosas, com britadeiras, foram iniciadas em volta da praça. Embora ninguém tenha sido detido por dormir no local, os manifestantes entenderam que poderiam ser presos por quase qualquer outro motivo: no primeiro dia, quando um pequeno grupo marchou até uma agência do Bank of America perto dali para entoar bordões, dois deles foram detidos por usar bandanas ao redor do pescoço — com base em uma obscura lei do século XVIII sobre o uso de máscaras, criada para controlar salteadores irlandeses na Nova York colonial. O fato de nenhum deles estar usando as bandanas como máscara e de a detenção ser claramente ilegal foi irrelevante — ou, dependendo do ponto de vista, toda a questão era. No dia seguinte, a polícia foi ainda mais rigorosa: prendeu dois manifestantes por escrever com giz na calçada. Quando as pessoas que observavam a cena protestaram dizendo que aquilo não era ilegal em Nova York, o policial simplesmente respondeu:

— É, eu sei.

A praça continuou a acolher milhares de manifestantes durante o dia; centenas permaneciam à noite. Uma comunidade começou a surgir, com biblioteca, cozinha e clínica médica gratuita, equipes de transmissão de vídeo pela internet, comitês de artes e entretenimento, pelotões de limpeza, e assim por diante. Em pouco tempo, 32 grupos de trabalho se formaram, do grupo da Moeda Alternativa a uma convenção dos falantes de espanhol. Assembleias gerais eram realizadas diariamente às 15h.

Ainda mais notável foi o fato de que outros acampamentos começaram a aparecer pelos Estados Unidos e o Canadá. Eles também criaram assembleias gerais e tentaram implementar os sinais com as mãos e outros meios de operar pela democracia direta com base no consenso. Em uma ou duas semanas, pelo menos uma centena de ocupações tinham se estabelecido; em um mês, eram supostamente seiscentas ocupações: Occupy Portland, Occupy Tuscaloosa, Occupy Phoenix, Occupy Cincinnati, Occupy Montreal.*

---

* É difícil saber quão confiável é esse número. Acredito que seja tecnicamente preciso, mas algumas das "ocupações" menores eram provavelmente formadas por apenas uma ou duas pessoas.

Os ocupantes eram cuidadosamente não violentos. No início, a tática consistia, além do próprio acampamento, praticamente apenas em fazer passeatas. Depois é que passou a incluir desobediência civil não violenta, com o famoso bloqueio da ponte do Brooklyn, em 2 de outubro.

Foi então que a polícia de Nova York deu início à selvageria de costume. Não foi uma surpresa. Manifestantes não violentos, em Nova York, assim como na maioria das cidades dos Estados Unidos, mesmo em eventos legais mas não autorizados, quase sempre esperam ser agredidos fisicamente. Nas manifestações, qualquer um que colocasse o pé para fora da calçada, por exemplo, podia esperar não apenas ser detido, mas, em geral, também ser arremessado contra o veículo mais próximo ou ter a cabeça golpeada várias vezes contra o asfalto. Cassetetes eram usados livremente, mesmo em manifestantes que não ofereciam resistência.

Esse é o comportamento padrão deles, e a maioria de nós, manifestantes veteranos, não viu nada de particularmente diferente. O que era, sim, algo sem precedentes nesse caso era a presença de alguns dos principais meios de comunicação. Primeiro, foram principalmente canais de TV a cabo, como a MSNBC, mas logo até mesmo os noticiários abertos começaram a reparar e dar importância ao que estava acontecendo. Em parte porque alguns vídeos de celular mostrando a violência policial haviam se viralizado na internet. Tony Bologna, um policial flagrado jogando spray de pimenta arbitrariamente em duas jovens encurraladas em uma barricada e depois andando calmamente como se nada tivesse acontecido, ficou a um passo da fama. Em ocasiões passadas, porém, mesmo um vídeo assim não teria conseguido chegar ao noticiário noturno.

Como resultado, nossos números cresceram drasticamente. Além disso, o apoio dos sindicatos se concretizou* e os comícios se tornaram cada vez maiores. A multidão reunida no Parque Zuccotti durante o

---

* O apoio dos sindicatos não veio apenas em função da atenção da mídia. Tínhamos tido um longo namoro com eles, com a criação, inclusive, de uma aliança com ativistas sindicais mais radicais ao longo do verão. As lideranças sindicais, entretanto, decidiram ficar de fora do 17 de setembro.

dia para comícios ou marchas passou de alguns milhares para dezenas de milhares de pessoas. Milhares de pessoas ao redor do país procuraram saber como poderiam contribuir e mandaram entregar uma onda inimaginável de pizzas grátis. O perfil dos ocupantes também foi se tornando mais múltiplo: nos primeiros dias, eram basicamente brancos, mas logo se diversificou; em poucas semanas, já se viam negros aposentados e veteranos de guerra latinos marchando e servindo comida ao lado de adolescentes com dreadlocks. Houve uma assembleia geral lateral realizada inteiramente em espanhol.

Além disso, nova-iorquinos comuns, milhares dos quais acabaram indo nos visitar, mesmo que apenas por curiosidade, eram surpreendentemente favoráveis a tudo aquilo: de acordo com uma pesquisa, não apenas a maioria concordava com os protestos, mas 86 por cento apoiavam o direito dos manifestantes de manter o acampamento. Em quase todas as cidades do país, tipos improváveis de cidadãos começaram a montar barracas; trabalhadores de escritório de meia-idade ouviam atentamente palestras de punks ou de sacerdotisas pagãs sobre as sutilezas do consenso e da mediação, ou discutiam sobre as diferenças técnicas entre a desobediência civil e a ação direta, ou ainda sobre uma forma verdadeiramente horizontal de organizar a limpeza.

Em outras palavras, pela primeira vez em nossas vidas, um verdadeiro movimento popular por justiça econômica surgia nos Estados Unidos. E o que era melhor: o sonho do contaminacionismo, do contágio democrático, estava, surpreendentemente, começando a tomar forma. Por quê?

Passado já algum tempo, acho que podemos começar a reunir algumas respostas.

Pergunta 1

Por que a cobertura da mídia americana para o OWS foi tão diferente de praticamente todas as coberturas anteriores de movimentos de esquerda desde os anos 1960?

Tem-se discutido muito sobre as razões por que a mídia nacional tratou o Occupy de modo tão diferente dos movimentos de protesto do passado — praticamente todos desde os anos 1960. As redes sociais ganharam muita atenção, talvez por uma necessidade de compensar a excessiva atenção dada a um número relativamente pequeno de membros do Tea Party nos anos imediatamente anteriores. Sem dúvida, esses são alguns dos elementos. Mas o retrato inicial que a mídia fez dos protestos do Occupy foi tão levianamente depreciativo quanto o retrato que fizeram do que apelidaram de "Movimento Antiglobalização", em 1999: um bando de garotos confusos sem nenhuma concepção clara sobre aquilo pelo que estavam lutando. O *New York Times*, o autoproclamado jornal do registro histórico, não deu uma linha sequer sobre a ocupação durante os primeiros cinco dias. No sexto, publicaram, na seção Metropolitan, um editorial disfarçado de notícia intitulado "Gunning for Wall Street, with Faulty Aim" [Atirando em Wall Street sem objetivo definido],[1] escrito por Ginia Bellafante, redatora do jornal, que ironizava o movimento como uma mera pantomima do progressismo sem um propósito claro.

Apesar disso, a decisão dos meios de comunicação de, no fim das contas, levar os protestos a sério foi fundamental. A ascensão do Occupy Wall Street marcou, talvez pela primeira vez desde o movimento pelos direitos civis, nos anos 1950, o sucesso das táticas de Gandhi nos Estados Unidos, um modelo que depende de algum grau de simpatia da mídia. A não violência de Gandhi busca criar um contraste moral bem marcado: desnuda a violência inerente a uma ordem política mostrando que, mesmo quando confrontadas por um grupo de idealistas não violentos, as "forças da ordem" não hesitarão em recorrer à pura brutalidade física para defender o *statu quo*. Obviamente, esse contraste só pode ser percebido se a notícia sobre o que está acontecendo se espalha. Por isso, no passado, as táticas de Gandhi tinham se mostrado quase totalmente ineficazes nos Estados Unidos: desde os anos 1960, a grande mídia americana se negava a contar a história de *qualquer* protesto de modo que pudesse sugerir que a polícia, ao cumprir ordens, cometera "violências", independentemente do que tivessem feito.*

Um exemplo flagrante foi o tratamento dado aos ecologistas e simpatizantes que tentavam proteger antigas florestas da costa noroeste do Pacífico na década de 1990. Os ativistas tentaram uma campanha clássica de não violência gandhiana, sentando diante das árvores para impedir que fossem cortadas. Também fizeram um "bloqueio" — uma estratégia em que se acorrentam uns aos outros ou às escavadeiras e a outros equipamentos, de forma que tornasse sua retirada extremamente difícil e ao mesmo tempo deixasse braços e pernas imobilizados. Quando um ecologista foi morto e a polícia se negou a iniciar uma investigação sobre o homicídio, os ativistas "bloquearam" a cena do crime para evitar que as provas fossem destruídas. A polícia, então, esfregou cotonetes embebidos em pimenta-de-caiena concentrada — também conhecida como spray de pimenta — diretamente no globo ocular de cada um, em quantidades calculadas para causar a máxima dor possível.

No entanto, a tortura e o assassinato de pacifistas aparentemente não foram suficientes para convencer os meios de comunicação de que o comportamento da polícia era *necessariamente* inadequado, e os tribunais locais consideraram aceitável a tática de aplicar spray de pimenta nos olhos. Sem cobertura da imprensa nem recurso legal, as contradições que as táticas de Gandhi deveriam desvelar simplesmente se perderam. Os ativistas foram torturados e mortos sem promover o objetivo de "acelerar a consciência do público" em um sentido positivo. Em termos gandhianos, o protesto fracassou.

No ano seguinte, quando outros ativistas planejavam uma campanha de bloqueios das reuniões da OMC em Seattle, veteranos das campanhas em defesa das florestas avisaram, com razão, como se

---

* Como já observei em outras obras, isso seria quase impossível para o jornalismo americano, que define a palavra "violência" como "o uso não autorizado da força". O êxito de Gandhi, devo dizer, se deve em parte ao fato de que um velho amigo de escola se tornou um grande jornalista na Inglaterra.

constataria depois, que a polícia simplesmente atacaria e torturaria todos eles — com a aprovação da mídia. E, de fato, foi exatamente o que aconteceu.

Muitos dos ativistas da floresta, por sua vez, tiveram um papel fundamental na criação do famoso Black Bloc que, depois dos esperados ataques por parte da polícia, contra-atacaram em uma campanha planejada de quebra de vidraças de empresas. A mídia, então, usou o ato para justificar os ataques da polícia aos ativistas pacifistas com cassetetes, gás lacrimogênio, balas de borracha e spray de pimenta. Os ataques, no entanto, tinham começado no dia anterior. Mas, como apontaram os participantes do Black Bloc, eles os teriam justificado de qualquer outra forma. Quebrar algumas vidraças não machucou ninguém, mas conseguiu chamar a atenção para o assunto.

Era esse o tipo de situação que enfrentávamos mesmo antes dos desdobramentos do 11 de Setembro, quando as agressões da polícia contra manifestantes não violentos se tornaram muito mais sistemáticas e intensas, como no caso da ocupação da New School, por exemplo. Mesmo assim, em nossas assembleias de planejamento do Occupy, decidimos adotar a abordagem de Gandhi. E, de alguma forma, dessa vez funcionou.

Segundo a história que se consagrou, a ascensão das redes sociais teria feito a diferença: enquanto os ativistas em Seattle fizeram uso extensivo de jornalismo de guerrilha na web, em 2011 a onipresença das câmeras de celular e perfis de Twitter, Facebook e YouTube garantiram que essas imagens se espalhassem instantaneamente para milhões de pessoas. A imagem de Tony Bologna atacando as duas jovens atrás da barricada com uma arma química com ar casual apareceu quase instantaneamente em telas de todo o país (das várias versões do vídeo disponíveis na internet, a mais popular tem bem mais de um milhão de visualizações).

Eu não poderia negar a importância das redes sociais para os acontecimentos, mas elas não explicam por que a grande mídia não desempenhou seu tradicional papel de mostrar apenas o ponto de vista oficial da polícia.

Nesse sentido, acho que o contexto internacional foi crucial. Outro efeito da internet é que, em termos de mídia, os Estados Unidos não estão mais tão isolados quanto antes. Desde o início, a cobertura internacional dos protestos foi muito diferente: eles não tentaram ignorar, desmoralizar ou demonizar os manifestantes. Entre os veículos em inglês, o *Guardian*, da Inglaterra, por exemplo, produziu matérias detalhadas sobre a experiência e os objetivos dos ocupantes desde praticamente o primeiro dia. A Al Jazeera, rede de notícias de televisão por satélite com sede no Catar, havia desempenhado um papel fundamental na Primavera Árabe, colocando no ar vídeos e outros testemunhos da violência estatal enviados por ativistas pelas redes sociais. Repórteres do canal não tardaram a aparecer no Parque Zuccotti, para repetir em Nova York o papel que tinham desempenhado no Cairo e em Damasco. O resultado: matérias em jornais de quase todo o mundo, menos nos Estados Unidos. As notícias ajudaram a inspirar não apenas uma onda de ocupações em locais do outro lado do planeta, como Bahia e KwaZulu-Natal, mas também protestos de apoio em lugares improváveis como a China, organizados por grupos populistas de esquerda que se opunham à adoção de políticas favoráveis a Wall Street pelo Partido Comunista e que haviam tomado conhecimento dos eventos monitorando serviços de notícias estrangeiras na web.

No mesmo dia do bloqueio da ponte do Brooklyn, em 2 de outubro, o OWS recebeu uma mensagem assinada por cinquenta intelectuais e ativistas chineses:

> A erupção da "Revolução de Wall Street" no coração do império financeiro do mundo mostra que 99 por cento das pessoas do planeta continuam a ser exploradas e oprimidas — independentemente de serem de países desenvolvidos ou em desenvolvimento. Pessoas de todo o mundo têm sua riqueza saqueada e seus direitos confiscados. A polarização econômica é hoje uma ameaça comum a todos nós. O conflito entre o poder popular e o poder da elite está presente em todos os países. Agora, no entanto, a revolução democrática popular

encontra repressão não só por parte de sua própria classe dominante, mas também da elite mundial que se formou com a globalização. A "Revolução de Wall Street" enfrenta a repressão da polícia dos Estados Unidos, mas também sofre com um apagão da imprensa chinesa organizado pela elite do país. (...) As brasas da revolta estão espalhadas entre todos nós, esperando para queimar com a mais leve brisa. A grande era da democracia popular, que vai mudar a história, está entre nós novamente![2]

A única explicação plausível para esse tipo de entusiasmo é que os intelectuais chineses dissidentes, como a maioria das pessoas no mundo, encararam o que aconteceu no Parque Zuccotti como parte de uma onda de resistência que varria o planeta. Estava muito claro que o aparato financeiro global, e todo o sistema de poder sobre o qual foi construído, estava cambaleando desde seu quase colapso em 2007. Todos esperavam a reação popular. As revoltas na Tunísia e no Egito foram o início? Ou tratava-se de situações estritamente locais ou regionais? Então elas começaram a se espalhar. Quando a onda atingiu o "coração do império financeiro mundial" ninguém mais podia duvidar de que algo memorável estava acontecendo.*

Essa convergência entre redes sociais e entusiasmo internacional explica como a bolha da mídia no país estourou momentaneamente, mas não é suficiente para explicar por que ela estourou. Por que a CNN, por exemplo, resolveu tratar a ocupação como uma grande notícia? Afinal, é notório que a mídia americana tem um histórico de divergências com a imprensa internacional: fenômenos na América do Norte encarados pelo resto do mundo como significativos são considerados sem interesse para o público americano. Isso é particularmente verdade em relação a personalidades de esquerda. Mumia Abu-Jamal é um nome muito conhecido na França, mas relativamente desconhecido nos Estados Unidos. Ou, ainda

---

* Por volta do ano 2000, uma mulher de Taiwan me contou sua reação ao assistir aos protestos contra a OMC em Seattle no ano anterior: "Sempre achei que tinha que haver gente decente nos Estados Unidos que tentasse lutar contra o que o país estava fazendo com o resto do mundo. Sabia que existiam, mas nunca os tinha *visto* de fato."

mais surpreendente, as obras políticas de Noam Chomsky são resenhadas por grandes jornais e revistas em quase todos os países do mundo, exceto nos Estados Unidos.

Há vinte anos, seria exatamente isto que a mídia teria concluído: que ninguém no país se importaria. Acredito que, quando, no futuro, a história do OWS for contada, a atenção da mídia que ele atraiu será atribuída em grande parte à atenção quase sem precedentes dada, pouco antes, à direita populista do Tea Party. A cobertura maciça do Tea Party provavelmente criou uma sensação de que tinha que haver um mínimo gesto de equilíbrio. Outro fator foi a existência de alguns bolsões de mídia genuinamente de centro-esquerda, como a MSNBC. O canal estava disposto a se aferrar ao OWS na esperança de que ele se transformasse em algo na linha de um Tea Party de esquerda, ou seja, um grupo político que aceitasse financiamento, lançasse candidatos e seguisse uma agenda legislativa. Isso pelo menos explicaria por que, no momento em que ficou totalmente claro que o movimento não iria por esse caminho, a atenção da mídia cessou quase tão bruscamente quanto tinha começado.

Ainda assim, nada disso explica por que, mesmo antes de a grande mídia resolver cobrir a história, o movimento se espalhou tão rapidamente pelo país — incluindo lugares onde a Al Jazeera não chega.

Pergunta 2

Por que o movimento se espalhou tão rapidamente em todo o país?

Quando não estava ajudando na logística ou fazendo oficinas de mediação, Marisa Holmes passava grande parte do tempo, nos primeiros dias da ocupação, gravando entrevistas com colegas do acampamento. E repetidas vezes ouviu a mesma história: "Fiz tudo certo: trabalhei muito, estudei muito, entrei para a faculdade. Agora estou desempregado, sem perspectivas, e com dívidas entre 20 mil e 50 mil dólares." Alguns vinham de famílias de classe média estável.

Uma quantidade maior parecia ter tido um passado relativamente modesto e conseguido entrar para a faculdade graças ao talento e à determinação, mas eram agora reféns da própria indústria financeira que tinha arrasado a economia mundial e ingressavam em um mercado de trabalho quase totalmente desprovido de postos de trabalho.

Histórias como essa me tocam especialmente, já que pouco antes eu tinha passado algum tempo dando palestras sobre a história da dívida. Tentava manter minha vida como escritor separada de minha vida como ativista, mas estava achando cada vez mais difícil. Toda vez que eu ia dar uma palestra com um número considerável de jovens na plateia, pelo menos um ou dois se aproximavam ao final para me perguntar sobre as perspectivas de se criar um movimento sobre a questão dos financiamentos estudantis. Um dos temas do meu trabalho sobre a dívida é o fato de sua força estar nos sentimentos morais profundos que invoca, contra os credores e, mais importante, contra os próprios endividados. São os sentimentos de vergonha, desonra e forte indignação por ouvir que se é um perdedor em um jogo que ninguém o obrigou a jogar. É claro que, nos Estados Unidos, quem não quer passar o resto da vida como lavador de pratos ou balconista — em outras palavras, em um trabalho sem benefícios, sabendo que a primeira doença súbita pode destruir sua vida — é levado a acreditar que não tem escolha a não ser buscar o ensino superior, o que significa que realmente já se começa a vida endividado. E começar a vida endividado é ser tratado como se já fosse um perdedor.

Algumas histórias que ouvi durante o *tour* de divulgação do meu livro eram fora do comum. Lembro-me especialmente de uma jovem séria que se aproximou de mim depois de um lançamento em uma livraria frequentada por ativistas para me dizer que, embora fosse de origem modesta, tinha conseguido ingressar em um curso de doutorado em literatura renascentista em uma faculdade da Ivy League.* O resultado? Tinha uma dívida de 80 mil dólares e

---

* Grupo formado por oito universidades privadas dos Estados Unidos consideradas as de maior prestígio do país. São elas: Brown, Columbia, Cornell, Dartmouth, Harvard, Universidade da Pensilvânia, Princeton e Yale. (N. E.)

nenhuma perspectiva imediata a não ser trabalhar como assistente, o que não dava nem para cobrir o aluguel, muito menos as parcelas do financiamento.

— Então, sabe o que eu acabei fazendo? — disse ela. — Programas! É praticamente a única forma de ganhar dinheiro o bastante para ter alguma esperança de sair dessa. E não me leve a mal: não me arrependo nem por um momento dos anos que passei na universidade, mas você tem que admitir que é um pouco irônico.

— É — respondi —, sem contar o incrível desperdício de recursos humanos.

Talvez eu tenha me fixado à imagem por causa de minha própria história. Muitas vezes sinto que faço parte da última geração de americanos da classe trabalhadora que teve uma real possibilidade de ingressar na elite acadêmica apenas com muito trabalho e algum talento intelectual (e, mesmo no meu caso, acabou sendo algo temporário). Mas também me fixei nesse caso em parte porque a história da jovem deixou muito claro que a dívida não é só sofrimento, mas também humilhação. Afinal de contas, todos sabem que tipo de gente contrata garotas de programa caras em Nova York. Por um breve momento, logo depois de 2008, pareceu que os gastos de Wall Street com cocaína e serviços sexuais teriam de ser reduzidos; mas depois dos resgates,* assim como aconteceu com os gastos com carros caros e joias, eles dispararam novamente. Basicamente, aquela mulher estava reduzida a uma situação em que a única maneira de pagar seus empréstimos era realizar as fantasias sexuais das próprias pessoas que lhe emprestaram dinheiro e cujos bancos tinham acabado de ser salvos da falência pelos impostos pagos pela família dela.

E esse caso era apenas um exemplo extraordinariamente dramático de uma tendência nacional. Para universitárias endividadas (e a maioria das pessoas que procuram o ensino superior nos Estados Unidos são mulheres), vender o corpo se tornou um recurso —

---

* O governo dos Estados Unidos aportou grandes quantias de dinheiro para evitar a falência de instituições financeiras durante a crise de 2007-2008. (N. T.)

último, desesperado — cada vez mais usado por aquelas que não veem outra maneira de terminar a graduação. O gerente de um site especializado em encontros entre coroas ricos e aqueles que buscam ajuda para pagar seus financiamentos estudantis ou as taxas escolares estima ter registrados 280 mil estudantes universitários. E poucos pretendem seguir carreira acadêmica. A maioria aspira apenas a um emprego modesto na área de saúde, educação ou serviços.[3]

Eram histórias assim que eu tinha em mente quando escrevi um artigo para o *Guardian* sobre os motivos de o movimento Occupy ter se espalhado tão rapidamente. Pretendia que o texto fosse parte descritivo, parte profético:

> Estamos vendo o início de uma desafiadora autoafirmação de uma nova geração de americanos, uma geração que sabe que vai terminar seus estudos sem ter emprego, sem futuro, mas com o peso de uma enorme dívida sem perdão. A maioria, descobri, era da classe trabalhadora ou de origem modesta: meninos e meninas que fizeram tudo o que lhes fora dito: estudaram, entraram na faculdade e agora não apenas estão sendo punidos, mas humilhados, enfrentando a perspectiva de serem tratados como zeros à esquerda, moralmente rejeitados. É realmente uma surpresa que queiram ter uma conversa com os magnatas do mercado financeiro que roubaram seu futuro?
> Assim como na Europa, estamos assistindo ao resultado de um colossal fracasso social. Os ativistas do Occupy são o tipo de pessoas cheias de ideias. Uma sociedade saudável deveria aproveitar a energia deles para melhorar a vida de todos. Mas, em vez disso, a estão usando para pensar em um modo de derrubar todo o sistema.[4]

O movimento se diversificou para muito além de estudantes e recém-ingressados na pós-graduação, mas acho que, para muitos, a preocupação com o endividamento e um futuro roubado continua a ser uma motivação central. Essa diferença é significativa para contrastar o Occupy com o Tea Party, com o qual o movimento é muitas vezes comparado.

Demograficamente, o Tea Party é, em sua essência, um movimento de pessoas de meia-idade bem estabelecidas. De acordo com uma pesquisa de 2010, 78 por cento dos integrantes do Tea Party têm mais de 35 anos, e cerca de metade, mais de 55.[5] Isso ajuda a explicar por que os membros do Tea Party e os do Occupy em geral têm visões diametralmente opostas em relação à dívida. É verdade que ambos se opõem em princípio ao resgate governamental dos grandes bancos, mas, no caso do Tea Party, essa oposição é mera retórica.

As verdadeiras origens do Tea Party remontam a um vídeo viral do repórter Rick Santelli da CNBC, gravado na Bolsa de Mercadorias de Chicago em 19 de fevereiro de 2009. Nele, o repórter condena os rumores de que o governo poderia, em breve, dar assistência aos proprietários de imóveis endividados: "Será que realmente queremos subsidiar as hipotecas dos perdedores?", perguntou Santelli, acrescentando: "Isso aqui é a América! Quantos de vocês querem pagar a hipoteca do seu vizinho que tem um banheiro extra e não consegue pagar suas contas?" Em outras palavras, o Tea Party surgiu como um grupo de pessoas que se supunham credoras.

O Occupy, em contrapartida, foi e continua a ser em sua essência um movimento de jovens voltados para o futuro, mas que ficaram completamente paralisados pela dívida. Agiram conforme as regras e assistiram à classe financeira desobedecê-las por completo, destruir a economia mundial com especulação fraudulenta, depois ser salva pela imediata e maciça intervenção governamental e, como resultado, exercer um poder ainda maior e ser ainda mais reverenciada do que antes. Enquanto isso, eles ficaram relegados a uma vida de permanente humilhação.

Assim, esses jovens estavam dispostos a assumir posições radicais que não eram vistas em grande escala havia várias gerações: um apelo explícito à política de classe, uma reconstrução completa do sistema político corrente, uma convocação (para muitos, pelo menos) não apenas para reformar o capitalismo, mas para começar a desmantelá-lo completamente.

*

Não é novidade ver um movimento revolucionário emergir de uma situação assim. Por séculos as coalizões revolucionárias sempre consistiram de uma espécie de aliança entre filhos das classes profissionais que rejeitam os valores dos pais e filhos talentosos das classes populares que conseguem ter uma educação burguesa, descobrindo depois que isso não significa se tornar um membro da burguesia. É possível ver o padrão repetido várias vezes, em um país após o outro: Chu En-Lai encontra Mao Tsé-Tung, ou Che Guevara encontra Fidel Castro. Especialistas em contrainsurgência dos Estados Unidos sempre souberam que o prenúncio mais provável de efervescência revolucionária em qualquer país é o crescimento da população universitária desempregada e empobrecida, ou seja, jovens cheios de energia, com muito tempo disponível, com acesso a toda a história do pensamento radical e com todos os motivos do mundo para estarem furiosos.

Nos Estados Unidos, somam-se a esses elementos mais voláteis os estragos causados pelo sistema de financiamento estudantil, que fizeram com que os revolucionários em formação identificassem os bancos como seu inimigo número um e compreendessem bem o papel do governo federal — que mantém o programa de financiamentos estudantis e assegura que os estudantes continuarão pagando esses financiamentos pelo resto da vida, mesmo em caso de falência pessoal — na manutenção do controle do sistema bancário sobre cada aspecto do seu futuro. Como diz Malcolm Harris, da *n+1*, que escreve com frequência sobre o caráter geracional da política no país:

> Hoje, ter uma dívida estudantil é uma grande punição. Não só ela não se esgota em caso de falência pessoal, mas também não tem data de validade, e os cobradores podem confiscar salários, pagamento de encargos sociais e até mesmo as

prestações do seguro desemprego. Quando alguém entra em inadimplência e a agência de garantia cobra do governo federal, ela recebe uma fatia de tudo o que for capaz de recuperar daí para a frente (mesmo que já tenha sido compensada pelas perdas). Isso dá às agências um incentivo financeiro para perseguir ex-alunos até a morte.[6]

Também não é de se estranhar que os jovens tenham sido as maiores vítimas da Grande Recessão — contra a qual ainda estamos lutando — quando ela eclodiu em 2008. Na verdade, em termos históricos, as perspectivas dessa geração já eram particularmente sombrias mesmo antes de a economia entrar em colapso. A geração de americanos nascidos no final de 1970 é a primeira na história a enfrentar a perspectiva de níveis de vida mais baixos que os de seus pais. Em 2006, eles estavam piores que seus pais quando tinham a mesma idade em quase todos os aspectos: recebiam salários mais baixos e tinham menos benefícios, tinham dívidas maiores e estavam muito mais propensos a ficar desempregados ou a ir para a cadeia. Os que ingressaram no mercado de trabalho ao terminar o Ensino Médio encontraram empregos com remuneração mais baixa que a de seus pais, e com probabilidade bem menor de oferecer benefícios (em 1989, quase 63,4 por cento das pessoas que se formavam no Ensino Médio tinham empregos com plano de saúde; agora, vinte anos depois, esse número é de 33,7 por cento). Os que entraram para o mercado de trabalho depois de terminar a faculdade conseguiram empregos melhores, quando ainda havia emprego, mas, como o custo do ensino superior vem crescendo a uma taxa superior à de qualquer mercadoria de toda a história dos Estados Unidos, uma porcentagem cada vez maior tem se formado com graus atrozes de endividamento. Em 1993, pouco menos da metade das pessoas que saíam da faculdade estava endividada. Agora, a proporção é de mais de dois terços. Basicamente todo mundo, exceto justamente os financeiramente mais privilegiados.

Como efeito imediato, tivemos a destruição quase completa do que havia de mais valioso na experiência da graduação, que um dia já representou os únicos quatro anos de liberdade genuína na vida de um americano: um tempo não apenas para buscar a verdade, a beleza e a compreensão como valores em si, mas também para experimentar diferentes possibilidades de vida e de existência. Agora tudo isso está implacavelmente subordinado à lógica do mercado. Se antes as universidades se apresentavam como materialização do antigo ideal de que o verdadeiro propósito da riqueza é proporcionar os meios e o tempo livre para buscar o conhecimento e a compreensão do mundo, agora a única justificativa apresentada para o conhecimento é facilitar a busca da riqueza. Aqueles que insistem em tratar a faculdade como algo além de um investimento planejado estão mais propensos a pagar um terrível custo pessoal. É o caso de minha amiga da livraria, que teve a ousadia de querer contribuir para o entendimento das sensibilidades da poesia renascentista inglesa, apesar do mercado de trabalho incerto.

Assim, a explicação inicial para a rápida disseminação do OWS é bastante simples: uma população de jovens com uma boa quantidade de tempo disponível e todos os motivos para estar furiosos — e entre os quais, os mais criativos, idealistas e enérgicos tinham boas razões para ser os mais furiosos de todos. No entanto, eles foram apenas o núcleo inicial. Para se tornar um movimento de fato, o Occupy precisava apelar para um extrato muito maior da população, o que, mais uma vez, aconteceu muito rápido.

Nesse sentido, também testemunhamos algo extraordinário. Além dos estudantes, os grupos que se reuniram mais prontamente foram, sobretudo, os da classe trabalhadora. Isso pode não parecer tão surpreendente, considerando a própria ênfase do movimento na desigualdade econômica; mas na verdade é. Historicamente, aqueles que tiveram sucesso ao apelar para o populismo de classe nos Estados Unidos o fizeram em grande parte partindo da direita e concentraram sua atenção nos professores universitários, não nos plutocratas. Nas semanas que antecederam a ocupação, a blogosfera esteve inundada de comentários depreciativos sobre os apelos por alívio da dívida estudantil, qualificados como lamúrias de uma elite mimada.[7] E é compreensível que, em geral, os apuros de ex-alunos endividados dificilmente sejam o tipo de problema que tocaria o coração, digamos, dos membros do New York City's Transit Workers Union [Sindicato dos Agentes de Trânsito de Nova York] (TWU). Mas dessa vez tocou. Os líderes do TWU estiveram entre os primeiros e mais entusiasmados a declarar apoio à ocupação, inclusive com o ávido apoio das bases. Após a ação na Ponte do Brooklyn, o sindicato processou o Departamento de Polícia de Nova York por confiscar seus ônibus a fim de realizar a detenção em massa de ativistas do OWS que bloqueavam a via.* Isso nos leva à terceira pergunta-chave:

Pergunta 3

> *Por que um protesto de jovens instruídos mas endividados tocaria a classe trabalhadora de todo o país, de uma maneira que dificilmente teria acontecido em 1967 ou mesmo em 1990?*

Parte da explicação talvez esteja no fato de que a linha que separa estudantes de trabalhadores é hoje menos definida. A maioria dos estudantes recorre a um trabalho remunerado em algum momento da vida universitária. Além disso, embora o número de americanos que ingressam na universidade tenha crescido consideravelmente ao longo dos últimos vinte anos, o número de formados permanece praticamente o mesmo. Assim, as fileiras de trabalhadores pobres estão cada vez mais cheias de ex-universitários que não tiveram dinheiro para terminar a graduação e que ainda pagam pelos anos que cursaram — e em geral ainda sonham em retomar os estudos um dia. Ou de insistentes que continuam a graduação como podem, fazendo malabarismos para conjugar os estudos com empregos de meio período.[8]

---

* Devo dizer que há outros fatores em jogo aqui. O TWU é tradicionalmente um sindicato de negros, e o populismo anti-intelectual é um fenômeno quase exclusivamente de brancos nos Estados Unidos, não compartilhado por negros ou organizações que os representam. Mas muitos sindicatos com grande quantidade de brancos entre os membros também apoiaram o OWS.

Quando escrevi a matéria para o *Guardian*, a seção de comentários se encheu das opiniões depreciativas de sempre: tratava-se de um bando de crianças mimadas vivendo à custa dos outros, diziam. Um deles parecia obcecado com o fato de que várias manifestantes que apareceram nas fotos da imprensa tinham cabelos cor-de-rosa, o que seria para ele uma prova de que elas eram privilegiadas, viviam em uma bolha, separadas da população "real". Ficou claro que essas pessoas nunca passaram muito tempo em Nova York. Assim como os estilos identificados com os hippies da década de 1960 — cabelo longo, cachimbo de haxixe e camiseta rasgada — se tornaram, nos anos 1980, uma espécie de uniforme da juventude com trabalhos temporários nas cidades pequenas do país, muito do estilo do movimento punk da década de 1980 — cabelo cor-de-rosa, tatuagens e piercings — veio a ter o mesmo papel para a atual classe trabalhadora instável e precária das grandes metrópoles. Basta olhar em volta e ver as pessoas que preparam café, fazem entregas ou carregam móveis.

Então a explicação para que a velha antipatia dos anos 1960 entre "os hippies e os peões" tenha se desfeito e se tornado uma aliança é em parte o fato de as barreiras culturais terem sido superadas, e em parte uma consequência da mudança na composição da própria classe trabalhadora, cujos membros mais jovens hoje têm mais chances de se enredar no sistema de ensino superior, que é cada vez mais explorador e disfuncional.

Mas suspeito que haja outro elemento mais crítico: a natureza mutante do próprio capitalismo.

Nos últimos anos, muito se tem falado sobre a financeirização do capitalismo, ou, até mesmo em algumas versões, a "financeirização da vida cotidiana". Nos Estados Unidos e em boa parte da Europa, o fenômeno veio acompanhado da desindustrialização. A economia americana não é mais impulsionada pelas exportações, mas pelo consumo de produtos fabricados em sua maioria no exterior, pagos com diferentes formas de manipulação financeira. Em geral, esse fato é conhecido como o domínio do setor FIRE, como é chamado na economia o conjunto dos setores financeiro, de seguros e imobiliário.* A porcentagem do total dos lucros das empresas americanas derivados apenas de transações financeiras, por exemplo, triplicou desde a década de 1960:

1965	1970	1975	1980	1985	1990	1995	2000	2005
13%	15%	18%	17%	16%	26%	28%	30%	38%

Essa análise, porém, ainda subestima os números consideravelmente, pois só inclui as empresas nominalmente financeiras. Nas últimas décadas, porém, quase todo o setor industrial começou a atuar também no setor financeiro, o que passou a gerar grande parte de seus lucros. A indústria automobilística desabou durante a crise financeira de 2008, por exemplo, porque empresas como a Ford e a GM vinham obtendo, até então, quase a totalidade de seus lucros não da fabricação de carros, mas do financiamento deles. Mesmo a GE obtinha cerca da metade dos lucros de seu setor de financiamentos. Assim, embora em 2005 38 por cento do total dos lucros empresariais derivassem de financeiras, o número real, contando os lucros financeiros de empresas cujo negócio é claramente não financeiro, chega provavelmente perto de 50 por cento. Enquanto isso, apenas cerca de 7 ou 8 por cento do lucro geral vinham da indústria.**

Quando, em 1953, o presidente da GM, Charles Erwin Wilson, cunhou a famosa frase "O que é bom para a General Motors é bom para o país", muitos setores a tomaram como a expressão máxima da arrogância corporativa. Pensando hoje, fica mais fácil entender o que ele realmente quis dizer. Naquela época, a indústria automobilística gerava enormes lucros; a maior parte do dinheiro que entrava para empresas como a GM e seus executivos era entregue diretamente aos cofres do governo na forma de impostos (a alíquota padrão do imposto para empresas durante o governo de

---

* O nome em inglês FIRE é o acrônimo de Finance, Insurance, Real Estate (Finanças, Seguro, Propriedade). *Fire* também significa fogo. (N. T.)

** Tecnicamente o número é 12,5%, mas, de novo, ele considera as divisões de financiamento das indústrias como lucros "industriais" e não financeiros.

Dwight Eisenhower era de 52 por cento, e a maior alíquota do imposto para pessoas físicas — que se aplicava, por exemplo, a grandes executivos — 91 por cento). Na época, o grosso da receita do governo derivava de impostos empresariais, que, por serem altos, estimulavam os executivos a pagarem salários mais altos (por que não distribuir os lucros entre os próprios trabalhadores e, pelo menos, obter a vantagem competitiva de funcionários gratos e leais se, não sendo assim, o governo levaria o dinheiro embora de qualquer maneira?). O governo usava a receita angariada com os impostos para construir pontes, túneis e estradas. Essas obras, por sua vez, não só beneficiavam a indústria automobilística, mas também criavam ainda mais empregos e davam às empresas contratadas pelo governo a oportunidade de enriquecer os políticos, que distribuíam o dinheiro desviado por meio de subornos e comissões substanciosas. Os resultados podem ter sido ecologicamente catastróficos, especialmente no longo prazo, mas, naquele momento, a relação entre sucesso empresarial, impostos e salários parecia um motor infalível para gerar prosperidade e crescimento permanentes.

Meio século depois, estamos vivendo em uma conjuntura econômica bastante diferente. Os lucros da indústria encolheram; os salários e benefícios estagnaram ou diminuíram, e a infraestrutura está ruindo. Mas, na década de 1980, quando o Congresso acabou com as leis de usura, também permitiu que praticamente qualquer empresa entrasse no ramo dos financiamentos (abrindo caminho para que os tribunais e a polícia atuassem como garantidores de empréstimos com até 300 por cento de juros anuais, um tipo de acordo que antes só se fazia com organizações criminosas).

A palavra "permitiu", acima, pode parecer estranha, mas é importante entender que a linguagem que normalmente usamos para descrever esse período é profundamente enganosa. Costumamos falar, por exemplo, de mudanças na legislação sobre o universo financeiro como uma questão de "desregulamentação", ou seja, como se o governo tivesse saído do caminho e deixado que as corporações especulassem o quanto quisessem na Bolsa. Nada pode estar mais longe da verdade. Ao permitir que qualquer empresa se torne parte da indústria de serviços financeiros, o governo estava garantindo a elas o direito de *criar dinheiro*. Os bancos e outros credores em geral não emprestam o dinheiro que já têm. Eles criam dinheiro por meio de empréstimos. (Esse é o fenômeno a que Henry Ford estava se referindo quando fez o famoso comentário de que se o povo americano um dia descobrisse como os bancos funcionam, "haveria uma revolução antes de amanhã de manhã". O Federal Reserve cria dinheiro e empresta aos bancos, que estão autorizados a emprestar dez dólares por cada dólar que tenham como reserva, permitindo, assim, que efetivamente criem dinheiro.)

É verdade que os setores de financiamento das empresas de automóveis se limitavam a criar dinheiro que retornaria para eles por meio da compra de seus próprios carros, mas o arranjo lhes permitia obter grandes lucros a partir de juros, taxas e multas; e por fim os lucros resultantes dos financiamentos superaram os lucros vindos da venda de carros em si.* Ao mesmo tempo, empresas como a GM, a GE e outras, assim como os grandes bancos, em muitos casos não pagavam nenhum tipo de tributo federal. Os lucros que iam para o governo eram distribuídos diretamente para os políticos na forma de suborno — que ganhou o nome de "lobby corporativo" — para convencê-los a aprovar novas legislações, muitas vezes escritas pelas próprias empresas, que lhes permitissem arrancar ainda mais dos cidadãos já enredados em sua teia de crédito. E já que a Receita (Internal Revenue Service)** não recebia mais quantias significativas em impostos de empresas, o governo também passou a entrar cada vez mais no negócio de tirar dinheiro diretamente da renda pessoal dos cidadãos. Os governos locais, que tinham tido que apertar o cinto, também empreenderam uma campanha muito parecida para multiplicar o número de taxas e multas.[9]

Se a relação entre o governo e as grandes empresas na década de 1950 já guardava pouca semelhança com o mítico "capitalismo de livre mercado" que supostamente fundou os Estados Unidos, no

---

* Quer dizer, a menos que se prefira ver essas cobranças, como muitos de fato preferem, como uma forma de inflação oculta – mais uma vez: autorizada pelo governo.
** Agência responsável pela coleta de imposto de renda nos Estados Unidos. (N. T.)

caso das disposições atuais é até difícil saber por que ainda estamos usando a palavra "capitalismo".

Quando estava na faculdade, aprendi que o capitalismo era um sistema no qual as empresas privadas obtinham lucros com a contratação de pessoas para produzir e vender coisas; o sistema cujos protagonistas extraem riqueza diretamente de outras pessoas, por meio do uso da força, por sua vez, era definido como "feudalismo".* Segundo esse conceito, o que chamamos de "Wall Street" se parece cada vez mais com uma mera câmara de compensação para o comércio e a alienação dos arrendamentos feudais, ou, para dizer mais claramente, das fraudes e extorsões. Enquanto isso, os genuínos capitalistas industriais ao estilo dos anos 1950 estão cada vez mais restritos a lugares como a Índia, o Brasil ou a China comunista. Os Estados Unidos continuam, é claro, a ter uma base manufatureira, especialmente de armamentos, tecnologia médica e equipamentos agrícolas. No entanto, com a exceção da produção bélica, o papel dessas indústrias na geração de lucros empresariais é cada vez menor.

Com a crise de 2008, o governo deixou claro que estava disposto não apenas a conceder a instituições "grandes demais para fracassar" o direito de imprimir dinheiro, mas também a permitir a si mesmo criar uma enorme quantidade de dinheiro para salvá-las caso estivessem em apuros por conta de empréstimos estúpidos ou corruptos. Instituições como o Bank of America, pois, distribuíram o dinheiro recém-criado aos próprios políticos que votaram para socorrê-lo e, assim, garantiram que seus lobistas tivessem o direito de escrever a legislação que deveria "regulá-los". Isso apesar de quase terem destruído a economia mundial. Não entendo por que essas empresas não podem, a essa altura, ser consideradas *parte* do

---

* De maneira similar, o teórico da sociologia Max Weber argumentou que o "capitalismo político irracional" de "aventureiros militares (...), coletores de impostos, especuladores, corretores de câmbio e outros" do, digamos, mundo romano era uma situação historicamente sem saída, já que, em última instância, parasitava o Estado, não tendo nada em comum com o investimento racional da produção do capitalismo industrial moderno. Pela lógica de Weber, o capitalismo global contemporâneo, que é dominado por especuladores, operadores de câmbio e fornecedores do governo, há muito tempo se reverteu à versão irracional sem solução.

governo federal, a não ser pelo fato de continuarem a manter os seus lucros apenas para si.

Enormes proporções da renda das pessoas comuns acabam alimentando esse sistema predatório por meio de taxas ocultas e, principalmente, de multas. Lembro que uma vez deixei-me convencer por um funcionário da Macy's a adquirir um cartão de crédito da loja para comprar um par de óculos escuros Ray-Ban que custava 120 dólares. Enviei um cheque para pagar a conta antes de sair do país em uma longa viagem, mas aparentemente errei o cálculo do imposto por uma diferença de 2,75 dólares. Quando voltei, alguns meses depois, descobri que tinha acumulado cerca de 500 dólares em taxas atrasadas. Não temos o hábito de fazer esses cálculos, porque esses números são vistos, ainda mais do que as dívidas, como o pagamento de um pecado: você só os paga porque fez algo errado (no meu caso, fiz uma conta errada e esqueci de pedir que mandassem o boleto para meu endereço no exterior). Na verdade, todo o sistema é feito para que cometamos esses erros, já que os lucros das empresas dependem deles.

Que proporção da renda de uma família média americana acaba canalizada para a indústria de serviços financeiros? Simplesmente não há dados disponíveis sobre o assunto. Isso por si só já quer dizer alguma coisa, uma vez que existem dados sobre praticamente qualquer coisa. Ainda assim, pode-se ter uma noção. O relatório sobre a proporção de obrigações financeiras do Federal Reserve informa que a família americana média desembolsou cerca de 18 por cento de sua renda em serviços de empréstimos e obrigações semelhantes ao longo da última década. O número é impreciso em vários sentidos: inclui amortizações do principal da dívida e impostos imobiliários, mas exclui multas e taxas, por exemplo. Ainda assim, dá uma ideia aproximada.

Esses dados sugerem que, de uma maneira ou de outra, a maioria dos americanos entrega diretamente para Wall Street um de cada cinco dólares que ganha — quer dizer, isso se você tomar "Wall Street" no sentido popular, como uma metáfora do setor financeiro como um todo. Mas "o americano médio" não existe: os estragos da indústria financeira têm efeitos muito desiguais. Em primeiro lugar, embora a maior parte desse dinheiro seja simplesmente embolsada por executivos de empresas financeiras (os bônus dos banqueiros e assim por diante), outra parte é redistribuída sob a forma de dividendos. Mas não para todos. Antes da crise, havia uma percepção de que todos faziam parte do esquema, de que o capitalismo estava se tornando um empreendimento popular no qual todo mundo, por meio de investimentos e da previdência, tinha o seu quinhão. Essa percepção sempre foi absurdamente exagerada. E, depois da crise, quando os planos de aposentadoria 401(k) levaram um duro golpe, mas os grandes investidores se recuperaram rapidamente, não se ouviu mais falar nela.

Ninguém pode dizer que o sistema dos lucros não seja o que sempre foi: uma forma de redistribuir o dinheiro para aqueles que já estão no topo da cadeia alimentar financeira. Os americanos ricos — mesmo que não sejam do setor financeiro — são os únicos a ter ganhos líquidos. Praticamente todos os demais têm alguma proporção de sua renda desviada.

Quem está na base da cadeia, por outro lado — seja a medição feita por raça, sexo, idade ou taxa de emprego —, acaba pagando invariavelmente uma proporção maior. Em 2004, por exemplo, jovens entre 18 e 24 anos usaram 22 por cento de sua renda para o pagamento de dívidas (incluindo a amortização do principal da dívida, mas não comissões de serviço, taxas e multas); um quinto deles pagou mais de 40 por cento. Para pessoas entre 25 e 34 anos, o segmento mais impactado pelos financiamentos estudantis, a situação foi ainda pior: o gasto médio com dívidas foi de um quarto da renda.

Esses números valem para a população jovem como um todo, independentemente do grau de escolaridade. Nem é preciso mencionar o destino dos cerca de 22 por cento das famílias tão pobres que sequer têm acesso ao crédito convencional e precisam recorrer a lojas de penhor, autocrédito ou escritórios de crédito rápido que cobram até 800 por cento de juros anuais.

E tudo isso mesmo antes da crise!

Com o que aconteceu em 2008, quem tinha meios para reduzir sua dívida e, portanto, o montante da renda desviada para Wall Street, começou a quitar desesperadamente as contas de cartão de crédito e a passar longe das hipotecas subaquáticas.* O quadro seguinte pode dar uma noção de como a mudança foi dramática:

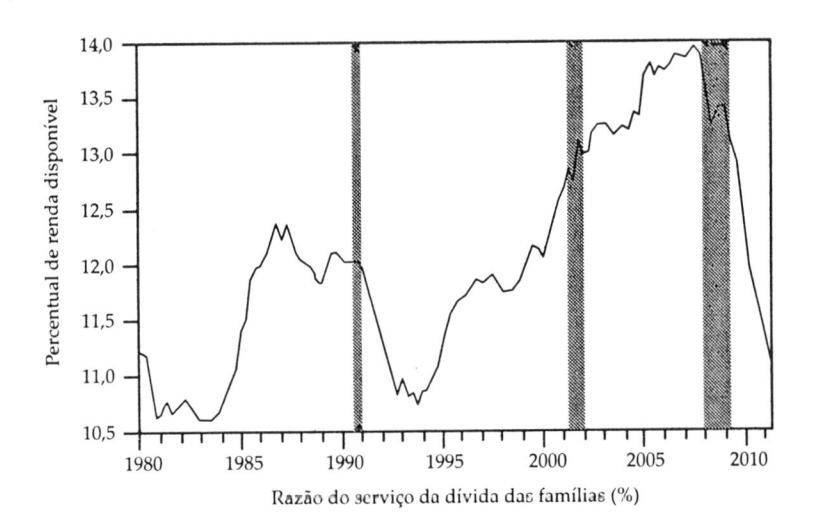

[Gráfico: Percentual de renda disponível (eixo Y, 10,5 a 14,0) vs. anos 1980-2010. Razão do serviço da dívida das famílias (%)]

Ainda assim, certos tipos de empréstimo tinham sido criados de modo a fazer com que isso não fosse possível. É possível, embora não seja fácil, renegociar uma hipoteca,** mas o mesmo não vale para os financiamentos estudantis, por exemplo. Aliás, se você deixa de pagar algumas parcelas, provavelmente alguns milhares de dólares em multas se somarão ao valor devido. Como resultado, as dívidas com o financiamento estudantil continuam aumentando a uma taxa vertiginosa. O montante total devido ultrapassou há muito as dívidas com cartões de crédito e outras formas de endividamento.

---

* Casos de refinanciamento de propriedades que geram dívidas superiores ao valor de mercado da propriedade, impedindo que quem contraiu a dívida venda o imóvel, a não ser que consiga pagar a diferença. (N. T.)
** Embora um número surpreendentemente baixo de hipotecas tenha sido de fato renegociada, apesar dos programas governamentais criados aparentemente para facilitar os acordos.

Saldo total das dívidas e sua composição

Hipoteca Home Equity	Empréstimo rotativo	Financiamento de veículos	Cartão de crédito	Financiamento estudantil	Outros
72%	5%	6%	6%	8%	3%

* 2011Q3 Total: 11.656 trilhões de dólares

Além de estudantes, outro grupo preso na armadilha da dívida são os trabalhadores pobres — principalmente mulheres e negros —, que continuam a ver grandes somas de seus já poucos ganhos serem abatidas diretamente pela indústria de serviços financeiros. Eles são os chamados "*subprime*", ou seja, a parcela da população mais suscetível a contrair (ou ser enganada por) hipotecas *subprime*.* Foram vítimas desse sistema, que tem taxas reajustáveis galopantes, e agora têm de enfrentar o assédio dos cobradores, devolver seus carros e, o que é mais nocivo, recorrer a alternativas de crédito rápido com taxas de juros de cerca de 300 por cento ao ano para despesas de emergência com saúde, por exemplo (são o grupo menos beneficiado por seguro-saúde).

A população total dessas duas categorias sobrepostas — a classe trabalhadora e graduados subempregados com financiamentos estudantis paralisantes — realmente paga mais a Wall Street do que em impostos para o governo.

Voltando ao mês de setembro, antes mesmo do início da ocupação, Chris, o ativista do Food Not Bombs que ajudou a criar o primeiro círculo democrático na Bowling Green, criou uma página no Tumblr chamada "Nós somos os 99 por cento", na qual as pessoas que apoiavam o movimento podiam postar fotos de si mesmas com breves relatos sobre sua situação de vida. No momento em que escrevi este livro, havia mais de 125 páginas com esses relatos, cujos autores variavam enormemente em raça, idade, sexo e tudo o mais.

Recentemente, esses testemunhos desencadearam uma discussão na internet sobre a "ideologia dos 99 por cento". Tudo começou quan-

---

* O termo ficou conhecido em todo o mundo com a crise nos Estados Unidos em 2007-2008. São hipotecas a taxas mais altas oferecidas a um público com maior risco de inadimplência. A garantia em caso de falta de pagamento é o próprio imóvel. (N. T.)

do Mike Konczal, do blog Rortybomb, fez uma análise estatística dos textos em html para descobrir as 25 palavras mais usadas. A mais frequente era "emprego"; a segunda mais frequente, "dívida", e que quase todas as seguintes se referiam a necessidades cotidianas, como habitação, alimentação, saúde, educação, filhos (depois de "emprego" e "dívida", as palavras mais populares foram "trabalho", "faculdade", "pagar", "estudante", "empréstimo", "bancar", "escola" e "seguro"). Era patente a ausência de qualquer referência a bens de consumo. Na tentativa de compreender as implicações, Konczal apelou para o meu livro sobre a dívida:

> O antropólogo David Graeber cita o historiador Moses Finley, que identificou no "programa para sempre revolucionário da antiguidade 'cancele as dívidas e redistribua a terra' o slogan do campesinato, não de uma classe trabalhadora". E reflete sobre esses relatos. A maioria esmagadora são demandas viáveis em duas formas básicas: (i) "libertem-nos das amarras da dívida" e (ii) "nos deem o mínimo para sobreviver, a fim de que levemos uma vida decente" (ou, em uma expressão pré-Revolução Industrial, "nos deem terras"). Nas palavras de Finley, essas são demandas do campesinato, não de uma classe trabalhadora.[10]

Konczal interpretou a situação como uma profunda redução de horizontes: não estaríamos mais ouvindo demandas por democracia no local de trabalho, ou dignidade no trabalho, ou até mesmo por justiça econômica. Nesse nosso capitalismo recém-feudalizado, os oprimidos estão reduzidos à situação dos camponeses medievais, não pedindo nada além dos meios para ganhar a vida. Mas, como outras pessoas logo observaram, havia aí certo paradoxo, porque, em última análise, o objetivo não é diminuir horizontes, mas ampliá-los. Os defensores do capitalismo sempre argumentaram que, embora ele certamente crie enormes desigualdades enquanto sistema econômico, seu efeito geral é um amplo movimento por mais segurança e prosperidade para todos, mesmo para os mais humildes. Chegamos a um ponto em que, mesmo na nação capitalista mais rica do planeta, o sistema não consegue garantir um nível mínimo de segurança e fornecer as necessidades básicas a uma parcela cada vez maior da população. Era difícil não chegar à conclusão de que a única maneira de ter de volta uma vida minimamente decente era inventar um sistema inteiramente novo.[11]

De minha parte, acho que toda essa discussão pode servir como um estudo de caso sobre as limitações da análise estatística. Não que a análise não seja reveladora à sua maneira, mas tudo depende do que se propõe a contar. Quando li as páginas no Tumblr pela primeira vez, o que realmente chamou minha atenção foi a predominância de vozes femininas, bem como a ênfase não só na aquisição de meios para uma vida decente, mas também de meios para cuidar dos outros. Isso ficava claro em dois aspectos diferentes. O primeiro era o fato de que muitas das pessoas que decidiram contar suas histórias trabalhavam, ou aspiravam a trabalhar, em um tipo de função que envolvesse cuidado com o outro: saúde, educação, trabalho comunitário, serviços sociais, e assim por diante. A terrível agudeza de alguns dos relatos advém de uma ironia não dita: hoje, para seguir uma carreira que permita cuidar dos outros nos Estados Unidos, em geral as pessoas acabam em uma situação tão difícil, que não conseguem cuidar direito nem da própria família. Esse já é, claro, o segundo aspecto. A relação entre a pobreza e a dívida tem um significado muito diferente para as pessoas que constroem suas vidas em torno de relações com os outros: é muito mais provável que implique não poder dar presentes de aniversário para sua filha, ou vê-la desenvolver sintomas de diabetes sem poder levá-la ao médico, ou ver sua mãe morrer sem nunca ter sido capaz de dar a ela uma ou duas semanas de férias.

Antigamente, o americano típico da classe trabalhadora, politicamente consciente, era um homem, provedor, que trabalhava em uma fábrica de automóveis ou em uma siderúrgica. Hoje, é provavelmente uma mãe solteira que trabalha como professora ou enfermeira. Há mais mulheres que ingressam na faculdade, mais mulheres que se formam *e* mais mulheres pobres — os três elementos que em geral levam a um maior grau de consciência política. A participação sindical ainda é um pouco menor: 45 por cento dos membros dos sindicatos são mulheres, mas, se a atual tendência de crescimento continuar, as mulheres serão maioria dentro de oito anos. O economista especializado em trabalho John Schmitt observa: "Temos visto um grande aumento de mulheres nos sindicatos nos últimos 25 anos, especialmente à medida que a sindicalização no setor de serviços se expande. A percepção de que os sindicatos são feitos para homens brancos de 50 anos não é verdadeira."[12]

Além disso, essa convergência está começando a mudar nossa própria concepção de trabalho. Aqui acho que Konczal não entendeu bem. Não é verdade que os 99 por cento não estejam pensando sobre a dignidade do trabalho. Muito pelo contrário. Eles estão ampliando nossa concepção do que é o trabalho relevante, incluindo nela tudo o que fazemos que não seja apenas para nós mesmos.

Pergunta 4

> *Por que o movimento não quis fazer exigências ao sistema político ou se envolver com ele? E por que essa recusa tornou o movimento ainda mais atraente?*

Poderíamos pensar que pessoas em tal estado de desespero desejassem uma solução imediata e pragmática para seus dilemas, o que torna ainda mais surpreendente que tenham sido atraídas para um movimento que se negava de forma categórica a apelar diretamente às instituições políticas.

Isso certamente foi uma grande surpresa para as empresas de comunicação, tanto é que a maioria se negava a reconhecer o que estava acontecendo bem diante de seu nariz. Depois da primeira matéria execrável de Ginia Bellafante no *New York Times*, vimos uma interminável ladainha de acusações ao movimento, alegando falta de seriedade devido à recusa em divulgar um conjunto concreto de demandas. Quase toda vez que sou entrevistado sobre o Occupy por um jornalista de um grande veículo, ouço uma variação do mesmo discurso:

Como vocês esperam chegar a algum lugar se recusando a criar uma estrutura de liderança e a fazer uma lista de exigências práticas? E o que é todo esse anarquismo sem sentido: consenso, agitar as mãos no ar? Não veem que toda essa linguagem de radicais vai afastar as pessoas? Vocês nunca vão conseguir atingir os americanos comuns, mais tradicionais, com esse tipo de coisa!

Perguntar por que o OWS se nega a criar uma estrutura de liderança ou perguntar por que não temos propostas políticas concretas são, naturalmente, duas maneiras de fazer a mesma pergunta: por que não nos envolvemos com a estrutura política existente de modo a nos tornarmos parte dela?

Se alguém estivesse compilando os piores conselhos de todos os tempos, esse tipo de coisa mereceria um lugar de destaque. Desde a crise financeira de 2008, foram feitas várias tentativas para lançar um movimento nacional contra o estrago causado pelas elites financeiras. Todas usaram a abordagem recomendada por esses jornalistas. Todas falharam. E a maioria falhou feio.* Foi apenas quando apareceu um movimento que se negou terminantemente a tomar o caminho tradicional, rejeitou por completo a ordem política por considerá-la inerentemente corrupta e demandou a total reinvenção da democracia americana, que as ocupações começaram a brotar por todo o país. Está muito claro que o movimento não deu certo *apesar* do elemento anarquista. Ele deu certo *por causa* dele.

Anarquistas com "a minúsculo" como eu, isto é, o tipo disposto a participar de coalizões amplas desde que tenham princípios horizontais, sempre havíamos sonhado com isso. Durante décadas, o movimento anarquista tinha investido boa parte da sua energia criativa no desenvolvimento de formas de processo político igualitário que realmente funcionassem; formas de democracia direta que poderiam operar em comunidades autogeridas, independentes de Estados.

---

* Um exemplo famoso é uma convocação em 14 de junho de 2011 para ocupar o Parque Zuccotti, feita por um grupo chamado Empire State Rebellion, a fim de exigir a demissão do presidente do Federal Reserve, Ben Bernanke. Quatro pessoas apareceram.

Todo o projeto se baseava em uma espécie de crença de que a liberdade é contagiosa. Todos sabíamos que era praticamente impossível convencer o americano médio apenas com a retórica de que uma sociedade verdadeiramente democrática é possível. Mas podíamos mostrar. A experiência de assistir a um grupo de mil ou duas mil pessoas tomando decisões coletivas sem uma estrutura de liderança, motivadas apenas por princípios de solidariedade, pode mudar as premissas mais fundamentais sobre o modo de funcionamento da política, ou, no caso, da vida humana.

Nos tempos do Movimento de Justiça Global, pensávamos que, se mostrássemos essas novas formas de democracia direta e tradições de ação direta a um grande número de pessoas em todo o mundo, uma nova cultura democrática mundial começaria a surgir. Mas, como mencionei, nunca conseguimos sair do gueto ativista. A maioria da população sequer ficou sabendo que a democracia direta era algo central para nossa identidade. A mídia conseguiu desviar a atenção das pessoas com imagens de jovens vestidos com capuzes quebrando vidraças e com a insistência sem fim dos repórteres de que a questão toda girava em torno dos méritos do que teimavam em chamar de "livre comércio".*

Na época dos movimentos antiguerra de 2003, que mobilizaram centenas de milhares de pessoas, o ativismo no país já havia recaído na antiquada política vertical das coligações de cima para baixo, líderes carismáticos e marchas com cartazes. Mas muitos obstinados mantinham a fé. Afinal, havíamos dedicado nossas vidas à crença de que algo como o OWS acabaria acontecendo. Se bem que, de certa forma, não conseguimos perceber que havíamos parado de acreditar que poderíamos realmente vencer.

---

* O termo "livre comércio" é, assim como "livre mercado" e "livre iniciativa", uma óbvia propaganda. O movimento se opunha na verdade à criação da primeira burocracia administrativa em escala planetária (que incluía desde o FMI, o Banco Mundial, a OMC até organismos semelhantes criados por tratados, como a União Europeia e o Nafta) com o objetivo ostensivo de regular e facilitar o comércio global. Ou, mais especificamente, se opunha ao fato de que esses organismos não eram responsabilizáveis (de maneira democrática) e acobertavam o imperialismo financeiro e saques a países do mundo inteiro. Minha visão sobre o movimento pode ser encontrada em *Direct Action: An Ethnography* (Oakland, AK Press, 2009).

E então aconteceu. Da última vez que fui ao Parque Zuccotti antes da expulsão, testemunhei um grupo variado de pessoas que continuava se expandindo — de trabalhadores da construção civil de meia-idade a jovens artistas — usando nossos velhos sinais com as mãos em grandes reuniões. Minha amiga Priya, a ecologista e ecoanarquista que tinha se instalado na praça para documentar tudo em vídeo, admitiu:

— De vez em quando tenho que me beliscar para ter certeza de que não é um sonho.

A verdadeira pergunta a fazer, portanto, não é apenas "por que um movimento anti-Wall Street surgiu finalmente?" (depois do colapso de 2008, muitos se perguntaram por que não houve um naquele momento), mas também "por que ele tomou a forma que tomou?". Temos algumas respostas óbvias. Uma coisa que quase todos os americanos têm em comum, sejam de direita sejam de esquerda, é a repulsa aos políticos — salvo os que fazem parte da própria classe política, é claro. "Washington", em particular, é considerada uma bolha alienígena de poder e influência, fundamentalmente corrupta. Desde 2008, é praticamente impossível ignorar o fato de que Washington existe para servir aos propósitos de Wall Street. Ainda assim, isso não explica por que tantos foram atraídos para um movimento que rejeitava de modo abrangente as instituições políticas de qualquer natureza.

*

Acho que a resposta é mais uma vez uma questão geracional. Se o "refrão" dos primeiros ocupantes no Parque Zuccotti, quando falavam de sua situação financeira, educacional e profissional, era: "Segui as regras. Fiz exatamente o que todos disseram que eu deveria fazer. E olha aonde isso me levou!" Exatamente o mesmo poderia ser dito a respeito da experiência desses jovens com a política.

A maioria dos jovens de vinte e poucos anos teve sua primeira experiência de engajamento político nas eleições de 2006 e 2008, quando um número cerca de duas vezes maior que o habitual saiu de casa e votou maciçamente nos Democratas. Como candidato,

Barack Obama fez uma campanha cuidadosamente projetada para atrair a juventude progressista, e teve resultados espetaculares. É duro lembrar que Obama não apenas concorreu se colocando como o candidato da "Mudança", mas usou uma linguagem inspirada livremente em movimentos sociais radicais: "Yes we can!" [Sim, nós podemos!] foi adaptado do movimento United Farm Workers [Trabalhadores Agrícolas Unidos], de César Chávez; "Seja a mudança!" é uma frase atribuída a Gandhi. Como ex-ativista comunitário e ex-membro do partido de esquerda New Party [Partido Novo],* é um dos poucos candidatos na história recente sobre o qual se pode dizer que saiu dos movimentos sociais, em vez das clássicas reuniões a portas fechadas. Além do mais, mobilizou a campanha de base como um movimento social: encorajou jovens voluntários a fazer campanha por telefone e de porta em porta, além de ter criado organizações duradouras que continuariam a trabalhar por causas progressistas bem depois das eleições, apoiando greves, criando bancos de alimentos e mobilizando campanhas ambientais locais. Tudo isso, combinado ao fato de que Obama viria a ser o primeiro presidente negro, despertou nos jovens a sensação de que eles estavam participando de um momento verdadeiramente transformador na política.

Com toda certeza, a maioria dos jovens que apoiaram ou trabalharam na campanha de Obama não tinha ideia de quão transformador tudo aquilo seria. Mas estavam prontos para mudanças realmente profundas na própria estrutura da democracia dos Estados Unidos. Lembremos que estamos falando de um país que estabelece limites bastante estritos para o discurso político considerado aceitável, ou seja, aquilo que um político ou um comentarista dos meios de comunicação pode dizer sem ser considerado parte de uma marginália de lunáticos. Dessa maneira, muitos segmentos jamais conseguem expressar suas opiniões.

Para se ter uma noção de como é radical a discordância entre a opinião aceitável e os sentimentos reais dos eleitores, considere-

---

* O New Party, um terceiro partido político dos Estados Unidos, existiu até 1998. (N. T.)

mos duas pesquisas de opinião realizadas pela Rasmussen, a primeira em dezembro de 2008, logo depois de Obama ter sido eleito, e a segunda em abril de 2011. Perguntou-se a uma ampla amostragem de pessoas qual sistema econômico preferiam, o capitalismo ou o socialismo. Em 2008, 15 por cento achavam que os Estados Unidos estariam melhores adotando um sistema socialista; três anos depois, a proporção havia subido para uma em cada cinco pessoas. Ainda mais impressionante foi o resultado por idade: quanto mais jovem o entrevistado, mais provável que se opusesse à ideia de passar o resto da vida sob o sistema capitalista. Entre os americanos de 15 a 25 anos, um grande número ainda preferia o capitalismo: 37 por cento, em oposição a 33 por cento em favor do socialismo (os 30 por cento restantes não tinham certeza). Mas pensemos no que isso significa: quase dois terços dos jovens dos Estados Unidos estão dispostos a pelo menos considerar a ideia de abandonar o sistema capitalista por completo! Isso é realmente extraordinário para um país cuja população nunca viu um político, um comentarista ou apresentador de TV disposto a rejeitar os valores capitalistas ou a usar o termo "socialismo" a não ser para condenar sua suposta arrogância e as violações a direitos em seus regimes. Exatamente por isso temos que admitir que é difícil saber exatamente o que os jovens que dizem preferir o "socialismo" pensam estar defendendo. Podemos presumir que não seja um sistema econômico inspirado no da Coreia do Norte. Mas qual, então? O da Suécia? Do Canadá? Impossível dizer. Mas, de certa forma, isso é irrelevante.

Os americanos podem não ter certeza do que seja o socialismo, mas sabem muito bem o que é o capitalismo. E se há uma coisa que o "socialismo" significa para eles é "a outra coisa", ou melhor, *alguma coisa*, praticamente qualquer coisa, na verdade, contanto que não seja isso!". Para se ter uma ideia de como as questões se tornaram agudas, outra pesquisa também pediu que os entrevistados escolhessem entre o capitalismo e o comunismo. Uma em cada dez pessoas declarou preferir um sistema de estilo soviético ao sistema econômico em vigor nos Estados Unidos.

Em 2008, os jovens preferiram Obama a John McCain por uma taxa de 68 por cento a 30 por cento — uma margem de justamente cerca de dois terços. Parece no mínimo razoável supor que a maioria esperava um pouco mais do que obteve. Achavam que estavam votando em uma figura transformadora. Muitos esperavam claramente algum tipo de mudança fundamental no sistema, mesmo sem saber ao certo qual. Como se pode esperar que esse jovem eleitor se sinta, então, ao descobrir que na verdade elegeu um conservador moderado?

Pode parecer uma afirmação radical para os padrões do discurso político tradicional, mas na verdade estou apenas usando a palavra "conservador" em seu sentido literal, que é hoje tão pouco utilizado. Nos Estados Unidos, pelo menos, a palavra "conservador" passou a ser atribuída sobretudo a "radicais de direita", mas seu significado literal é "alguém cujo principal imperativo político é conservar as instituições para proteger o *statu quo*". Foi precisamente o que Obama acabou fazendo. Seus maiores esforços políticos se destinaram a preservar algum tipo de estrutura institucional ameaçada: os bancos, a indústria automobilística e até a indústria de planos de saúde.

O principal argumento de Obama ao exigir a reforma na saúde era que o sistema, por se basear em seguradoras privadas com fins lucrativos, não era economicamente viável em longo prazo e, por isso, algum tipo de mudança seria necessário. Qual era a sua solução? Em vez de insistir em uma reestruturação genuinamente radical — ou mesmo *liberal* — do sistema em direção à equidade e à sustentabilidade, ele ressuscitou um modelo republicano proposto pela primeira vez na década de 1990 como uma alternativa conservadora ao sistema universal de saúde dos Clinton. Os detalhes do modelo de Obama foram pensados em *think tanks* de direita como a Fundação Heritage e colocados em prática inicialmente por um governador republicano de Massachusetts. Seu apelo era essencialmente conservador: não resolvia o problema da criação de um sistema de saúde justo e sensato; mas resolvia o problema da preservação do sistema com fins lucrativos anterior — que além de injusto era insustentável —, de forma a permitir que durasse pelo menos mais uma geração.

Considerando-se a crise em que a economia do país se encontrava quando Obama assumiu o poder em 2008, responder a uma catástrofe histórica mantendo tudo mais ou menos como estava exigiu dele esforços perversamente heroicos. Como consequência, o *statu quo* de fato permaneceu intacto em todas as dimensões. Nenhuma parte do sistema foi abalada. Não houve nacionalizações de bancos, nenhuma quebra de instituições "grandes demais para fracassar", nenhuma grande mudança nas leis financeiras, nenhuma mudança na estrutura da indústria automobilística ou na de qualquer outra, nenhuma mudança na legislação trabalhista, nas leis sobre drogas, nas leis de vigilância, na política monetária, na política de educação, na de transportes, na política energética, na militar ou — o mais importante — na função do dinheiro no sistema político, apesar das promessas de campanha. Em troca de uma injeção maciça de dinheiro do Tesouro para salvá-la da ruína, a indústria — da financeira à manufatureira, passando pela dos planos de saúde — foi obrigada apenas a fazer ajustes sem importância em suas políticas.

A "comunidade progressista" nos Estados Unidos é composta por eleitores e ativistas inclinados para a esquerda que acreditam que trabalhar com o Partido Democrata é o melhor modo de se conseguir uma mudança política no país. A melhor maneira de entender o atual estado de espírito deles é ler as discussões no blogue *liberal* Daily Kos. No terceiro ano do primeiro mandato de Obama, o nível de raiva — ou mesmo ódio — no blogue dirigida ao presidente era simplesmente inacreditável.* Ele era constantemente acusado de ser uma fraude, um mentiroso, um republicano disfarçado que, em nome do "compromisso bipartidário", teria arruinado intencionalmente todas as oportunidades de mudança progressista que lhe haviam sido apresentadas.

---

* A situação começou a mudar um pouco quando a campanha para as eleições presidenciais engrenou, por causa da falta de questões legislativas específicas e do fantasma de uma vitória do Partido Republicano, mas também, suspeito, porque muitos progressistas pararam de acompanhar a política eleitoral.

A intensidade do ódio que esses comentários revelaram pode surpreender, mas faz todo o sentido se considerarmos que essas pessoas estavam apaixonadamente comprometidas com a ideia de que *deveria* ser possível implementar políticas progressistas nos Estados Unidos pela via eleitoral. Mas, diante do fracasso de Obama, só puderam concluir pela impossibilidade de projetos dessa natureza. Afinal, como poderia ter havido um alinhamento mais perfeito dos astros políticos do que em 2008? Nesse ano, as eleições foram muito favoráveis aos democratas, que ganharam o controle das duas casas do Congresso; e um presidente democrata foi eleito com uma plataforma de "mudança". Obama chegou ao poder em um momento de crise econômica tão profunda, que medidas radicais de algum tipo seriam inevitáveis. Era também um momento em que as políticas econômicas republicanas estavam tão completamente desacreditadas, e a fúria popular contra as elites financeiras do país era tão intensa, que qualquer política voltada contra eles teria tido o apoio da maioria.

Pesquisas da época indicavam que a maioria esmagadora da população era a favor da ajuda a quem tivesse que pagar hipoteca, mas não aos bancos "grandes demais para fracassar", independentemente do impacto negativo que isso pudesse ter sobre a economia. No entanto, Obama não só fez o contrário, como sua posição foi mais conservadora do que a de George W. Bush, que, antes de sair, concordou, sob a pressão do deputado democrata Barney Frank, em reduzir as taxas hipotecárias do Troubled Asset Relief Program (TARP),* mas apenas com a aprovação do novo presidente. Obama, contudo, preferiu não aprovar.

É importante relembrar esse episódio porque desfaz o mito de que Obama teria começado a ser tachado de socialista radical por ter ido longe demais. Na verdade, o Partido Republicano era naquele momento uma força extenuada e humilhada, e só conseguiu renas-

---

* O TARP foi um programa criado e administrado pelo Tesouro americano para estabilizar o sistema financeiro do país, restaurar o crescimento econômico e evitar execuções hipotecárias após a crise de 2008 por meio da compra de ativos e capital das empresas em dificuldades. (N. E.)

cer porque Obama se recusou a apresentar uma alternativa ideológica, adotando, em vez disso, a maior parte das posições econômicas dos próprios republicanos.

Nenhuma mudança radical foi decretada. Wall Street ganhou um controle ainda maior sobre o processo político, e a marca "progressista" ficou manchada para a maioria dos eleitores, identificada com posições de natureza conservadora e simpáticas a empresas. Já que os republicanos provaram ser o único partido disposto a assumir posições radicais de alguma espécie, o centro se voltou ainda mais para a direita. Estava provado que, se a mudança progressista não fora possível por meios eleitorais em 2008, simplesmente não seria possível de nenhum outro modo. Foi a essa conclusão que muitos jovens parecem ter chegado.

Os números falam por si. Se, nas eleições de 2008, o comparecimento da juventude foi três vezes maior do que tinha sido quatro anos antes, dois anos depois já tinha caído em 60 por cento. Não que os eleitores jovens tivessem mudado de lado. Os que apareceram nas urnas continuaram a votar nos democratas mais ou menos na mesma proporção que antes. Mas a juventude desistiu do processo como um todo,* permitindo que os eleitores do Tea Party, a maioria de meia-idade, dominassem a eleição. A administração Obama, em reação, se deslocou complacentemente ainda mais para a direita.

Desse modo, em assuntos cívicos, assim como em questões econômicas, uma geração de jovens tinha todos os motivos para achar que tinha feito exatamente o que devia, de acordo com as regras, e estava pior que antes. O que Obama roubou deles foi precisamente o que ele ficou famoso por prometer: esperança — esperança de ver em vida uma mudança significativa realizada por vias institucionais. Agora, se quisessem soluções para seus problemas, se quisessem qualquer tipo de transformação democrática no país, teriam que buscá-la por outros meios.

---

* Para citar um exemplo clássico, em Illinois, 54 por cento dos eleitores acima de 30 anos compareceram às urnas em 2010, mas apenas 23 por cento com menos de 30.

Pergunta 5

Mas por que um movimento explicitamente revolucionário?

Aqui chegamos à questão mais desafiadora de todas. Está claro que uma das principais razões para o OWS ter funcionado foi justamente seu radicalismo. Na verdade, um dos aspectos mais notórios do movimento é que ele não era apenas um movimento popular, nem mesmo apenas um movimento radical, mas um movimento revolucionário. Foi iniciado por anarquistas e socialistas revolucionários, mas já nas primeiras reuniões, quando os temas e princípios básicos ainda estavam sendo discutidos, os socialistas revolucionários se mostraram o grupo mais conservador. Alguns aliados tradicionais sempre tentam desvalorizar esse passado; comentaristas de direita com alguma frequência atacam: se as pessoas comuns soubessem quem foram os criadores do OWS, debandariam enojadas.

Mas, na verdade, tudo leva a crer que os americanos estão muito mais abertos a soluções radicais, de ambos os lados do espectro político, do que os meios de comunicação e os formadores de opinião oficiais gostariam de admitir. Além disso, são precisamente os aspectos mais revolucionários do OWS — sua recusa em reconhecer a legitimidade das instituições políticas e sua vontade de contestar as premissas fundamentais do nosso sistema econômico — o que mais atrai as pessoas.

Isso levanta algumas questões bastante profundas, como "quem são os grandes formadores de opinião?" e "o que defende a grande mídia?". Nos Estados Unidos, o que se apresenta como opinião respeitável é em sua maioria produzida por jornalistas, especialmente jornalistas de TV, colunistas de jornais e blogueiros populares, que trabalham para grandes plataformas como *The Atlantic* ou *The Daily Beast* e geralmente se apresentam como sociólogos amadores, comentando atitudes e sentimentos da população. Esses posicionamentos são às vezes tão absurdamente equivocados, que o leitor acaba se perguntando qual é de fato a verdade.

Um exemplo que me ocorre: quando o resultado das eleições de 2000, entre George W. Bush e Al Gore, foi parar nos tribunais, houve um consenso geral e imediato entre os comentaristas mais influentes de que "o povo americano" não queria que o processo se estendesse, mas, sim, que o assunto fosse resolvido logo, de uma maneira ou de outra. As pesquisas, porém, revelaram o oposto: a esmagadora maioria, de forma bastante sensata, queria saber quem tinha realmente ganhado a eleição, mesmo que o processo demorasse. Isso não teve praticamente nenhum efeito sobre os comentaristas, que simplesmente mudaram de abordagem e disseram que, embora o que tinham declarado não fosse verdade ainda, definitivamente passaria a ser (especialmente, é claro, se formadores de opinião como eles continuassem a bater nessa tecla). Esses são as mesmas fontes de sabedoria convencional que se esforçaram para divulgar interpretações distorcidas das eleições de 2008 e 2010. Em 2008, em meio a uma profunda crise econômica, vimos, primeiro, a desiludida base republicana desmoronar e, na sequência, emergir uma onda de jovens eleitores que esperavam uma mudança radical vinda da esquerda. Quando essa mudança não se materializou e a crise financeira continuou, o voto progressista da juventude desmoronou e surgiu, então, um movimento de furiosos eleitores de meia-idade que exigiam da direita mudanças ainda mais radicais.

A sabedoria convencional conseguiu encontrar um modo de interpretar essa série de apelos por uma mudança radical diante de uma crise evidente como prova de que centros americanos são centristas hesitantes. Hoje, está muito claro que o papel dos meios de comunicação não é mais dizer às pessoas o que elas devem pensar, mas convencer um público cada vez mais furioso e alienado de que seus vizinhos ainda não chegaram às mesmas conclusões. A lógica é parecida com a usada para dissuadir os eleitores da ideia de considerar partidos minoritários: mesmo que um candidato expresse opiniões compartilhadas pela maioria e reflita seu ponto de vista, seus adversários farão apelos para que as pessoas não "desperdicem o voto", afinal, ninguém mais vai votar nele.* Não há exemplo melhor de profecia autorrealizável.

---

* Vi isso acontecer inúmeras vezes com Ralph Nader. Durante as campanhas, quase não há debate ou descrição das posições dele; apenas alertas de que votar nele significaria um voto no candidato republicano. Depois, suas posições são tratadas como se representassem a opinião de apenas 2,7% da população, percentual de votos que recebeu em 2000.

O resultado é uma ideologia dominante — uma espécie de centrismo conservador que presume que o importante é sempre a moderação e a manutenção do *statu quo*. Embora quase ninguém realmente acredite nessa ideologia (exceto os próprios comentaristas), todos acreditam que os outros, sim, acreditam.

Parece então razoável perguntar: Como chegamos a este ponto? Como surgiu essa enorme lacuna entre a maneira como tantos americanos de fato veem o mundo — incluindo uma população jovem disposta a abandonar por completo o sistema capitalista — e as opiniões expressas em fóruns públicos? Por que as histórias de vida reveladas no Tumblr "Nós somos os 99 por cento" nunca chegarão à TV, nem mesmo (ou especialmente) em *"reality" shows*? Como é possível que, em um país que se diz uma democracia, tenhamos chegado a uma situação em que, como os participantes do Occupy Wall Street frisaram, as classes políticas não estão dispostas nem a discutir as questões e posições adotadas por pessoas comuns?

Para responder a essas perguntas, precisamos adotar uma perspectiva histórica mais ampla.

Vamos voltar e rever a questão da financeirização discutida anteriormente. A versão da história que se consagrou é a que diz que passamos de uma economia baseada na produção para aquela cujo centro de gravidade é a prestação de serviços financeiros. Mas, como já observamos, a maioria deles nem é exatamente "serviço". O ex-presidente do Federal Reserve nos governos Carter e Reagan, Paul Volcker, sintetizou a questão ao dizer que a única "inovação financeira" que realmente beneficiou a população nos últimos 25 anos foi o caixa eletrônico. Estamos falando, portanto, de um elaborado sistema de extração de dinheiro, apoiado, em última análise, no poder dos tribunais, das prisões e da polícia, e na disposição do governo de conceder às empresas o poder de criar dinheiro.

Como uma economia financeirizada opera em nível internacional? A versão de praxe é que os Estados Unidos evoluíram de uma economia baseada na produção, como nos anos 1950, 1960 e 1970, quando o país exportava para o resto do mundo bens de consumo como carros, calças jeans e televisores, para se tornar um importador líquido de bens de consumo e exportador de serviços financeiros. Se esses "serviços", porém, não são realmente "serviços", mas acordos de crédito patrocinados pelo governo e impostos pelo poder dos tribunais e da polícia, então por que alguém fora da jurisdição americana concordaria em usá-los?

A resposta é que, em muito aspectos, eles *estão* sob a jurisdição americana. É aqui que entramos em um território que é, efetivamente, um tabu para discussão pública. A forma mais fácil de ilustrar essa questão é observar os seguintes fatos:

- Os Estados Unidos gastam mais com suas forças armadas do que todos os outros países do mundo juntos. O país mantém pelo menos dois milhões e meio de soldados em 737 bases militares no exterior, do Paraguai ao Tajiquistão, e, diferentemente de qualquer outra força militar da história, tem o poder de direcionar forças letais para qualquer lugar do planeta.
- O dólar americano é a moeda do comércio internacional; desde a década de 1970, substituiu o ouro como moeda de reserva do sistema bancário internacional.
- Também desde a década de 1970, os Estados Unidos passaram a administrar um déficit comercial sempre crescente: o valor dos produtos que chegam ao país supera em muito o valor dos que são exportados.

Analisemos os fatos. É quase impossível não perceber a relação entre eles. Efetivamente, se olhamos da perspectiva histórica, verificamos que, ao longo dos séculos, a moeda do comércio mundial sempre foi a mesma usada pela potência militar dominante, e que essas potências militares sempre recebem mais riqueza do exterior do que enviam de volta.*

---

* Estou simplificando. Estados imperiais como o Império Britânico ou os Estados Unidos do pós-guerra tendem, com o tempo, a passar de potências industriais a potências financeiras. O que estou afirmando é especialmente verdade nessa fase posterior. Voltarei a discutir esse assunto adiante.

Mesmo assim, se alguém começa a especular sobre as conexões entre o poder militar dos Estados Unidos, o sistema bancário e o comércio mundial, é bem capaz de ser tomado por um louco paranoico — pelo menos nos círculos respeitáveis. Quer dizer, isso nos Estados Unidos. Porque minha própria experiência mostra que, no instante em que se pisa fora do país (e talvez de certos círculos no Reino Unido também), mesmo em países que são sólidos aliados dos Estados Unidos, como a Alemanha, a coisa muda: o fato de a arquitetura financeira do mundo ter sido criada e ser sustentada pelo poder militar dos Estados Unidos é tido como algo bastante natural. Isso se dá em parte porque as pessoas fora dos Estados Unidos têm mais conhecimento histórico a esse respeito: muitas sabem, por exemplo, que a arquitetura financeira mundial atual, para a qual os títulos do Tesouro americano servem como principal moeda de reserva, não surgiu espontaneamente a partir do funcionamento do mercado, mas foi projetada durante negociações entre as potências aliadas na conferência de Bretton Woods, em 1944. Ao final do encontro, o plano dos Estados Unidos prevaleceu, apesar das veementes objeções da delegação britânica, liderada por John Maynard Keynes.* Assim como as "Instituições de Bretton Woods" (FMI, Banco Mundial), criadas na mesma conferência para dar sustentação ao sistema, essas decisões políticas, estabelecidas por potências militares, criaram o cenário institucional no qual o que chamamos de "mercado global" tomou forma.

Mas, então, como ele funciona?

O sistema é extremamente complicado. E também mudou ao longo do tempo. Durante a Guerra Fria, por exemplo, o objetivo era, além de conseguir aliados para apoiar amplamente o Pentágono, manter baixos os preços das matérias-primas que entravam, de modo a garantir a base da produção no país. Mas, como apontou o economista

---

* O modelo de Keynes para uma moeda internacional chamada "bancor" teria levado a um sistema muito diferente, no qual o sistema monetário internacional seria baseado na reciclagem dos superávits comerciais em vez da monetização da dívida de guerra. Houve sugestões ocasionais de retomar a ideia. A mais recente foi feita em torno de 2008-2009 pelo então chefe do FMI, Dominique Strauss-Kahn.

Giovanni Arrighi, seguindo os passos do grande historiador francês Fernand Braudel, foi assim que os impérios tenderam a agir durante os últimos quinhentos anos ou mais: começam como potências industriais, mas gradualmente se transformam em potências "financeiras", com a vitalidade de sua economia concentrada no setor bancário.[13] Na prática, isso significa que os impérios passam progressivamente a se basear na pura extorsão, a menos que se queira acreditar (como tantos economistas tradicionais parecem querer nos convencer) que as nações enviam sua riqueza aos Estados Unidos, como fizeram com a Grã-Bretanha na década de 1890, porque são fascinadas por seus engenhosos instrumentos financeiros. Os Estados Unidos realmente conseguem manter um fluxo de bens de consumo para o país a preços baixos, apesar do declínio de seu setor de exportação, por força do que os economistas gostam de chamar de "senhoriagem" — que é o jargão econômico para "a vantagem econômica que resulta do fato de ser aquele que tem o poder de decidir o que é o dinheiro".

Acredito que haja uma razão para o fato de a maioria dos economistas gostarem de deixar esses assuntos envoltos em jargões que a maioria das pessoas não entende. A verdadeira forma como o sistema funciona é quase exatamente o oposto da maneira como em geral ele é apresentado ao público. A maior parte do discurso público sobre o déficit trata o dinheiro como se fosse algum tipo de substância preexistente e finita; como, por exemplo, o petróleo. Supõe-se que só haja uma determinada quantidade dele, e que o governo deve adquiri-lo, seja por impostos ou por meio de empréstimos. Mas, na realidade, o governo, por meio do Federal Reserve, cria dinheiro *contraindo* empréstimos. Longe de ser um peso para a economia americana, o déficit dos Estados Unidos, que consiste basicamente de dívidas de guerra, é o que impulsiona o sistema. É por isso que (com exceção de um breve e desastroso período no governo Andrew Jackson, na década de 1820), os Estados Unidos sempre tiveram uma dívida. O que o dólar americano faz essencialmente é fazer circular a dívida pública. Ou, para ser ainda mais específico, a dívida de guerra. Os sistemas de bancos centrais sempre funcionaram dessa maneira pelo menos desde a fundação do Banco da Inglaterra, em 1694.

A primeira dívida nacional dos Estados Unidos foi a dívida da Guerra de Independência. De início, houve grandes debates sobre a possibilidade de monetizá-la, ou seja, eliminar a dívida aumentando a oferta de moeda. Segundo o cálculo que me levou a concluir que o déficit dos Estados Unidos se deve quase que exclusivamente a gastos militares, cerca de 50 por cento de todos os gastos federais vêm do setor bélico (é preciso incluir não apenas os gastos do Pentágono, mas o custo das guerras, o arsenal nuclear, benefícios a militares, inteligência, e a parte do serviço da dívida derivada de empréstimos militares). Mas esse critério pode ser contestado.*

A decisão de Bretton Woods era, essencialmente, internacionalizar esse sistema: fazer dos títulos do Tesouro americano (basicamente, de dívidas de guerra) a base do sistema financeiro internacional. Durante a Guerra Fria, protetorados militares americanos como a Alemanha Ocidental compravam um número enorme de títulos e os mantinham abaixo do preço, de modo a financiar de maneira bastante eficaz as bases americanas instaladas em solo alemão. O economista Michael Hudson observa que, no final dos anos 1960, os Estados Unidos inclusive ameaçaram retirar suas tropas da Alemanha Ocidental se o banco central alemão tentasse trocar os títulos do Tesouro por ouro.[14] Atualmente, parece haver acordos semelhantes com o Japão, a Coreia do Sul e os países do Golfo. Trata-se de algo muito próximo de um sistema de tributos imperiais — só que, como os Estados Unidos preferem não serem tratados como "império", suas formas de tributo são chamadas de "dívida".

Fora dos limites do controle militar americano, as formas de tributo são mais sutis. É o caso, por exemplo, da relação entre os Estados Unidos e a China: a compra massiva de títulos do Tesouro americano por parte do governo chinês desde os anos 1990 parece ser parte de um acordo tácito mediante o qual o país asiático inunda os Estados Unidos com grandes quantidades de bens de consumo subvalorizados, em uma conta que sabe que os Estados Unidos nunca vão pagar;

---

* Conto a história em mais detalhes no livro *Debt: The First 5,000 Years*, no qual, entre outras coisas, observei que a curva de crescimento das despesas militares corresponde quase perfeitamente à curva de crescimento da dívida externa.

e os Estados Unidos, por sua vez, se comprometem a fechar os olhos ao sistema chinês, ignorando a lei de propriedade intelectual.

Obviamente, a relação entre a China e os Estados Unidos é mais complexa que isso e, como argumentei em outro trabalho, provavelmente se baseia em uma antiquíssima tradição política chinesa de inundar os estrangeiros militarmente perigosos com bens com o objetivo de criar dependência. Mas suspeito que a explicação mais simples para a China se submeter a esses acordos seja apenas a formação marxista de seus líderes, que, como materialistas históricos, priorizam a realidade da infraestrutura material em detrimento da superestrutura. Para eles, as sutilezas dos instrumentos financeiros são claramente parte da superestrutura. Ou seja, não importa o que esteja acontecendo, o importante é que estão construindo mais estradas, sistemas de trens de alta velocidade e fábricas de alta tecnologia, enquanto os Estados Unidos, por outro lado, o fazem cada vez menos, até mesmo perdendo os que já têm. É fácil supor que os chineses devem saber o que estão fazendo.

Gostaria de esclarecer que não é que os Estados Unidos não tenham mais uma indústria produtiva: ela permanece preeminente em máquinas agrícolas, tecnologia médica e de informação, e, acima de tudo, na produção de armas de alta tecnologia. O que estou tentando ressaltar é que o setor manufatureiro não gera mais tantos lucros; a riqueza e o poder do um por cento passaram a depender cada vez mais de um sistema financeiro que é, em última análise, dependente do poder militar dos Estados Unidos no exterior, assim como, internamente, depende do poder dos tribunais (e, por extensão, de agências de reintegração de posse, dos xerifes e da polícia). No Occupy, começamos a nos referir a esse sistema como "capitalismo mafioso", com seu foco no jogo de apostas (no qual os resultados dos jogos são combinados), na agiotagem, na extorsão e na corrupção sistemática da classe política.

Esse sistema é viável em longo prazo? Com certeza não. Nenhum império dura para sempre, e o império americano ultimamente tem sofrido uma pressão considerável — como seus próprios defensores admitiram.

Um sintoma revelador é o fim da "crise da dívida do Terceiro Mundo". Por cerca de um quarto de século, os Estados Unidos e seus aliados europeus, por intermédio de agências internacionais como o FMI, se aproveitaram das intermináveis crises financeiras dos países mais pobres da Ásia, África e América Latina para impor uma ortodoxia fundamentalista de mercado — o que queria dizer invariavelmente cortes nos serviços públicos, alocação da maior parte da riqueza para o um por cento da população e a abertura da economia para "serviços financeiros" da indústria. Esses dias acabaram. O Terceiro Mundo contra-atacou: uma revolta popular global (apelidada pela mídia de "movimento antiglobalização") fez tanto barulho em torno disso, que, em 2002 ou 2003, o FMI acabou efetivamente expulso do Leste da Ásia e da América Latina e, em 2005, estava à beira da falência.

A crise financeira de 2007 e 2008, que assolava os Estados Unidos ao mesmo tempo que as forças militares vergonhosamente se atolavam no Iraque e no Afeganistão, levou, pela primeira vez, a uma séria discussão internacional sobre a manutenção do dólar como moeda de reserva internacional. Ao mesmo tempo, a fórmula que as grandes potências haviam aplicado ao Terceiro Mundo — declarar uma crise financeira, nomear um conselho supostamente neutro de economistas para cortar os serviços públicos, realocar ainda mais riqueza para o um por cento mais rico e abrir a economia para ser ainda mais saqueada pela indústria de serviços financeiros — agora está sendo aplicada dentro de casa, da Irlanda e da Grécia a Wisconsin e Baltimore. A resposta à crise que bate à porta, por sua vez, foi uma onda de insurreições democráticas, que começou pelos Estados-clientes dos Estados Unidos no Oriente Médio, e se espalhou rapidamente para o Norte através do Mediterrâneo e em direção à América do Norte.

O mais extraordinário é que, quanto mais a onda insurrecional se propagou para perto do centro do poder — para o "coração do império financeiro do mundo", como disseram nossos amigos chineses —, mais radicais as reivindicações se tornaram. As revoltas árabes incluíram todo tipo de gente, de sindicalistas marxistas a teólogos conservadores, mas em seu núcleo estava a clássica demanda *liberal* por uma república secular e constitucional que permitisse a realização de eleições livres e respeitasse os direitos humanos. Os ocupantes na Grécia, na Espanha e em Israel foram, no geral, cuidadosamente anti-ideológicos — embora alguns fossem mais radicais que outros (os anarquistas desempenharam um papel particularmente central em Atenas, por exemplo). Insistiram que seu foco era em questões bastante específicas sobre corrupção e responsabilização de governo e, assim, recorreram a perspectivas que perpassavam todo o espectro político.

Foi nos Estados Unidos que vimos um movimento iniciado por revolucionários começar a contestar diretamente a própria natureza do sistema econômico. Em parte, isso se deu porque o povo americano não tinha mais ninguém para culpar. Os egípcios, os tunisianos, os espanhóis e os gregos podem ver o arranjo político e econômico em que vivem como algo imposto por forças externas — sejam ditaduras apoiadas pelos Estados Unidos sejam governos completamente subordinados ao reinado do capital financeiro e da ortodoxia do livre mercado. Teoricamente, portanto, essas forças poderiam ser descartadas sem uma transformação radical da própria sociedade. Os americanos não têm esse luxo. Nós mesmos construímos o sistema em que vivemos.

Ou, se não fomos nós que construímos o sistema, temos que repensar toda a questão de quem somos "nós". A ideia dos "99 por cento" foi o primeiro passo para isso.

Um movimento revolucionário não se limita a querer reorganizar as relações políticas e econômicas. Uma verdadeira revolução deve operar sempre no nível do senso comum. Nos Estados Unidos, foi impossível proceder de outra forma.

Vou explicar.

Já disse antes que a mídia dos Estados Unidos serve cada vez menos para convencer os americanos a comprar a ideia do sistema político do que para convencê-los de que os outros já o fizeram. Isso é verdade, no entanto, apenas até certo ponto. Em um nível mais profundo, encontramos pressupostos básicos sobre o que a política é ou poderia ser, o que a sociedade é, como as pessoas são e o que elas querem do mundo. Nunca há um consenso absoluto nesse sentido. A maioria das pessoas age de acordo com um grande número de ideias contraditórias sobre essas questões, mas definitivamente há um centro de gravidade. Há vários pressupostos profundamente arraigados.

Quase todo o mundo se refere aos Estados Unidos como a terra de uma filosofia de vida política que envolve, entre outras coisas, o fato de nós, os americanos, sermos seres basicamente econômicos: a democracia é o mercado, liberdade é o direito de participar do mercado, e a criação de um mundo cada vez mais abundante em consumidores é a única medida para o sucesso nacional. Essa filosofia — uma dentre muitas — passou a ser conhecida na maior parte do mundo como "neoliberalismo", e seus méritos são objeto de debate público.

Nos Estados Unidos, entretanto, essa palavra nunca é usada. Só se fala sobre essas questões por meio de conceitos de propaganda: "liberdade", "livre mercado", "livre comércio", "livre iniciativa", "o estilo de vida americano". É possível zombar dessas ideias — na verdade, os próprios americanos fazem isso —, mas contestar seus fundamentos requereria repensar radicalmente o próprio significado do que é ser americano. É necessariamente um projeto revolucionário — além de extremamente difícil. As elites políticas e financeiras que controlam o país apostaram todas as suas fichas no jogo ideológico; gastaram muito tempo e energia criando um mundo onde é mais difícil questionar a ideia do capitalismo do que criar uma forma de capitalismo viável. Como resultado, à medida que nosso império e seu sistema econômico sufocam e cambaleiam, e mostram todos os sinais de que se preparam para desmoronar diante de nós, ainda ficamos estupefatos, incapazes de imaginar que alguma outra coisa possa substituí-los.

*

Pode-se objetar aqui: o Occupy Wall Street não começou contestando a função do dinheiro na política? Aquele primeiro folheto diz "os dois partidos governam em nome do um por cento", que basicamente comprou o controle do atual sistema político. Isso pode explicar a resistência em atuar dentro da estrutura política existente, mas também é possível argumentar: na maior parte do mundo, contestar a função do dinheiro na política é a quintessência do reformismo, um simples apelo ao princípio da boa governança, que, fora isso, deixaria tudo o mais como está. Nos Estados Unidos, no entanto, não é esse o caso. A razão disso nos diz muito sobre o que esse país é e o que ele se tornou.

Pergunta 6

> *Por que, nos Estados Unidos, contestar a função do dinheiro na política é, por definição, um ato revolucionário?*

O princípio por trás da compra de influência é que dinheiro é poder e poder é essencialmente tudo. É uma ideia que permeia todos os aspectos da nossa cultura. O suborno se tornou, como um filósofo poderia dizer, um princípio ontológico: define nosso sentido mais básico de realidade. Contestar isso, portanto, é contestar tudo.

Uso a palavra "suborno" de forma bastante deliberada — e, mais uma vez, a linguagem que usamos é extremamente importante. Como George Orwell há muito tempo nos lembrou, você sabe que está na presença de um sistema político corrupto quando seus defensores não conseguem chamar as coisas pelos devidos nomes. De acordo com esse padrão, os Estados Unidos de hoje são exemplarmente corruptos. Mantemos um império que não pode ser chamado de império, cobrando tributos que não podem ser chamados de tributos, justificando-os em termos de uma ideologia econômica (o neoliberalismo) a que não se pode sequer fazer referência.

Eufemismos e palavras em código permeiam todos os aspectos do debate público. E isso não acontece apenas com a direita, com seus termos militares como "dano colateral". As forças armadas são uma imensa burocracia, então é de se esperar que usem um jargão obscuro. A esquerda também faz uso deles. Consideremos a expressão "violações dos direitos humanos". Aparentemente não parece esconder nada: afinal, quem em sã consciência iria ser a favor de violações dos direitos humanos? Obviamente ninguém; mas há graus de desaprovação nesse caso, que vêm à tona quando consideramos outras palavras que possam ser usadas para descrever o mesmo fenômeno a que em geral nos referimos por meio dessa expressão.

Comparemos as seguintes frases:

- "Eu diria que às vezes é necessário ter relações com, ou até mesmo apoiar, regimes com índices repulsivos em termos de direitos humanos a fim de promover nossos imperativos estratégicos essenciais."
- "Eu diria que às vezes é necessário ter relações com, ou até mesmo apoiar, regimes que cometem atos de estupro, tortura e assassinato a fim de promover nossos imperativos estratégicos essenciais."

A segunda será certamente mais difícil de defender. Ao ouvi-la, qualquer um provavelmente perguntaria: "Esses imperativos estratégicos são realmente essenciais?" Ou ainda: "O que é exatamente um 'imperativo estratégico', afinal?" O termo "direitos" pode chegar a parecer levemente queixoso. Soa quase como "garantias" — como se essas irritantes vítimas de tortura estivessem exigindo alguma coisa quando se queixam do modo como são tratadas.

Na minha opinião, acho muito útil esse teste, que chamo de "estupro-tortura-e-assassinato". É muito simples. Para decidir se uma determinada entidade política de qualquer tipo, seja ela um governo, um movimento social, uma guerrilha ou na realidade qualquer outro grupo organizado, merece apoio ou condenação, primeiro se pergunte: "Ele comete ou ordena que outros cometam atos de estupro, tortura ou assassinato?" Pode parecer uma pergunta óbvia, mas é surpreendente que seja feita tão raramente, ou melhor, tão seletivamente. Ou, talvez, só seja surpreendente até que começamos a aplicá-la e descobrimos que, em muitas questões da política mundial, a sabedoria convencional é instantaneamente subvertida.

Em 2006, por exemplo, muitos americanos leram a respeito do envio de tropas federais do governo mexicano ao estado de Oaxaca, no sul do país, para sufocar uma revolta popular iniciada por um sindicato de professores em protesto contra um governador notoriamente corrupto. A notícia foi apresentada por toda a mídia dos Estados Unidos como uma ação positiva: a restauração da ordem. Os rebeldes, afinal, haviam sido "violentos", atirando pedras e coquetéis molotov contra a tropa de choque (fortemente armada), sem causar, porém, ferimentos graves. Que eu saiba, ninguém nunca sugeriu que os rebeldes tenham estuprado, torturado ou assassinado; nem ninguém que conhecesse um pouco mais a fundo os acontecimentos contestou o fato de que as forças leais ao governo mexicano estupraram, torturaram e assassinaram um grande número de pessoas ao reprimir a rebelião. Mas, por algum motivo, diferentemente do que aconteceu em relação às pedras atiradas pelos rebeldes, esses atos não foram descritos como "violentos", muito menos como estupro, tortura ou assassinato, e só aparecem, se tanto, como "acusações de violações dos direitos humanos", ou em alguma outra linguagem legalista igualmente fria.*

Nos Estados Unidos, porém, o maior tabu é falar da própria corrupção. Houve um tempo em que dar dinheiro a políticos para influenciar suas posições era chamado de "suborno" e era ilegal. Era um negócio dissimulado, embora muitas vezes difundido, que envolvia transportar sacos de dinheiro e pedir favores específicos: uma mudança nas leis de zoneamento, a concessão de um contrato de construção ou a retirada de acusações em um processo criminal. Agora, pedir suborno passou a se chamar "arrecadar fundos" e o suborno em si, "fazer lobby".

Os bancos raramente precisam pedir favores específicos aos políticos se eles, dependentes do fluxo de dinheiro dos bancos para financiar suas campanhas, já permitem que os lobistas dessas institui-

---

* Um exemplo ainda mais estarrecedor: durante muitos anos e até bem pouco tempo atrás, os piratas somalis nunca haviam estuprado, torturado ou assassinado ninguém, o que é ainda mais surpreendente considerando o fato de que seu poder de atuação depende de que as vítimas em potencial acreditem que eles possam vir a cometer esses atos.

ções financeiras formulem ou até mesmo escrevam a legislação que supostamente vai "regular" os bancos. O suborno, portanto, tornou-se a base de nosso sistema de governo. Vários truques retóricos são utilizados para se evitar falar sobre isso. O mais importante deles é deixar que algumas poucas práticas (de fato entregar sacos de dinheiro em troca de uma mudança nas leis de zoneamento, por exemplo) permaneçam ilegais, de forma que seja possível alegar que "suborno" de verdade é sempre alguma *outra* forma de aceitar dinheiro em troca de favores políticos.

Devo observar que a linha habitual adotada por cientistas políticos é não considerar esses pagamentos "subornos", a menos que se possa provar que eles tenham mudado a posição de um político em um determinado ponto da legislação. De acordo com essa lógica, se um político está inclinado a votar a favor de um projeto de lei, recebe dinheiro e depois muda de ideia e vota contra, isso é suborno; se, no entanto, ele molda sua visão sobre o projeto de lei já pensando em quem vai dar dinheiro por ele, ou até mesmo permite que lobistas escrevam o projeto de lei em seu lugar, então não é suborno. Nem é preciso dizer que, no âmbito deste livro, essa distinção não tem sentido. Mas o fato é que o senador ou o congressista médio em Washington precisa levantar, se espera ser reeleito, cerca de 10 mil dólares por semana desde o primeiro momento em que assume o cargo — dinheiro que obtém quase que exclusivamente do um por cento mais rico.* Por conta disso, estima-se que autoridades eleitas gastem 30 por cento do seu tempo pedindo suborno.

Tudo isso tem sido observado e discutido, embora ainda permaneça um tabu se referir a essas coisas por seus devidos nomes. O que é menos observado é que, quando se concorda em princípio que comprar influência seja algo aceitável, que não há nada intrinsecamente

---

* Na verdade, mais de 80 por cento das contribuições de campanha vêm dos 0,5 por cento mais ricos, e 60 por cento, dos 0,01 por cento mais ricos. Desses, de longe a maior parcela vem do setor financeiro. Depois vêm as empresas e os escritórios de advocacia, seguidos de lobistas da área da saúde — ou seja, empresas farmacêuticas e organizações que fornecem serviços para planos de saúde. Então, os meios de comunicação e o setor de energia (o Federal Election Commision, o Center for Responsive Politics e o projeto de campanha pública "The Color of Money" [A cor do dinheiro]).

errado em pagar pessoas (não apenas funcionários, mas qualquer pessoa, inclusive as mais poderosas e prestigiadas) para que façam e digam o que se quer, a moralidade da vida pública começa a parecer muito diferente. Se os funcionários públicos podem ser subornados para adotar posições que alguém considera convenientes, então por que não acadêmicos? Cientistas? Jornalistas? A polícia? Muitas dessas conexões começaram a aparecer nos primeiros dias da ocupação: descobriu-se, por exemplo, que vários policiais militares que serviam no distrito financeiro, de quem se esperaria proteção igualitária a todos os cidadãos, tinham boa parte de suas horas de trabalho pagas não pelo município, mas diretamente pelas empresas de Wall Street.[15] De modo semelhante, um dos primeiros repórteres do *New York Times* a se dignar a visitar a ocupação, no início de outubro, admitiu tranquilamente que "o diretor-executivo de um grande banco" havia ligado para ele para pedir que verificasse se os protestos poderiam afetar sua "segurança pessoal".[16]

O que é impressionante não é tanto a existência dessas conexões, mas que as partes envolvidas sequer pensem em tentar acobertá-las.

O mesmo acontece com os financiamentos de pesquisas: nunca foram objetivos. As prioridades de pesquisa sempre foram determinadas pelo financiamento de agências estatais ou ricos filantropos que, no mínimo, têm ideias muito específicas sobre que tipos de perguntas consideravam importante fazer e, em geral, também sobre que tipos de respostas seriam aceitáveis. Com a ascensão dos *think tanks* na década de 1970, tornou-se corriqueiro, sobretudo nas disciplinas que mais afetam a política (especialmente a economia), ser contratado simplesmente para elaborar justificativas para posições políticas preconcebidas. Na década de 1980, a coisa tinha chegado a tal ponto, que os políticos admitiam abertamente, em fóruns públicos, que viam a pesquisa econômica como uma forma de obter justificativas para aquilo em que queriam que as pessoas acreditassem.

Lembro de ficar estarrecido, ainda durante o governo de Ronald Reagan, com diálogos como este na TV:

AUTORIDADE DO GOVERNO: Nossa principal prioridade é promover cortes no imposto sobre ganhos de capital para estimular a economia.

ENTREVISTADOR: Mas como vocês responderiam a uma série de estudos econômicos recentes que mostram que a economia "do fomento indireto"* não funciona de fato, que não estimula mais contratações por parte dos ricos?

AUTORIDADE: Bem, é verdade, os verdadeiros benefícios econômicos dos cortes de impostos ainda precisam ser totalmente compreendidos.

Em outras palavras, a disciplina da economia não existe para determinar qual é a melhor política. A política já está decidida. Economistas existem para elaborar argumentos que soem científicos para justificar que façamos o que já decidimos que vamos fazer. É para isso que são pagos. E é exatamente esse o trabalho dos economistas a serviço dos *think tanks*. Repito: as coisas já funcionam dessa maneira há algum tempo, mas o que chamava atenção era que, cada vez mais, os financiadores estavam propensos a admitir isso.

Em decorrência dessa fabricação de autoridade intelectual, o verdadeiro debate político se torna mais e mais difícil, porque pessoas em posições distintas vivem em realidades distintas. Se a esquerda quer debater, digamos, os problemas da pobreza e do racismo nos Estados Unidos, seus opositores se veem obrigados a pensar em contra-argumentos (por exemplo, a pobreza e o racismo são consequência de uma falha moral das vítimas, ou, um mais recente: a pobreza e o racismo simplesmente não existem mais). Mas a mesma coisa acontece no outro lado. Se a direita cristã quer discutir o poder da "elite cultural" secular no país, os esquerdistas em geral insistem em responder que ela não existe. Quando integrantes da direita libertária pretendem debater o problema (muito real) das conexões históricas entre militarismo e a política do Federal Reserve, seus interlocutores

---

* A teoria do fomento indireto baseia-se na ideia de que, por gerarem postos de trabalho, as vantagens econômicas concedidas pelo governo a grandes empresas também beneficiariam indiretamente a população. (N. T.)

liberais descartam a ideia como se eles fossem lunáticos em defesa de uma teoria da conspiração.

Hoje, "direita" e "esquerda" são termos normalmente usados para se referir, respectivamente, aos republicanos e aos democratas, dois partidos que, basicamente, representam diferentes facções dentro do um por cento, ou talvez, para ser extremamente generoso, dos dois ou três por cento mais ricos da população. Wall Street parece igualmente dividida entre ambos. Os republicanos representam o grosso dos diretores-executivos que restaram, especialmente na indústria bélica e na extrativista (energia, mineração, madeira), e praticamente todos os empresários do médio escalão. Os democratas representam os escalões superiores do que a escritora e ativista Barbara Ehrenreich chamou de "a classe gerencial profissional", os mais ricos advogados, médicos, administradores, bem como quase todos os acadêmicos e profissionais da indústria do entretenimento. É daí que vem o dinheiro de cada um dos partidos. E, cada vez mais, angariar e gastar dinheiro é praticamente tudo o que eles fazem. O fascinante é que, durante os últimos trinta anos de financeirização do capitalismo, cada uma dessas bases eleitorais desenvolveu sua própria teoria para explicar por que o uso de dinheiro e do poder para forjar realidade é algo inquestionável por essência, uma vez que, em última instância, o dinheiro e o poder são as únicas coisas que realmente existem.

Consideremos essa famosa afirmação de um assessor de Bush, feita a um repórter do *New York Times* pouco depois da invasão do Iraque:

> O assessor disse que caras como eu estavam "no que chamamos de comunidade baseada na realidade", que ele definiu como pessoas que "acreditam que as soluções emergem do estudo criterioso da realidade palpável". (...) "Não é mais desse jeito que o mundo funciona", continuou. "Agora somos um império, e quando agimos, criamos nossa própria realidade."[17]

Os comentários podem parecer pura bravata, e esses especificamente se referem mais às forças militares do que ao poder econômico, mas o que importa é que quando autoridades dos altos escalões falam em off, deixam de tratar como tabu palavras como "império" e consideram o poder econômico e o poder militar dos Estados Unidos simplesmente a mesma coisa. Na verdade, como o repórter passa a explicar, há uma elaborada teologia por trás desse tipo de linguagem. Desde os anos 1980, a direita cristã, que formava o círculo mais íntimo de George W. Bush, transformou o que era então chamado de *supply-side economics* [economia do lado da oferta] em um princípio literalmente religioso.

O maior ícone dessa linha de pensamento foi o estrategista conservador George Gilder, que argumentava que a política do Federal Reserve — criar dinheiro e transferi-lo diretamente aos empresários para que concretizassem suas ideias — era a reprodução em escala humana do ato divino de criação do mundo a partir do nada, apenas pelo poder do pensamento de Deus. Esse olhar veio a ser amplamente adotado por evangélicos que pregavam na televisão como Pat Robertson, que se referiu à teoria da economia "do lado da oferta" como "a primeira teoria verdadeiramente divina sobre a criação do dinheiro". Gilder foi ainda mais longe, argumentando que a tecnologia da informação contemporânea estava nos permitindo superar velhos preconceitos materialistas e entender que o dinheiro, assim como o poder, é realmente uma questão de fé: fé na força criativa de nossos princípios e nossas ideias.[18]

Já outros, como o assessor anônimo de Bush, estendem esse princípio à fé no emprego decisivo da força militar. Ambos reconhecem uma íntima ligação entre as duas instâncias (assim como também os hereges da direita, os acólitos materialistas de Ayn Rand e libertários ao estilo Ron Paul, que contestam o atual sistema de criação de dinheiro *e* suas ligações com as forças militares).

A igreja dos *liberais* é a universidade, onde filósofos e teóricos sociais "radicais" substituem os teólogos. Pode parecer um mundo totalmente diferente, mas, durante o mesmo período, a visão de política que ganhou forma entre acadêmicos de esquerda era, em vários aspectos, perturbadoramente semelhante. Basta refletir sobre a surpreendente ascensão, na década de 1980, do teórico pós-estruturalista francês Michel Foucault — e seu status desde então aparentemente permanente de divindade — e em particular sobre seu argumento de que as formas de conhecimento institucional — medicina, psicologia, administração, ciência política, criminologia, bioquímica — são também formas de poder que, em última instância, criam as realidades que dizem descrever. É quase a mesma coisa que a crença teológica na economia do lado da oferta de Gilder, exceto pelo fato de ter se originado da perspectiva das classes profissionais e gerenciais que compõem o núcleo da elite *liberal*.

Durante o auge da bolha econômica da década de 1990, uma série de novas abordagens teóricas radicais — teoria da performance, teoria ator-rede, teorias do trabalho imaterial — surgiram no universo acadêmico, todas convergindo para a conclusão de que a realidade é tudo aquilo que passa a existir quando se convence o outro de sua existência.*

Convenhamos que um executivo médio da área de entretenimento não deve ser muito íntimo da obra de Michel Foucault. O mais provável é que mal tenha ouvido falar dele, a menos que tenha estudado literatura na faculdade. Mas tampouco é provável que o executivo médio da área de petróleo que frequente a Igreja conheça detalhes da teoria de Gilder sobre a criação do dinheiro. Essas são, como comentei, as apoteoses teológicas de hábitos de pensamento difundidos entre o que chamamos de "o um por cento", um mundo intelectual em que palavras como "suborno" ou "império", embora banidas do discurso público, são consideradas a base de tudo.

Da perspectiva dos 99 por cento de baixo, que não têm escolha senão viver na realidade, seja lá que origem ela tenha, esses hábitos de pensamento podem parecer uma forma de intenso cinismo —

---

* O pós-estruturalismo curiosamente sempre fechou os olhos à economia, e mais ainda às forças militares. Quando Michel Callon, um dos decanos da teoria ator-rede, finalmente se voltou para a economia, argumentou, previsivelmente, que os economistas criam as realidades que pretendem descrever. Isso é de fato verdade, mas Callon negligencia completamente o papel da coerção estatal no processo. Assim, as versões da esquerda sobre o fato de o poder criar a realidade ignoram exatamente os elementos dinheiro e força das armas, que a direita tem como peças centrais de sua análise. Também é interessante notar que, assim como a direita tem sua heresia materialista, a esquerda também continua a ter a sua, no marxismo.

aliás, um cinismo elevado a um nível quase místico. No entanto, o que estamos testemunhando não passa da tendência dos poderosos de sempre confundir suas perspectivas e experiências particulares com a própria natureza da realidade. Afinal, da perspectiva de um diretor-executivo, o dinheiro pode realmente dar existência às coisas; e para um produtor de Hollywood ou um administrador de hospital, a relação entre conhecimento, poder e desempenho é de fato tudo o que existe.

Há uma ironia terrível aqui. Para a maioria dos americanos, o problema não é o princípio do suborno (embora o considerem nojento e os políticos, criaturas vis), mas o fato de o um por cento ter abandonado as políticas anteriores de, ao menos ocasionalmente, estender o suborno à população em geral. Afinal, subornar as classes trabalhadoras com a redistribuição de parte significativa dessa riqueza recém-criada, como era comum nos anos 1940, 1950, 1960 e 1970, era precisamente o que o núcleo do eleitorado dos dois partidos não queria mais fazer. Em vez disso, republicanos e democratas parecem ter mobilizado sua "base" ativista em torno de uma série de círculos eleitorais cuja aspiração eles não têm a menor intenção de concretizar: os cristãos conservadores, por exemplo, que nunca vão conseguir que o aborto seja tornado completamente ilegal, ou os sindicatos, que nunca vão conseguir remover os obstáculos legais às manifestações sindicais.

*

A resposta para a pergunta inicial, então, é que, nos Estados Unidos, contestar a função do dinheiro na política é necessariamente algo revolucionário, pois o suborno se tornou o princípio organizador da vida pública. O sistema econômico baseado no casamento entre interesses governamentais e financeiros, em que o dinheiro é transformado em poder — que é, por sua vez, usado para fazer ainda mais dinheiro —, passou a parecer tão natural aos principais grupos de doadores de ambos os partidos, que eles também passaram a vê-lo como constitutivo da própria realidade.

Como se combate isso? O problema de uma ordem política baseada em níveis tão elevados de cinismo é que não adianta zombar dela. De certa forma, só piora as coisas. No momento, o noticiário da TV parece dividido entre programas que alegam nos falar sobre a realidade, que em grande parte consistem de propaganda da direita moderada (CNN) à extrema-direita (Fox), e, do outro lado, programas extremamente satíricos (*The Daily Show*) ou canais performáticos (MSNBC) que passam a maior parte do tempo nos lembrando de quão corruptos, cínicos e desonestos a CNN e a Fox são. O que a MSNBC diz é verdade, mas só reforça o que eu já havia identificado como a principal função da mídia contemporânea: transmitir a mensagem de que mesmo que você seja inteligente o bastante para ter descoberto que tudo não passa de um cínico jogo de poder, o resto do país continua sendo um ridículo rebanho de ovelhas.

Essa é a armadilha. Acho que se quisermos sair dela, precisamos seguir o exemplo não dos que se fazem passar por esquerda, mas da direita populista, uma vez que ela descobriu o principal ponto fraco do esquema: pouquíssimos americanos compartilham do cinismo generalizado do um por cento.

Uma das eternas queixas da esquerda progressista é a de que muitos trabalhadores votam contra seus próprios interesses econômicos, apoiando ativamente candidatos republicanos que prometem cortar os programas que fornecem combustível para a calefação de suas casas, atacam ferozmente as escolas e privatizam o Medicare. Até certo ponto, é possível explicar esse comportamento: as migalhas que o Partido Democrata está disposto a dar para sua "base" são de tal modo insignificantes que os eleitores se sentem ofendidos. Especialmente quando vêm acompanhadas com o típico argumento de Bill Clinton — ou até de Barack Obama: "Não vamos realmente lutar *por* você; por que deveríamos? Isso não é do nosso interesse, já que sabemos que você não tem outra escolha senão votar em nós de qualquer maneira." Embora isso possa ser uma razão convincente para deixar de votar de vez — e, de fato, a maioria dos trabalhadores há muito desistiu do processo eleitoral —, não justifica o voto no outro lado.

A única maneira de explicar o fenômeno não é supondo que os eleitores estão confusos a respeito de seus próprios interesses, e sim que eles estão indignados com a ideia de que o interesse pessoal é a única coisa que move a política. A retórica da austeridade, do "sacrifício compartilhado" para salvar nossos filhos das terríveis consequências da dívida do governo, pode ser uma mentira cínica, uma mera forma de distribuir ainda mais a riqueza entre o um por cento. Mas ao menos dá às pessoas comuns algum crédito por sua nobreza. Em uma época em que, para a maioria, não há nada ao redor que mereça ser chamado de "comunidade", pelo menos isso é *alguma coisa* que eles podem fazer pelos demais.

Quando percebemos que a maioria da população não é formada por cínicos, o apelo do populismo de direita se torna muito mais fácil de entender. Ele vem muitas vezes cercado dos tipos mais vis de racismo, sexismo e homofobia, mas existe por trás dele uma indignação genuína com a perda de todos os meios possíveis de fazer o bem.

Tomemos dois dos gritos de protesto mais conhecidos da direita populista: o ódio à "elite cultural" e reiterados pedidos de "apoio a nossas tropas". Aparentemente, não teriam nada a ver um com o outro, mas, na verdade, estão profundamente interligados. Pode parecer estranho que tantos trabalhadores se ressintam mais da fração do um por cento que trabalha para a indústria cultural do que dos magnatas do petróleo e dos executivos da HMO,* mas esse sentimento nos dá uma avaliação bastante realista de sua condição: um técnico de ar-condicionado do Nebraska tem consciência de que, embora seja extremamente improvável que sua filha venha a se tornar diretora-executiva de uma grande empresa, isso até poderia acontecer; mas é absolutamente inimaginável que ela se torne advogada internacional especializada em direitos humanos ou crítica de teatro do *New York Times*.

Obviamente, se você quer seguir uma carreira, não é só pelo dinheiro. Em uma carreira nas artes, na política, no serviço social, no jornalismo, isto é, em uma vida dedicada a buscar algum valor

---

* Empresa que fornece serviços de saúde; uma espécie de plano de saúde. (N. T.)

que não o dinheiro — seja a verdade, a beleza ou a caridade —, os empregadores vão simplesmente se recusar a pagá-lo no primeiro ano ou dois. Como eu mesmo descobri ao me formar na faculdade, um bastião impenetrável de estágios não remunerados separa definitivamente essas carreiras do alcance de quem não consegue moradia gratuita por anos seguidos em uma cidade como Nova York ou San Francisco, o que, obviamente, já elimina os filhos da classe trabalhadora. Na prática, os filhos dessa classe de sofisticados (que se casam cada vez mais apenas entre si) veem a classe trabalhadora como um monte de homens das cavernas, o que já é de enfurecer qualquer um. Além disso, desenvolveram um sistema inteligente para monopolizar para seus próprios filhos todos os tipos de trabalho em que se possa ter uma vida decente e ao mesmo tempo buscar algo altruísta ou nobre. Se a filha do nosso técnico de ar-condicionado desejar uma carreira em que queira servir a uma vocação maior, só tem duas opções realistas: trabalhar para a igreja local ou entrar para o Exército.

Estou convencido de que esse era o segredo do apelo popular peculiar exercido por George W. Bush, um homem nascido em uma das famílias mais ricas dos Estados Unidos: ele falava e agia como alguém que se sentia mais confortável em meio a soldados de que em meio a acadêmicos. O anti-intelectualismo engajado da direita populista é mais do que simplesmente uma rejeição da autoridade da classe profissional-gerencial (que, para a maior parte dos trabalhadores, tem mais chance de exercer poder imediato em suas vidas do que os diretores-executivos de grandes empresas). É também um protesto contra uma classe que eles acreditam estar tentando monopolizar os meios para viver uma vida dedicada a algo que não apenas seu próprio interesse material. Ver os *liberais* ficarem perplexos diante do fato de que dessa forma parecem agir contra seu próprio interesse — ao não aceitar as parcas migalhas oferecidas pelos democratas — só torna as coisas ainda piores.

Do ponto de vista do Partido Republicano, a armadilha está em, ao fazer o jogo do populismo da classe trabalhadora branca, abdicar para sempre da possibilidade de atrair uma parcela significativa do apoio ao Partido Democrata: negros, latinos, imigrantes e filhos da segunda geração de imigrantes, para quem (embora também sejam em sua maioria cristãos devotos e seus filhos estejam em peso nas forças armadas) esse tipo de política anti-intelectual é simplesmente um anátema. Alguém consegue imaginar um político negro fazendo o jogo anti-intelectual à maneira de George W. Bush? Seria impensável. O núcleo do eleitorado democrata é composto exatamente daqueles que não apenas fazem uma imagem clara de si como portadores da cultura e do sentimento comunitários, mas também, fundamentalmente, ainda consideram a educação um valor em si mesmo.

Eis o impasse da política americana.

Agora pensemos em todas as mulheres (em sua maioria brancas) que postaram suas histórias na página "Nós somos os 99 por cento". Partindo desse ponto de vista, é difícil vê-las expressando qualquer coisa que não seja um protesto análogo contra o cinismo da nossa cultura política, mesmo que assuma a forma da demanda mínima por buscar uma vida dedicada a ajudar, a ensinar ou a cuidar dos outros sem ter que sacrificar a capacidade de cuidar de suas próprias famílias.* E, afinal, "apoiar nossas professoras e enfermeiras" é uma demanda menos legítima do que "apoiar nossas tropas"? E é por acaso uma coincidência que muitos ex-soldados, veteranos das guerras do Iraque e do Afeganistão, tenham se sentido atraídos pelas ocupações em suas cidades?

Ao se reunir bem na cara de Wall Street e criar uma comunidade sem dinheiro, com base em princípios de democracia, mas também de cuidado mútuo, solidariedade e apoio, os ocupantes estavam propondo um desafio revolucionário não apenas para o poder do dinheiro, mas para seu poder de determinar o que a vida deve ser. Era um golpe mortal contra Wall Street e contra o próprio princípio de cinismo do qual ela era a encarnação suprema. Pelo menos durante aquele breve momento, o amor se tornou o ato revolucionário definitivo.

---

* Silvia Federici, em um ensaio chamado "Women, Austerity and the Unfinished Feminist Revolution" [Mulheres, austeridade e a revolução feminista inacabada] (*Occupy!*, no 3, n+1, novembro de 2011, pp. 32-34), trilha um caminho parecido, defendendo que o feminismo tradicional se perdeu ao colocar toda a ênfase na garantia da participação da mulher no mercado de trabalho, tomando-a como intrinsecamente libertadora, em vez do domínio do que ela chama de "a esfera da reprodução", uma expressão marxista algo deselegante.

Não é de se estranhar, então, que os guardiões da ordem, ao identificar esse caráter revolucionário, tenham reagido como se estivessem diante de uma provocação militar.

Pergunta 7

Por que o movimento parece ter entrado em colapso tão rapidamente após termos sido expulsos do acampamento, em novembro de 2011?

Praticamente no mesmo momento em que o acampamento foi despejado, em novembro de 2011, a mídia começou a noticiar a morte do Occupy.

De acordo com a narrativa que prontamente se estabeleceu nos meios de comunicação, tudo já estava começando a desmoronar mesmo antes das expulsões. Supostamente, aquilo que havia sido um experimento idealista começou a se encher de criminosos, viciados, moradores de rua e loucos; os padrões de higiene caíram; e houve uma epidemia de violência sexual. A famosa fotografia de um sem-teto com as calças arriadas, aparentemente se preparando para fazer as necessidades em um carro da polícia perto do Parque Zuccotti, tornou-se um contraponto ao vídeo de Tony Bologna aspergindo spray de pimenta, e foi amplamente tomada como um sinal da degradação a que as coisas teriam chegado. O fato de que não havia provas de que a pessoa em questão fosse realmente um ocupante nem foi levado em consideração.

Quando examinadas mais de perto, porém, a maioria dessas alegações desmorona. A epidemia de estupro, por exemplo: apesar do que se disse, entre as centenas de ocupações, o número total de ocupantes acusados de agressão sexual parece ter sido exatamente dois. Como disse Rebecca Solnit, os Estados Unidos têm a maior taxa de violência sexual contra as mulheres em todo o mundo, e os meios de comunicação praticamente não veem isso como uma crise moral. No entanto, por algum motivo, as notícias sobre o Occupy não falavam do fato de que os ativistas tinham conseguido criar, no meio de uma das cidades mais perigosas dos Estados Unidos, um ambiente onde a taxa de violência contra a mulher tinha caído vertiginosamente, mas do escândalo de que esses incidentes não houvessem sido completamente eliminados.

Além do mais, como ela passa a relatar de Oakland, Califórnia:

> Eis algo incrível. Durante a existência dos acampamentos, a criminalidade *caiu* 19 por cento em Oakland, uma estatística que o município teve o cuidado de omitir. "Isso pode ir contra a nossa afirmação de que o movimento Occupy está implicando no recrudescimento do crime em Oakland", disse o chefe de polícia ao prefeito em um e-mail que a estação de notícias local KTVU posteriormente obteve e divulgou com pouco alarde. Prestem atenção: o Occupy era uma força tão poderosa no sentido da não violência que, só em oferecer às pessoas esperança, comida, solidariedade e conversa, já estava resolvendo o problema crônico de criminalidade e violência em Oakland.[19]

Nem é preciso dizer que nunca tivemos manchetes de jornais proclamando "Crimes violentos diminuem drasticamente durante a ocupação". E a polícia continuou a insistir que era exatamente o contrário, apesar do que provavam suas próprias estatísticas.

Quando alguns acampamentos começaram realmente a ter problemas internos, não foi por causa da falta de polícia — já que todos estavam cercados 24 horas por dia, então, em teoria, deveriam ser os lugares mais seguros do país —, mas precisamente porque a polícia fazia tudo o que podia para causar problemas nos acampamentos. Muitos dos ex-presidiários desabrigados que acabaram por se instalar no Parque Zuccotti, por exemplo, relataram terem sido levados de ônibus até lá depois de serem soltos de Rikers Island* por oficiais que disseram a eles que ali teriam comida e abrigo. Essa é uma tática comum. Na Grécia, quase todas as pessoas com quem conversei que tinham participado da Assembleia Geral na Praça Syntagma conta-

---

* Principal complexo penitenciário de Nova York. (N. T.)

ram histórias de batedores de carteira e traficantes de drogas que tinham sido informados pela polícia de que não seriam perseguidos por praticar suas atividades criminosas entre os manifestantes. De certa forma, é impressionante que, mesmo sob essa pressão, a maioria dos acampamentos tenham permanecido espaços relativamente seguros e não tenham se tornado o caos hobbesiano que os meios de comunicação e as autoridades municipais invariavelmente alegavam que eram.

O que realmente estava acontecendo?

Antes de mais nada, acho que precisamos entender que aquilo não ocorreu de forma isolada. Tem que ser compreendido no seu contexto global. O Occupy é, como já sublinhei várias vezes, simplesmente a manifestação americana de uma rebelião democrática que começou na Tunísia, em janeiro de 2011, e no final daquele mesmo ano ameaçava desafiar estruturas de poder em todo o mundo.

Seria impensável achar que as estruturas de poder não se preocupariam com aqueles acontecimentos ou que não tentariam conter o perigo que eles representavam para a ordem estabelecida — e de fato não deixaram de fazê-lo. Os Estados Unidos estão no centro de um aparato de mecanismos políticos, administrativos e de "segurança" construído ao longo das últimas gerações em grande medida justamente para conter esse tipo de perigo, para assegurar que revoltas populares como essas não ocorram ou que pelo menos não façam muita diferença e sejam rapidamente desmobilizadas.

No Oriente Médio, os Estados Unidos empreenderam uma complexa operação de equilíbrio, deixando que alguns movimentos democráticos fossem reprimidos violentamente (o Bahrein é o exemplo mais famoso) e tentando cooptar ou neutralizar os outros por meio de assistência diretamente ou de ONGs. Na Europa, houve uma série do que só pode ser chamado de golpes financeiros. A elite política dos países ricos do Norte efetivamente destituiu os governos eleitos da Grécia e da Itália e impôs "tecnocratas neutros" a fim de conseguir aprovar orçamentos de austeridade, acompanhados de operações policiais cada vez mais sofisticadas contra as pessoas reunidas nas praças públicas.

Nos Estados Unidos, após dois meses de hesitação, a polícia começou a remover os acampamentos sistematicamente, em geral recorrendo a uma esmagadora força militarizada. Ainda mais importante, deixou claro aos ocupantes que, a partir daquele momento, qualquer grupo que pretendesse recriar acampamentos onde quer que fosse estaria sujeito a agressão física imediata.

O governo americano tem adotado uma linha argumentativa sustentando que nada disso foi coordenado. Querem que acreditemos que, de alguma maneira, centenas de autoridades municipais, todas de forma independente, decidiram despejar os acampamentos locais usando o mesmo pretexto (limpeza), empregando a mesma tática, todos ao mesmo tempo; e que todos eles, da mesma forma, decidiram que nenhum outro acampamento poderia ser montado depois daquilo, mesmo que estivesse totalmente dentro da lei. É claro que isso é absurdo. Os esforços para reprimir o Movimento de Justiça Global em 1999, 2000 e 2001 foram claramente coordenados, e desde o 11 de Setembro, o governo dos Estados Unidos ganhou vários níveis de novas burocracias na área de segurança com o objetivo expresso de coordenar respostas a qualquer coisa percebida como ameaça à ordem pública. Se os responsáveis por essas instituições estavam de fato relaxados, sem prestar atenção ao aparecimento súbito de um grande movimento nacional potencialmente revolucionário de rápido crescimento, então não estavam fazendo bem o trabalho deles.

Como eles procederam? Bem, mais uma vez não sabemos. E é presumível que não venhamos a saber por muitos anos ainda. Levamos décadas para conhecer a natureza exata dos esforços do FBI para subverter os direitos civis e os movimentos de paz nos anos 1960. No entanto, não é particularmente difícil reconstruir, em linhas gerais, o que deve ter acontecido. Na verdade, há algumas regras padrão que são empregadas por praticamente todo governo para tentar reprimir um movimento democrático, e o governo americano claramente seguiu a cartilha. Eis a operação: primeiro, tenta-se destruir a autoridade moral dos radicais que conduzem o movimento, retratando-os como pessoas desprezíveis e (pelo menos potencialmente) violentas; então tenta-se retirar de campo os aliados de classe média com uma combinação de concessões calculadas e historinhas de terror. Se uma situação verdadeiramente revolucionária parece iminente, pode ser que seja necessário provocar intencionalmente a desordem pública. Foi o que o governo de Mubarak fez no Egito quando começou a libertar criminosos cruéis e a retirar a proteção policial dos bairros de classe média, para convencer os moradores de que a revolução levaria inevitavelmente ao caos.

E, finalmente, se ataca.

Em 2000, depois dos protestos contra a OMC em Seattle, passei um bom tempo documentando como essa primeira etapa funcionava. Na época, atuei muitas vezes ao lado dos ativistas encarregados do contato com a mídia. Tínhamos de lidar com repentinas e bizarras alegações que sempre pareciam surgir do nada, vindas de diferentes fontes oficiais, todas ao mesmo tempo. Por uma semana no verão daquele ano, por exemplo, todo mundo começou a dizer que os manifestantes antiglobalização eram garotos ricos com dinheiro depositado em fundos de investimentos. Pouco tempo depois, tomamos conhecimento de uma série de recursos ultraviolentos que os manifestantes supostamente teriam empregado em Seattle: uso de estilingues; arremesso de coquetéis molotov, pedras e excrementos; emprego de pistolas de água com urina, água sanitária ou ácido; utilização de pés de cabra para quebrar o calçamento e usar os pedaços como armas contra a polícia. Advertências sobre essas táticas violentas logo começaram a aparecer regularmente nos jornais antes das cúpulas de comércio, muitas vezes endossadas por peritos enviados ao local para treinar a polícia, criando um clima de pânico iminente. Isso tudo apesar do fato de que, durante os próprios protestos de Seattle, ninguém nunca sequer insinuou que os manifestantes tenham feito algo do gênero.

Quando essa história apareceu no *New York Times*, membros locais do Direct Action Network — eu, inclusive — fizeram piquetes no jornal, que, depois de ouvir da polícia de Seattle que, na verdade, não tinham nenhuma prova de que essas táticas tivessem sido efetivamente empregadas, foi forçado a publicar uma retratação. As matérias, no entanto, continuaram a ser publicadas. Embora não tenhamos como saber exatamente o que estava acontecendo, os restos de provas que pudemos recolher sugerem algum tipo de rede de empresas de segurança privada que agiam em colaboração com a polícia, com os *think tanks* de direita e possivelmente com algumas unidades de inteligência da polícia. Logo, os chefes de polícia em cidades que enfrentavam mobilizações também estavam inventando histórias parecidas, que invariavelmente produziam manchetes chamativas por alguns dias, até que finalmente conseguíamos provar que os atos violentos nunca tinham acontecido. Mas, a essa altura, o assunto naturalmente não era não mais considerado de interesse jornalístico.

Olhando hoje para toda essa sujeira, percebo certos padrões inconfundíveis. O mais dramático é a constante justaposição entre resíduos do corpo humano e homens de uniforme. Acho que nunca vi uma única calúnia da polícia contra pessoas que pedem democracia que não envolvesse pelo menos uma referência a alguém arremessando ou se preparando para arremessar excrementos. Presumivelmente, tudo remonta à famosa imagem de manifestantes nos anos 1960 cuspindo em veteranos de guerra, algo que se fixou no imaginário popular apesar de não haver provas de que tenha realmente acontecido. Mesmo na década de 1970, visões escabrosas de hippies atirando merda se tornaram o assunto principal da mídia de direita, e sempre reapareciam justo antes de homens e mulheres de uniforme ameaçarem atacar manifestantes pacíficos — sempre, é claro, sem a mínima prova documental.

Cinegrafistas fizeram milhares de imagens de policiais batendo em ocupantes, jornalistas e transeuntes aleatórios. Ninguém nunca captou uma imagem de um ocupante jogando bosta.

A ênfase em excrementos é eficaz porque, psicologicamente, serve a dois propósitos. O primeiro é conquistar corações e mentes dos policiais de baixa patente, que seguem as ordens de descer o cassetete na cabeça* de idealistas não violentos e que, nos primeiros dias do Oc-

---

* Como já disse antes, alegar que os manifestantes antiglobalização eram "filhos de fundos de investimento" era uma estratégia perfeitamente calibrada para alcançar o efeito desejado: era uma maneira de dizer aos policiais "Não ache que o que você está fazendo ao defender essa cúpula de comércio é proteger um bando de endinheirados que têm desprezo por você e seus semelhantes; pense nisso, sim, como uma oportunidade de bater nos filhos malcriados deles (mas sem matar nenhum deles, porque você não sabe quem podem ser os pais)."

cupy, estavam individualmente até bastante simpáticos à causa. Em janeiro e fevereiro, quando a repressão já tinha se tornado sistemática, os ativistas que tiveram a oportunidade de conversar mais demoradamente com os guardas que os prenderam chegaram à conclusão de que era impossível convencê-los de que os ocupantes não estavam atirando excrementos em servidores públicos.

O segundo objetivo é, naturalmente, destruir a autoridade moral dos ativistas aos olhos da população, retratá-los como seres desprezíveis e violentos. A foto do mendigo de cócoras ao lado do carro de polícia parece ter atendido perfeitamente ao primeiro objetivo. O problema com o segundo era que, em Nova York em particular, simplesmente não era plausível afirmar que os ativistas estavam atacando a polícia. Então o plano passou a ser: alegar que a polícia havia sido obrigada a intervir para impedir que os ativistas fossem violentos uns contra os outros!

Essa era simplesmente uma extensão de uma estratégia simbólica idealizada nas primeiras semanas do movimento, quando as autoridades locais se esforçavam para criar um pretexto que pudesse criminalizar os cidadãos (em grande parte de classe média) que estavam montando suas barracas. Como justificar o envio de um batalhão de choque fortemente armado contra cidadãos que não estavam sequer violando alguma lei, mas apenas alguns regulamentos municipais sobre permissão para acampamento? Desde o início, a solução era clara: limpeza. As pessoas tinham que pensar que os acampamentos eram uma imundície. A presença de grupos de trabalho de limpeza, em geral bastante meticulosos, foi naturalmente desconsiderada. Já na segunda ou terceira semana de ocupação, ativistas de cidades distantes entre si, como Austin, no Texas, e Portland, no Oregon, foram informados de que os acampamentos seriam completamente desmontados todos os dias para limpeza, porque o município estava preocupado com as condições de higiene.

A limpeza acabava levando quatro ou cinco horas por dia. De "antro de imundície" passou-se rapidamente para "um gueto de violência, crime e degradação". E, é claro, quando foram finalmente expulsos — embora os prefeitos em geral evocassem como justificativa a necessidade de proteger a todos, inclusive os ocupantes, do crime —, a justificativa oficial foi, em quase todos os casos, a necessidade de proporcionar acesso às equipes de limpeza pública.

*

Nada disso explica diretamente por que o movimento pareceu esmorecer tão rapidamente após as expulsões. Mas fornece o contexto necessário.

A primeira coisa a enfatizar aqui é que estamos falando de aparências. Dizer que um movimento *pareceu* esmorecer não quer dizer que ele tenha realmente esmorecido. Não havia dúvidas de que os ataques aos acampamentos, a destruição das moradias dos ocupantes, das cozinhas, das clínicas e bibliotecas e a consequente formação, em muitas cidades, de uma população de ativistas refugiados — muitos dos quais haviam deixado casa e emprego para se juntar aos acampamentos e de repente se viram nas ruas ou se abrigando nos porões de igrejas, traumatizados, lidando com as consequências psicológicas da detenção, dos ferimentos, da prisão e da perda da maior parte de suas posses materiais — com certeza teriam efeitos.

O movimento foi lançado em uma situação caótica: abundaram recriminações e indignações com questões de raça, classe e gênero, que tinham sido deixadas de lado durante os dias de glória da ocupação, pareceram surgir todas de uma vez. Todo mundo de repente começou a brigar por dinheiro. Em Nova York, tínhamos recebido mais de meio milhão de dólares; em poucos meses, tudo foi gasto em transporte e alojamento (as igrejas nos cobravam) para as centenas de pessoas que tinham sido desalojadas. Algumas das formas de organização, como a Assembleia Geral, que tinham funcionado tão bem nos acampamentos, se mostraram totalmente inadequadas na nova situação. Na maioria das cidades, as AGs se desmantelaram durante o inverno, embora, em geral, grandes grupos de trabalho com algum propósito prático imediato acabassem cumprindo essa função. Em Nova York, por exemplo, o grupo de trabalho Ação Direta e várias assembleias específicas convocaram as pessoas para trabalhar em projetos específicos, como a mobilização do Primeiro de Maio.

Analisando agora, o colapso do modelo da Assembleia Geral não foi uma surpresa: quase todos os que haviam feito parte do Movimento de Justiça Global consideraram a ideia uma experiência meio louca desde o início. Partimos sempre do princípio de que, para reuniões de qualquer tamanho, e certamente para reuniões com milhares de pessoas, o processo do consenso só funcionaria se adotássemos algum tipo de modelo de conselho de porta-vozes, no qual as pessoas se organizam em grupos com um "porta-voz" temporário que poderia apresentar propostas e participar das discussões (para equilibrar, formávamos grupos menores, para que todos pudessem transmitir aos porta-vozes o que eles deveriam dizer, ou até mesmo substituí-los). O modelo de conselho de porta-vozes tinha funcionado muito bem durante as mobilizações de massa de 1999-2003. O mais curioso sobre o modelo da AG era que ele tivesse realmente funcionado — e funcionou — quando se passou para a situação de uma verdadeira comunidade, com interação direta entre os membros. Nenhum de nós ficou particularmente surpreso quando, logo que os acampamentos foram removidos, as AGs se desmantelaram.*

O que realmente fez com que as coisas caminhassem em ritmo mais lento e fez com que muitos acreditassem que o movimento estava acabando foi uma concatenação infeliz de vários fatores: a súbita mudança de tática da polícia, que tornou impossível para os ativistas criar qualquer forma de espaço público livre em uma cidade dos Estados Unidos sem que fossem imediatamente agredidos; o abandono por parte dos aliados *liberais*, que não fizeram nenhum esforço para denunciar essa nova política; e um súbito apagão da mídia, que fez com que a maioria da população não tivesse ideia do que estava acontecendo.

---

* A tragédia — em Nova York pelo menos — foi que o modelo de conselho de porta-vozes foi visto como uma forma vertical causadora de discórdia, em um momento de conflito máximo. Atualmente, há projetos de reavivar o modelo em Nova York de uma forma mais democrática.

A manutenção de um espaço público como o Parque Zuccotti trazia muitos problemas e, no final, muitos organizadores disseram estar um pouco aliviados por não ter mais que passar todo o tempo se preocupando com questões de zoneamento urbano e poder então começar a se concentrar no planejamento de ações diretas e campanhas políticas de fato. Mas logo descobriram que, sem um ponto de concentração, aonde qualquer pessoa interessada no movimento pudesse ir a qualquer momento para se envolver, expressar apoio ou simplesmente saber o que estava acontecendo, isso se tornou muito mais difícil. Tentativas de restabelecer um centro como o Zuccotti foram sistematicamente frustradas. Tentamos em vão convencer a Trinity Church, antiga aliada no sul de Manhattan, a deixar que os ocupantes usassem um grande terreno vazio que ela mantinha como investimento imobiliário; depois que apelos até mesmo de Desmond Tutu foram ignorados, vários bispos da diocese lideraram uma marcha para ocupar pacificamente o espaço. Foram detidos imediatamente e, por alguma razão, a história nunca chegou ao noticiário.

No aniversário de seis meses da primeira ocupação, em 17 de março, os antigos ocupantes fizeram uma festa improvisada no Parque Zuccotti. Depois de cerca de uma hora, a polícia atacou, deixando vários gravemente feridos e hospitalizados; alguns se separaram do grupo e abriram os sacos de dormir na Union Square, que, apesar de ser uma praça pública, sempre permaneceu aberta 24 horas por dia. Em poucos dias, começaram a aparecer ao redor deles mesinhas com material de leitura sobre o Occupy e uma cozinha e uma biblioteca foram montadas. A prefeitura reagiu declarando que, a partir de então, a praça fecharia à meia-noite, levando ao que veio a ser chamado de "teatro do despejo de todas as noites": diariamente às 23h centenas de policiais do batalhão de choque se juntavam para, à meia-noite, expulsar o punhado de ocupantes com seus sacos de dormir. Regulamentos contra acampamentos foram aplicados de maneira tão agressiva que os ativistas eram detidos apenas por usar cobertores ou, no caso de um ativista que eu mesmo testemunhei, atirado ao chão e algemado por se curvar para acariciar um cão (o comandante da polícia explicou que daquela maneira o manifestante ficou muito perto do chão).

Durante esse período, o nível de violência durante as detenções aumentou dramaticamente. Mesmo durante os protestos mais pacíficos, os manifestantes que colocassem o pé para fora da calçada ou apenas fizessem menção de colocar eram abordados e tinham a cabeça golpeada seguidas vezes contra o asfalto. A polícia começou a lançar mão de novas e exóticas táticas de intimidação, algumas das quais provavelmente tinham sido importadas de outros países. No Egito, por exemplo, quando alguns revolucionários tentaram reocupar a Praça Tahrir, em novembro e dezembro de 2011, a polícia respondeu com uma campanha sistemática de violência sexual contra manifestantes do sexo feminino; mulheres detidas não só eram espancadas, mas despidas e tocadas, muitas vezes ostensivamente, na frente dos colegas do sexo masculino. Meus amigos do Egito imaginam que a atitude tivesse um duplo objetivo: traumatizar ao máximo as mulheres e também instigar os ativistas do sexo masculino a recorrer à violência para defendê-las.

Da mesma forma, quando as tentativas de reocupação em Nova York começaram, em março, vimos uma súbita e intensa onda de agressões sexuais da polícia contra mulheres manifestantes, algo que antes só tinha acontecido, na melhor das hipóteses, ocasionalmente. Uma mulher me contou que cinco policiais tinham agarrado seus seios durante a desocupação da Union Square uma noite (em uma dessas ocasiões, enquanto outro policial ficava parado mandando beijos); uma outra mulher gritou e xingou de pervertido o policial que a acariciava, então ele e outros policiais a arrastaram para trás da barreira policial e quebraram seus pulsos.

Mesmo quando uma famosa representante do Occupy apareceu no *Democracy Now!** exibindo um grande hematoma em formato de mão sobre o peito, a grande mídia simplesmente se recusou a fazer uma matéria. Ao contrário, as novas regras de combate — segundo as quais qualquer pessoa que vai a um grande protesto, mesmo pa-

---

* Programa e site de notícias independente. (N. T.)

cífico, deve entender que isso pode significar ser detida ou ir parar no hospital — eram tratadas como a "nova normalidade" e todos os casos relacionados de violência policial deixaram de ser notícia.

Alguns veículos relataram, sim, cumprindo seu dever, os números cada vez menores de pessoas que compareciam às marchas. Por razões óbvias, agora praticamente apenas os ativistas aguerridos, dispostos a ser detidos e espancados, iam às marchas, já totalmente desprovidas dos grupos de crianças e idosos que acompanharam — e humanizaram — nossas ações anteriores. Embora citasse a queda nos números, a mídia não explicava os motivos.

*

Então a verdadeira questão é: como essas regras mudaram, e por que a revogação da Primeira Emenda da Constituição (pelo menos no que se referia à liberdade de reunião) simplesmente não foi contestada?

Como todo ativista experiente sabe, as regras de combate nas ruas têm tudo a ver com a qualidade e a eficácia das alianças. Um dos motivos para o Occupy ter tido tanta atenção da mídia no início (a maioria dos ativistas experientes com quem conversei também nunca tinha visto nada parecido) foi o fato de tantos outros grupos ativistas tradicionais terem rapidamente endossado nossa causa. Refiro-me em especial a organizações das quais pode-se dizer que compõem a ala esquerdista do Partido Democrata: a MoveOn.org, por exemplo, e a Rebuild the Dream [Reconstruir o Sonho]. Esses grupos foram enormemente estimulados pelo nascimento do Occupy. Mas, como observei aqui, a maioria deles também pareceu considerar que a rejeição da política eleitoral e das formas de organização hierarquizadas seria uma fase passageira, a infância de um movimento que, supunham, amadureceria e se tornaria algo que se assemelhasse a um Tea Party de esquerda. Da perspectiva deles, os acampamentos logo se tornaram apenas uma distração. O verdadeiro movimento começaria depois que o Occupy se tornasse um canal para engajar jovens ativistas em campanhas legislativas e, finalmente, um estímulo para a obtenção de votos em can-

didatos progressistas por meio da atividade política *"get-out-the-vote"*.*
Levou algum tempo até que entendessem totalmente que o núcleo do movimento estava falando sério sobre seus princípios. Também está bastante claro que, quando os acampamentos foram removidos, não apenas esse grupo, mas o *establishment liberal* de modo mais geral, tomou a decisão estratégica de fazer vista grossa.

Do ponto de vista dos radicais, essa foi a traição máxima. Tínhamos deixado claro nosso compromisso com os princípios da organização horizontal desde o início. Eles eram a essência do que estávamos tentando fazer. Mas ao mesmo tempo entendíamos que nos Estados Unidos sempre houve um acordo tácito entre os grupos radicais, como nós, e seus aliados *liberais*. O apelo dos radicais por uma mudança revolucionária cria uma agitação na esquerda *liberal* que faz com que as propostas de reforma dos *liberais* pareçam uma alternativa mais razoável. Conseguimos para eles um lugar à mesa; eles nos mantêm fora da cadeia. Nesse sentido, o *establishment liberal* definitivamente não fez jus à sua parte do acordo. O Occupy foi capaz de mudar, de forma brilhante, o debate nacional e começar a abordar questões a respeito do poder financeiro, da corrupção do processo político e da desigualdade social — e tudo isso beneficiava o *establishment liberal*, que tinha se esforçado para obter apoio e despertar o interesse por essas questões. Mas quando as armas de eletrochoque, os cassetetes e as equipes da Swat chegaram, o *establishment liberal* simplesmente desapareceu e nos deixou à própria sorte.

Em retrospecto, isso pode parecer algo inevitável, mas não era assim que as coisas tendiam a funcionar no passado. Obviamente, a violenta repressão aos movimentos sociais não é nova. Basta pensar na Ameaça Vermelha, a reação aos movimentos trabalhistas radicais como o Industrial Workers of the World [Trabalhadores Industriais do Mundo] (IWW), sem falar das campanhas declaradas de assassinato dirigidas ao Movimento Indígena Americano ou a radicais negros na década de 1960 e no início dos anos 1970. Mas, em quase todos

---

* *"Get-out-the-vote"* [algo como "sair para votar"] é um tipo de atividade política no sentido de aumentar o número de votantes em uma eleição. Nos Estados Unidos, onde o voto não é obrigatório, *"get-out-the vote"* costuma ser uma fase de todas as campanhas eleitorais.

os casos, as vítimas eram ou da classe trabalhadora ou não brancas. Os poucos casos de repressão sistemática — mesmo que bem mais suave — a um número significativo de pessoas de classe média branca, como durante a era McCarthy ou contra os protestos estudantis durante a Guerra do Vietnã, se tornaram rapidamente escândalos nacionais. E, embora fosse errado considerar o Occupy Wall Street um movimento da classe média branca, porque ele era muito mais diversificado, não há dúvidas de que de fato um grande número de pessoas brancas de classe média estava envolvido.

No entanto, o governo não hesitou em atacar o movimento, muitas vezes usando táticas altamente militarizadas e empregando o que só pode ser chamado de violência terrorista; quer dizer, isso se "terrorismo" for definido como um ataque a civis conscientemente calculado para criar terror com fins políticos. Sei que essa afirmação pode parecer controversa. Mas por que a palavra não se aplicaria, por exemplo, a casos como quando a polícia de Los Angeles, em uma clara tentativa de mostrar aos cidadãos que participar de atividades relacionadas ao Occupy podia significar sair ferido, abriu fogo com balas de borracha contra um grupo de manifestantes que empunhavam bastões de giz em uma "caminhada artística" perfeitamente legal e autorizada?

O que mudou? Uma possível explicação é que esse foi o primeiro movimento social a surgir no país depois do 11 de Setembro. Será que a guerra contra o terror realmente mudou as regras?

Devo admitir que, quando começamos a ocupação, fiquei um pouco surpreso que não tivéssemos que lidar com o rescaldo emocional do 11 de Setembro. O Parque Zuccotti podia estar a duas quadras de Wall Street, mas também estava a apenas duas quadras do Marco Zero. E lembro-me de ter previsto todo tipo de acusações de sacrilégio e desrespeito às vítimas dos atentados terroristas. Mas elas nunca se materializaram. Como ainda viríamos a descobrir, porém, o 11 de Setembro tinha mudado o terreno em que estávamos trabalhando de uma maneira muito mais sutil. Sim, houve um breve hiato durante o qual a fórmula de Gandhi de deslegitimar o poder (com ações minuciosamente não violentas para fazer com que o mundo testemunhasse quão violento o Estado é) pareceu funcionar. Mas foi por muito pouco tempo. Não basta dizer que, depois do despejo, as organizações *liberais* pareciam ter decidido não dar importância à violência; é preciso também se perguntar por que conseguiram fugir dessa questão: por que seus eleitores não ficaram chocados a ponto de exigir alguma prestação de contas? É aqui que acredito que os verdadeiros efeitos psicológicos do 11 de Setembro podem ser vistos.

A consequência imediata dos ataques terroristas de 2001 foi uma grande militarização da polícia do país. Bilhões de dólares foram destinados ao fornecimento de equipamentos "antiterroristas" e no treinamento das polícias de municípios com poucos recursos — por exemplo, Dayton, em Ohio, que claramente não enfrentava nenhuma ameaça terrorista. Isso ajuda a explicar as reações por vezes inexplicavelmente exageradas a muitas de nossas ações, como quando algumas dezenas de ativistas tentaram ocupar uma casa desapropriada em Nova Jersey, ou como quando tentamos fazer discursos na escadaria do Federal Hall, em Manhattan, e fomos recebidos por equipes da Swat fortemente armadas. Em outra época, um excesso desses teria causado indignação, mas, em 2012, passou completamente despercebido.

Como foi que os *liberais* de classe média passaram a aceitar tão tranquilamente a militarização da polícia? Em grande parte, por sua absoluta e inabalável rejeição a qualquer insinuação da possibilidade do uso de violência por parte dos manifestantes. Mesmo quando a polícia empreendia um ataque evidentemente pré-planejado a manifestantes pacíficos, digamos, disparando bombas de gás lacrimogênio diretamente na cabeça dos ocupantes — como de fato aconteceu várias vezes em Oakland —, a primeira reação da mídia e dos comentaristas *liberais* era querer saber se algum manifestante havia reagido àquela agressão de qualquer forma que não fosse a resistência passiva. Se uma única pessoa chutasse uma bomba de gás lacrimogênio de volta na direção dos policiais, a matéria não seria mais "Polícia abre fogo sobre manifestantes" ou "Veterano da Marinha em estado grave depois de ser atingido na cabeça por bomba de gás lacrimogênio", mas sim "Manifestantes se envolvem em confrontos com a polícia".

Em uma das grandes ironias da história, a invocação do espírito de Gandhi e Martin Luther King tornou-se a principal justificativa para a recente militarização da sociedade americana, de uma forma que certamente teria deixado qualquer um dos dois, se estivessem vivos para testemunhar, ao mesmo tempo atônitos e horrorizados.

O Occupy é um movimento extraordinariamente não violento. É bem possível que seja o movimento mais não violento de seu tamanho na história dos Estados Unidos — e isso apesar da ausência de códigos de paz, *marshals* e polícia pacificadora oficial. No outono, houve pelo menos quinhentas ocupações, com participantes de uma diversidade incrível de filosofias — de cristãos evangélicos a anarquistas revolucionários — e milhares de marchas e outras ações. E ainda assim os atos mais "violentos" atribuídos aos manifestantes foram quatro ou cinco vidraças quebradas, bem menos do que se poderia esperar depois de um jogo de hóquei canadense relativamente tranquilo, por exemplo.

Em termos históricos, essa é uma enorme conquista. No entanto, alguma vez foi tratada assim? Ao contrário, o punhado de vidraças quebradas se transformou em uma crise moral. Logo depois das desocupações, quando a população teve pela primeira vez a oportunidade de processar o que tinha acontecido — as detenções em massa, os espancamentos, a destruição sistemática de barracas e bibliotecas —, a blogosfera *liberal* ficou completamente dominada por discussões sobre o artigo intitulado "The Cancer in Occupy" [O câncer no Occupy], escrito por Chris Hedges, um ex-repórter do *New York Times* que havia se tornado simpatizante do OWS. Ele argumentava que um ou dois incidentes envolvendo vidraças quebradas em Oakland tinham sido na verdade obra de uma facção anarquista violenta e fanática que ele chamava de "os Black Bloc", e que a coisa mais importante que o movimento deveria fazer era expor e excluir esses elementos para que eles não dessem pretexto para a polícia. O fato de quase nenhuma declaração do artigo ser factualmente precisa — Black Blocs são na verdade uma formação, não um grupo, e provavelmente 95 por cento das ocupações não tinham nem mesmo visto uma — só serviu para alimentar ainda mais as discussões. Logo os comentaristas *liberais* chegaram a um consenso: o verdadeiro problema do Occupy não era nenhum ato de violência física (que tinham sido quase todos praticados pela polícia), mas o fato de que em algumas ocupações havia elementos que, embora não tivessem cometido nenhum ato de violência, achavam que danos à propriedade *eram* justificáveis.

Para se ter uma ideia da disparidade: em Nova York, em março, ainda perdurava uma interminável discussão sobre a possibilidade de uma vidraça de um café ter sido quebrada por um ativista associado a um Black Bloc em Oakland durante uma marcha em novembro do ano anterior. Em consequência, não houve praticamente nenhuma discussão sobre a primeira vidraça quebrada por alguém de fato associado ao OWS em Nova York, em 17 de março. A vidraça em questão era a vitrine de uma loja no sul de Manhattan e foi quebrada por um oficial da polícia, que usou para isso a cabeça de um ativista.

Só para termos uma noção de quão perversa é a menção a Gandhi para justificar a violência do Estado, evoquemos suas próprias palavras e ações. Para a maioria dos anarquistas, ele é uma figura ambivalente. Por um lado, sua filosofia se baseava fortemente no anarquismo de Tolstoi e Kropotkin. Por outro, ele adotou uma espécie de puritanismo masoquista e encorajou um culto à personalidade cujas implicações só podem ser profundamente hostis à criação de uma sociedade verdadeiramente livre. Gandhi de fato condenava todas as formas de violência. Mas também defendia que a aquiescência passiva a uma ordem social injusta era ainda pior.

Lembro-me de uma conferência sobre o OWS na New School, em Nova York, logo depois dos despejos, durante a qual pacifistas *liberais* ficaram lembrando aos organizadores que Gandhi tinha chegado a ponto de "suspender o movimento 'Deixem a Índia' quando houve um incidente de violência". O que eles não mencionaram foi a natureza desse incidente: os seguidores de Gandhi cortaram 22 policiais em pedaços e atearam fogo ao que sobrou. Parece seguro supor que, se descobríssemos que integrantes, digamos, do Occupy Cleveland ou do Occupy Denver tivessem destrinchado um monte de policiais, membro a membro, nosso movimento também teria sido interrompido subitamente, mesmo sem um líder com o carisma de Gandhi para nos dizer o que fazer. Em um mundo onde essas coisas são possíveis, a ideia de que Gandhi se preocuparia com algumas vitrines quebradas é insana. Na verdade, como político, Gandhi sempre resistiu aos pedidos para condenar aqueles que se envolviam em formas mais combativas de resistência anticolonial — quer dizer, quando não eram integrantes do seu próprio movimento. Mesmo nos casos de guerrilhas que atacavam delegacias e explodiam trens, ele sempre dizia que, embora acreditasse que a não violência era a abordagem correta, aquelas pessoas eram boas e estavam apenas tentando fazer o que acreditavam ser o certo. Ele também dizia que, embora se opor à injustiça sem o uso de violência seja sempre moralmente superior a se opor a ela de forma violenta, lutar contra a injustiça de forma violenta ainda é moralmente superior a não lutar contra ela de nenhuma maneira.[20]

Só podemos desejar que aqueles que afirmam falar em nome de Gandhi vez ou outra agissem como ele.

*

Apesar de tudo isso, o movimento ficou realmente paralisado? De jeito nenhum. Passamos seis ou oito meses tentando nos recompor em um ambiente radicalmente novo e muito mais hostil, sem o benefício do apoio da imprensa. Fizemos novas campanhas drásticas: ocupação de casas desapropriadas por falta de pagamento, ocupação de fazendas, greves de inquilinos e iniciativas educacionais. Houve um sem-fim de capacitações em novas táticas de rua, com uma ênfase recém-descoberta em drama e comédia, em parte apenas para manter os ânimos diante da repressão. Mas, principalmente, houve a busca por novas alianças.

Depois que os *liberais* nos abandonaram, o passo seguinte foi fortalecer nossos laços com quem sempre consideramos nossos verdadeiros aliados: os sindicatos, as organizações comunitárias e os grupos de proteção dos direitos dos imigrantes. Em Nova York, a primeira iniciativa realmente grande do Occupy depois das expulsões foi participar do planejamento de uma "greve geral" em todo o país no Primeiro de Maio.* Esse sempre foi um empreendimento de risco, uma vez que sabíamos que não conseguiríamos mobilizar uma greve geral no sentido tradicional, e os meios de comunicação certamente a descreveriam como um fracasso. Mas levar milhões de pessoas às ruas em todo o país e criar um fórum para o desenvolvimento de novas iniciativas seria suficientemente vitorioso.

Embora em Nova York tenhamos conseguido convencer os líderes de praticamente todos os sindicatos da cidade (incluindo os Teamsters** e o Central Labor Council [Conselho Central do Trabalho]) a endossar um apelo à "transformação revolucionária", os resultados finais foram decepcionantes. Descobrimos que as burocracias sindicais em particular são extremamente vulneráveis à pressão vinda de cima para que os sindicatos sejam verdadeiro aliados. Assim como aconteceu com Bloombergville, os líderes sindicais se entusiasmaram com a ideia de desobediência civil na fase do planejamento, mas, no último minuto, se mostraram relutantes. Os ambiciosos planos de parar a cidade aos poucos se resumiram a uma simples passeata autorizada, para a qual os sindicatos nem mesmo fizeram muito esforço de levar suas bases, por medo de que fossem agredidas pela polícia de Nova York.

Em meados de maio, a maior parte dos principais organizadores do Occupy Wall Street tinha chegado à conclusão de que seria melhor deixar de lado a construção de alianças e nos concentrar em nossa base. Que questões tinham apelo mais direto aos verdadeiros problemas diários dos ocupantes, amigos e família? Como organizar campanhas que enfrentassem diretamente esses problemas? Decidimos organizar uma série de fóruns semanais abertos, cada um com um tema diferente — mudança do clima, dívida, polícia e prisões —

---

* Nos Estados Unidos, o dia do trabalho não é comemorado em 1º de maio, como na maioria dos países, e sim na primeira segunda-feira de setembro. (N.R.T.)
** Teamsters, ou International Brotherhood of Teamsters [Irmandade Internacional dos Caminhoneiros] é um sindicato dos Estados Unidos e do Canadá, formado inicialmente pela fusão de vários sindicatos locais e regionais de caminhoneiros que hoje representa trabalhadores de diversas classes profissionais, públicos ou privados. (N.E.)

para ver qual faria mais sucesso. Como constatamos, o fórum sobre dívida foi tão bem-sucedido que instantaneamente relegou os demais ao esquecimento.

Montamos rapidamente uma série de assembleias de devedores. Cada uma reuniu centenas de participantes, muitos novos no movimento, cheios de projetos e ideias. No momento em que escrevo este livro, as campanhas Strike Debt [Lute Contra a Dívida] — com nomes como o Invisible Army [Exército Invisível], Rolling Jubilee [Perdão Permanente da Dívida], Debt Resistor's Operation Manual [Manual de Instruções para Resistir à Dívida] e People's Bailout [Resgate Financeiro do Povo] — são certamente as áreas de expansão do movimento mais interessantes. O Occupy voltou a suas raízes.

É claro que várias perguntas ainda permanecem. É realmente possível criar um movimento de massa de resistência à dívida nos Estados Unidos? Como superar o sentimento de vergonha e isolamento que a dívida alimenta? Ou, dito de outra forma, como fornecer uma base de apoio democrático e um fórum público para os milhões de americanos (um em seis, segundo estimativas), que já estão efetivamente praticando desobediência civil contra o capitalismo financeiro ao se recusar a pagar suas dívidas?

As respostas não são óbvias. O que posso dizer é que, quando este livro for publicado, alguma nova campanha terá aparecido em uma nova cidade, e acabará por se revelar ainda mais inspiradora.

Em termos de movimento social, um ano não é nada. Movimentos que visam a metas legislativas imediatas tendem a aparecer e desaparecer muito rápido. Os movimentos que conseguiram provocar uma ampla transformação moral da sociedade no país (do movimento abolicionista ao feminismo) levaram muito mais tempo para ver resultados concretos. Mas quando acontecem, esses resultados são profundos e duradouros. Em um ano, o Occupy conseguiu identificar o problema — um sistema de poder de classe que fundiu governo e finanças em uma coisa só — e propor uma solução: a criação de uma cultura genuinamente democrática. Se for bem-sucedido, é provável que leve muito tempo. Mas os efeitos serão históricos.

3. "A plebe começa a pensar e a raciocinar"

A história oculta da democracia

Ler os relatos sobre movimentos sociais escritos por conservadores declarados pode ser estranhamente revigorante. Particularmente quando se está acostumado a lidar com os *liberais*. Os *liberais* são sensíveis e imprevisíveis, porque alegam compartilhar das ideias dos movimentos radicais — democracia, igualitarismo e liberdade —, mas também deram um jeito de se convencer de que, na prática, esses ideais são inatingíveis. Por isso, qualquer pessoa determinada a criar um mundo com base nesses princípios é vista por eles como uma espécie de ameaça moral. Reparei nisso durante o período do Movimento de Justiça Global.

Muitos representantes da "mídia *liberal*" tinham uma atitude defensiva por meio da chacota, que, à sua maneira, era tão cáustica quanto as coisas que a direita atirava sobre nós. Ao ler as críticas ao movimento, eu me dei conta de que membros mais velhos dos meios de comunicação, por terem frequentado a faculdade na década de 1960, se consideravam ex-revolucionários estudantis, mesmo que apenas por associação de geração. Era possível perceber no trabalho deles uma luta que travavam consigo mesmos: tentavam se convencer de que, embora agora trabalhassem para o *establishment*, não tinham se vendido de fato, porque, afinal, seus antigos sonhos revolucionários eram profundamente irrealistas e, na verdade, lutar pelo direito ao aborto ou pelo casamento gay é o mais radical que alguém pode ser de forma realista.

Se você é um radical, pelo menos em relação aos conservadores você sabe qual é sua posição: eles são seus inimigos. Quando eles querem entendê-lo, é apenas para eliminá-lo com mais facilidade. Isso nos dá certa clareza. E significa também que às vezes eles querem sinceramente entendê-lo.

Nos primeiros dias do Occupy Wall Street, o primeiro grande ataque da direita veio na forma de um ensaio na *Weekly Standard* escrito por um tal de Matthew Continetti com o título "Anarchy in the U.S.A.: The Roots of American Disorder" [Anarquia nos Estados Unidos: As raízes da desordem americana].[1] "Tanto a esquerda quanto a direita", defendia Continetti, "cometeram o erro de pensar que as forças por trás do Occupy Wall Street estão interessadas em política democrática e em resolver problemas." Na verdade, o núcleo do movimento era formado por anarquistas que sonhavam com um paraíso socialista utópico tão particular quanto os Falanstérios de Charles Fourier ou comunidades de amor livre como Nova Harmonia em 1840. O autor continua, citando defensores do anarquismo contemporâneo, sobretudo Noam Chomsky e eu:

> Essa rebelião permanente leva a alguns resultados previsíveis. Ao negar a legitimidade da política democrática, os anarquistas comprometem sua capacidade de afetar a vida das pessoas. Eles não querem um movimento por salários dignos; não é um debate sobre os impostos de Bush. Os anarquistas não acreditam em salários, e certamente não acreditam em impostos. David Graeber, antropólogo e figura importante no Occupy Wall Street, coloca a questão da seguinte forma: "Ao participar de debates sobre política, o melhor que se pode conseguir é limitar os danos, uma vez que a própria premissa é hostil à ideia de que pessoas administrem seus próprios assuntos." A razão pela qual o Occupy Wall Street não tem uma agenda é que o anarquismo permite essa possibilidade. Tudo o que um anarquista

pode fazer é dar o exemplo — ou derrubar a ordem vigente por meio da violência.

O texto é típico: alterna ideias legítimas com uma série de difamações calculadas e insinuações destinadas a fomentar a violência. É realmente verdade que os anarquistas, como eu disse, se recusaram a entrar no sistema político, mas fizeram isso porque ele é antidemocrático, tendo se reduzido a um sistema de um assumido suborno institucionalizado sustentado pela força coercitiva.

Queríamos tornar a degradação do sistema evidente para todo mundo, nos Estados Unidos e em todos os outros lugares. Foi isso que o OWS fez, de um modo muito mais eficaz que declarações políticas, por mais que fossem feitas em grande quantidade. Dizer que o movimento não tem agenda, portanto, é um absurdo. Afirmar que não temos escolha senão recorrer à violência, apesar da cuidadosa atitude não violenta dos ocupantes, é uma declaração de quem está tentando desesperadamente justificar a violência.

O artigo passa então a traçar corretamente as origens das atuais redes anticapitalistas globais, que remontam à revolta zapatista em 1994. E, mais uma vez corretamente, observa as políticas antiautoritárias desses grupos, a rejeição da possibilidade de tomar o poder pela força e o uso da internet. Continetti conclui:

> Há mais de duas décadas, tem se desenvolvido uma infraestrutura intelectual, financeira, tecnológica e social para minar o capitalismo global. Estamos no meio da sua mais recente manifestação. (...) As cidades de barracas formadas pelos ocupantes são autogovernadas, comunitárias, igualitárias e em rede. Elas rejeitam a política cotidiana. Fomentam a vida boêmia e o confronto com as autoridades civis. São os Falanstérios e a Nova Harmonia* atualizados para os tempos pós-modernos, que de repente surgiram no meio da cidade.

---

* Comunidades criadas nos Estados Unidos no século XIX com base nas ideias do socialista utópico Charles Fourier. (N. T.)

> Pode até não haver tantos ativistas assim nos acampamentos. E eles podem parecer bobos ou até grotescos. Podem resistir à ideia de "agenda" e de "política". Podem não concordar sobre o que querem e quando querem. E podem desaparecer quando o inverno chega, os *liberais* perdem a paciência e os expulsam de suas praças. Mas os utópicos e anarquistas reaparecerão. (...) E a ocupação vai persistir enquanto houver quem acredite que as desigualdades de propriedade são injustas e que a irmandade dos homens pode ser estabelecida na Terra.

É por isso que os anarquistas acham esse tipo de coisa de uma honestidade revigorante. O autor não esconde seu desejo de nos ver na cadeia, mas pelo menos faz uma avaliação honesta do que está em jogo.

Entretanto, um tema escandalosamente desonesto perpassa todo o artigo da *Weekly Standard*: a confusão intencional entre "democracia" e "política cotidiana", ou seja, o lobby, a arrecadação de fundos, o trabalho para campanhas eleitorais e outras formas de participação no atual sistema político americano. A premissa é: o autor é a favor da democracia e os ocupantes, ao rejeitarem o sistema, contra. Na verdade, a tradição conservadora que produz e sustenta revistas como a *Weekly Standard* é profundamente antidemocrática. Seus heróis, de Platão a Edmund Burke, são, de maneira quase uniforme, homens que se opuseram por princípio à democracia. E seus leitores ainda gostam de declarações do tipo "Os Estados Unidos não são uma democracia, mas uma república". Além disso, os argumentos que Continetti desenvolve no texto — movimentos inspirados no anarquismo são instáveis, confusos, ameaçam o ordenamento da propriedade privada e levam necessariamente à violência — são exatamente os mesmos que os conservadores vêm dirigindo ao longo dos séculos contra a própria democracia.

Na realidade, o OWS é inspirado no anarquismo, mas justamente por isso se encaixa com perfeição na tradição de democracia popular a que conservadores como Continetti sempre se opuseram ferrenhamente. O anarquismo não significa a negação da democracia, ou, pelo menos, de nenhum dos aspectos da democracia que sempre agradaram à maioria dos americanos. O anarquismo quer levar esses princípios fundamentais da democracia a uma conclusão lógica. É difícil enxergar isso porque a palavra "democracia" tem uma história amplamente contestada — tanto é assim que, hoje, a maioria dos comentaristas e políticos nos Estados Unidos usa o termo para se referir a uma forma de governo que tem como finalidade explícita impedir o que John Adams chamou de "os horrores da democracia".[2]

*

Como mencionei no início do livro, a maior parte da população desconhece o fato de que a Declaração de Independência e a Constituição não mencionam que os Estados Unidos sejam uma democracia.* Os participantes da elaboração desses documentos fundadores prontamente concordaram com John Winthrop, um religioso puritano do século XVII que disse que "a democracia é, para a maioria das nações civis, considerada a pior e a mais vil de todas as formas de governo".[3]

A maioria dos Pais Fundadores aprendeu tudo o que sabia sobre o tema da democracia por meio da tradução de Thomas Hobbes para o inglês de *História*, de Tucídides, um relato sobre a Guerra do Peloponeso. A tradução pretendia ser um alerta de Hobbes sobre os perigos da democracia — e ele teve o cuidado de informar os leitores de suas intenções. Consequentemente, os Fundadores usavam a palavra no sentido grego antigo, que é o de autogoverno comunitário por meio de assembleias populares, tal como na ágora ateniense. Era o que hoje chamaríamos de "democracia direta". Pode-se dizer que era um sistema de governo por assembleias gerais, exceto pelo fato de que elas deveriam operar exclusivamente pela regra da maioria simples (51 por cento x 49 por cento).

James Madison, em suas contribuições para a série de artigos de *The Federalist Papers* [O federalista], deixou claro por que achava esse tipo de democracia ateniense ser não apenas impossível em uma grande nação contemporânea (por definição, ela não consegue ope-

---

* Tampouco há referência a ela nas treze constituições estaduais originais criadas após a Revolução.

rar sobre uma área geográfica extensa), mas também indesejável, já que a história havia mostrado que qualquer sistema de democracia direta se reduziria inevitavelmente ao facciosismo (um sistema dividido em facções ou partidos que disputam entre si), à demagogia e, finalmente, à tomada do poder por algum ditador disposto a restaurar a ordem e o controle.

> Uma democracia pura, ou seja, uma sociedade constituída por um pequeno número de cidadãos que se reúnem e administram o governo pessoalmente, não admite cura para os males do facciosismo. (...) Por isso é que essas democracias sempre foram espetáculos de turbulência e discórdia. Já foram consideradas incompatíveis com a segurança pessoal e os direitos de propriedade; e, em geral, suas vidas são tão curtas quanto suas mortes são violentas.[4]

Como todos os homens que conhecemos como Pais Fundadores, Madison dizia que sua forma preferida de governo, a "república", era bastante diferente:

> Em uma democracia, as pessoas se encontram e exercem o governo pessoalmente; em uma república, elas se reúnem e administram o governo por meio de seus representantes e agentes. A democracia, por conseguinte, tem que se restringir a um lugar pequeno. A república pode ser estendida a uma grande região.[5]

Essa noção de "representantes" que administram as repúblicas pode parecer estranha à primeira vista, uma vez que tomaram o termo "república" emprestado da Roma Antiga, e os senadores romanos não eram eleitos, eram aristocratas que ocupavam seus lugares por direito de nascimento — o que significa que não eram realmente "representantes e agentes" de ninguém senão de si mesmos. A ideia de órgãos representativos foi algo que os Fundadores herdaram dos britânicos durante a Revolução: os governantes da nova nação seriam aqueles que haviam sido eleitos, por meio do voto de homens de posses, para assembleias representativas, como o Congresso Continental, originalmente concebido para permitir alguma medida de autogoverno ainda sob a autoridade do rei. Após a Revolução, transferiram imediatamente o poder de governo do rei George III para si mesmos. Em consequência, os órgãos representativos passaram a atuar sob a autoridade do povo, mesmo que a definição de povo fosse bastante restrita.

O costume de eleger representantes para esses organismos não era novo. Na Inglaterra, remontava, pelo menos, ao século XIII. Por volta do século XV, tornou-se uma prática padrão que os homens com posses escolhessem seus representantes parlamentares mandando seus votos (em geral registrados com entalhes em varetas de madeira) ao xerife. Naquela época, nunca teria ocorrido a alguém que esse sistema tivesse alguma coisa a ver com a "democracia".[6]

As eleições eram consideradas uma extensão do sistema de governo monárquico, já que os representantes não tinham poderes para governar. Eles não governavam nada, coletiva ou individualmente; seu papel era falar em nome ("representar") dos habitantes de seu distrito diante do poder soberano do rei, para oferecer conselhos, expressar queixas e, acima de tudo, entregar os impostos de sua região. Assim, embora fossem impotentes, e as eleições, raramente contestadas, o sistema de representantes eleitos era considerado necessário de acordo com o princípio jurídico medieval do consentimento então vigente: achava-se que, embora as ordens viessem naturalmente de cima e, por isso, pessoas comuns não devessem ter nenhum papel na elaboração de políticas, elas também não poderiam ser obrigadas a cumprir ordens com as quais não tivessem, em um sentido amplo, consentido.

É verdade que depois da Guerra Civil Inglesa, o Parlamento começou a querer ter o direito de opinar sobre o uso das receitas fiscais, criando o que os formuladores da Constituição chamaram de "monarquia limitada". Ainda assim, a ideia, que nasceu nos Estados Unidos, de dizer que o povo pode exercer poder soberano — o poder antes exercido por reis — votando em representantes com real poder para governar, foi uma invenção reconhecidamente inovadora.[7]

A Guerra de Independência dos Estados Unidos tinha sido travada em nome do "povo". Os constituintes acharam então que, para tornar a revolução legítima, "a população inteira" teria de ser consultada em algum momento. Mas todo o propósito da Constituição era garantir que essa forma de consulta fosse extremamente restrita, para evitar os "horrores da democracia". Na época, pessoas instruídas supunham que em todas as sociedades humanas de que se tinha conhecimento havia, em medidas diferentes, três princípios elementares de governo: a monarquia, a aristocracia e a democracia. Os formuladores da Constituição Americana concordavam com antigos teóricos que consideravam a República romana o mais perfeito equilíbrio entre os três.

A Roma republicana tinha dois cônsules (eleitos pelo Senado), que preenchiam a função monárquica; uma classe aristocrática permanente de senadores; e assembleias populares com poderes limitados. As assembleias selecionavam magistrados entre aristocratas candidatos e dois tribunos, que representavam o interesse da classe plebeia. Os tribunos não podiam votar ou mesmo entrar no Senado (sentavam-se do lado de fora da porta), mas tinham poder de veto sobre as decisões dos senadores.

A Constituição dos Estados Unidos foi concebida para se atingir um equilíbrio similar. A função monárquica seria exercida por um presidente eleito pelo Senado; o Senado deveria representar os interesses aristocráticos dos ricos; e o Congresso, o elemento democrático. As competências do Congresso se reduziam praticamente à arrecadação e ao gasto de dinheiro, já que, afinal, a Revolução tinha sido travada sob o princípio de que "não há tributação sem representação". As assembleias populares foram eliminadas por completo.

As colônias americanas não tinham aristocracia hereditária, mas os constituintes esperavam criar o que chamaram explicitamente de "aristocracia natural", com a eleição de um monarca e de representantes — todos temporários. Essa aristocracia seria formada pelas classes instruídas e com posses, que tinham a mesma sóbria preocupação com o bem-estar público que acreditavam caracterizar o Senado romano de Cícero e Cincinato.

Acredito que valha a pena nos demorarmos um pouco nesse ponto. Quando os constituintes falavam em "aristocracia", não estavam usando o termo metaforicamente. Sabiam muito bem que estavam criando uma nova forma política que fundia elementos democráticos e aristocráticos. Durante a história europeia até então, as eleições haviam sido consideradas a quintessência da seleção aristocrática de funcionários públicos, conforme insistia originalmente Aristóteles. Nas eleições, a massa escolhe quem acredita ser o melhor candidato dentre um número restrito de políticos profissionais que alegam ser mais sábios e cultos que os demais. Isso é o que "aristocracia" significa literalmente: "governo dos melhores".

As eleições eram o meio pelo qual os exércitos mercenários escolhiam seus comandantes, ou os nobres disputavam o apoio de futuros seguidores. A abordagem democrática, amplamente adotada no mundo antigo, mas também em cidades renascentistas como Florença, se constituía em um sorteio, ou, como também era chamada, um "sorteamento". Essencialmente, o procedimento era reunir os nomes de quem se dispusesse a ocupar cargos públicos na comunidade e, depois de uma triagem de competências básicas, escolher nomes ao acaso. Assim, assegurava-se que todas as partes interessadas e competentes tivessem a mesma chance de ocupar cargos públicos. Também minimizava a possibilidade de faccionismo, uma vez que não fazia nenhum sentido fazer promessas para conquistar determinado eleitorado se a escolha seria feita por sorteio. (As eleições, por definição, estimulavam esse tipo de divisão, por razões óbvias.)

É impressionante constatar que, enquanto no período imediatamente anterior às revoluções francesa e americana se vê um intenso debate entre pensadores iluministas, como Montesquieu e Rousseau, sobre os méritos relativos da eleição e do sorteio, os criadores das constituições revolucionárias, nas décadas de 1770 e 1780, nem sequer consideraram adotar o método de sorteio. O único uso que encontraram para ele foi no sistema de júri, e foi mantido em grande medida porque já existia, herdado da tradição da *common law* inglesa.* E até mesmo o sistema de júri era obrigatório, e não faculta-

---

* A *common law* (lei comum) é um sistema jurídico mais utilizado em países anglosaxões. Tem como fonte do direito os costumes, as leis e os precedentes, diferentemente da *civil law* (lei civil), estrutura adotada no Brasil e em outros países latinos e germânicos, baseada principalmente na letra da lei. (N.E.)

tivo; os membros do júri eram (e ainda são) regularmente lembrados de que seu papel não é considerar a justiça da Lei, mas tão somente julgar as provas.

Não haveria assembleias. Não haveria sorteios. Os Pais Fundadores defendiam que a soberania pertence ao povo, mas que, a menos que ele pegasse em armas em outra revolução, o povo *só* poderia exercer essa soberania escolhendo entre os membros de uma classe de homens superiores — superiores porque tinham formação como advogados e também porque, por virem das classes ricas, eram mais sábios e mais capazes que as próprias pessoas para compreender os verdadeiros interesses do povo. Uma vez que "o povo" também seria obrigado a obedecer às leis aprovadas pelos órgãos legislativos presididos por essa nova aristocracia natural, a noção de soberania popular dos Fundadores não estava tão distante da antiga noção medieval do consentimento a ordens superiores.

*

Ao ler a obra de John Adams ou *O federalista* podemos nos perguntar por que esses autores passaram tanto tempo discutindo os perigos do estilo ateniense de democracia direta. Afinal de contas, era um sistema político que não existia havia mais de dois mil anos, e nenhuma grande figura política da época defendia abertamente seu restabelecimento.

É aqui que se torna útil considerar o contexto político mais amplo. Pode não ter havido democracias no Atlântico Norte no século XVIII, mas muitos homens se autointitulavam "democratas". Nos Estados Unidos, Tom Paine é talvez o exemplo mais famoso. No mesmo período em que o Congresso Continental começava a considerar romper relações com a Coroa Inglesa, o termo passava por uma espécie de renascimento na Europa. Os populistas contrários ao governo aristocrático começaram a se referir cada vez mais a si mesmos como "democratas" — a princípio, ao que parece, sobretudo como provocação, da mesma maneira desafiadora que o movimento pelos direitos gay adotou a palavra *"queer"*.* Em quase todos os lugares, eles eram uma pequena minoria de agitadores, não intelectuais. Poucos propuseram uma teoria mais elaborada sobre governo. A maioria parece ter se envolvido em campanhas contra os privilégios da nobreza e do clero, ou por valores básicos como igualdade perante a lei.

Quando as revoluções eclodiram, esses homens encontraram seu lugar nas reuniões de massa e assembleias que sempre acontecem nessas situações — fosse nas reuniões na câmara municipal da Nova Inglaterra ou nas "seções" das revoluções francesas. Vários deles viam nessas assembleias potenciais peças fundamentais para uma nova ordem política.⁸ Uma vez que, ao contrário do que acontecia com órgãos eleitos, não era necessário ter posses para votar nas grandes assembleias, elas tendiam a levar em consideração ideias muito mais radicais.

Nos anos que antecederam imediatamente a Revolução Americana, os Patriotas recorreram bastante às reuniões de massa, e também convocaram a "plebe" ou "plebeus" (como gostavam de chamá-los) para ações de massa, como o Bostona Tea Party.** Muitas vezes ficavam apavorados com os resultados. Em 19 de maio de 1774, por exemplo, uma grande reunião foi convocada em Nova York para discutir um boicote a impostos em resposta ao fechamento do Porto de Boston por parte da Inglaterra — foi realizada provavelmente não muito longe do atual Parque Zuccotti. Aparentemente foi aí que surgiu a primeira proposta de um Congresso Continental.

Em uma carta, Gouverneur Morris, então chefe de Justiça de New Jersey, descendente da família que possuía a maior parte do que é hoje o Bronx, descreve ter visto mecânicos e comerciantes que estavam de folga acabarem em um longo debate com membros da elite sobre "futuras formas de governo e as vantagens e desvantagens de

---

* O termo, que significa "esquisito", "fora do normal", é usado pelos próprios movimentos LGBT para designar todos os comportamentos sexuais diferentes da heterossexualidade. (N. T.)
** O Boston Tea Party (1773) foi um protesto político dos colonos ingleses em Boston contra o governo britânico, no qual três navios cheios de chá pertencentes à Companhia Britânica das Índias Orientais tiveram sua carga atirada ao mar. É considerado um evento-chave no amadurecimento da Guerra de Independência dos Estados Unidos.

elas adotarem princípios aristocráticos ou democráticos". À medida que os ricos argumentavam sobre o mérito de manter a Constituição Inglesa então vigente (extremamente conservadora), açougueiros e padeiros respondiam com argumentos dos irmãos Tibério e Caio Graco e de Políbio.

> Estava na varanda e à minha direita estavam todas as pessoas de posses, com alguns poucos dependentes pobres; do outro lado, todos os comerciantes etc., que consideraram que valia a pena, pelo bem do país, deixar o trabalho. O espírito da Constituição Inglesa ainda tem um pouco de influência, mas só um pouco. Suas reminiscências, no entanto, atribuem superioridade aos ricos dessa vez. Mas para assegurá-la, precisam banir todos os professores, e manter todo o conhecimento apenas para si. Isso é impossível.
> A plebe começa a pensar e a raciocinar. Pobres répteis! Têm consigo uma manhã primaveril; lutam para acabar com o lamaçal de inverno; se refestelam sob o sol, e antes do meio-dia vão atacar, podem acreditar. A elite começa a ter medo.⁹

Morris também tinha medo. Ele concluiu, a partir do evento, que a plena independência da Grã-Bretanha seria uma péssima ideia, que "vejo com medo e temor; estaremos sob o pior de todos os domínios possíveis: o de uma plebe desordeira".

Mesmo assim, essa conclusão parece bastante insincera. O que o relato deixa claro é que Morris não se assustava com as paixões irracionais da "plebe", mas exatamente com o contrário: o fato de que vários mecânicos e comerciantes de Nova York aparentemente não apenas eram capazes de trocar referências clássicas com a elite, mas de formular argumentos fundamentados e profundos a favor da democracia. *A plebe começa a pensar e a raciocinar*. Já que parecia não haver maneira de negar-lhes acesso à educação, o único expediente que restava era contar com as forças armadas britânicas.

Morris finaliza a carta observando que a elite montou um comitê lotado de ricos para "enganar" as pessoas comuns e fazê-las acreditar que eles tinham as melhores intenções. Ao contrário da maioria dos proprietários de Nova York, Morris acabou por se juntar aos revolucionários e, no fim das contas, participou da elaboração do texto final da Constituição dos Estados Unidos, embora algumas de suas principais propostas na Convenção Constitucional tenham sido consideradas conservadoras demais até mesmo para os demais delegados, e não tenham sido aprovadas (por exemplo, que os senadores tivessem mandato vitalício).

Mesmo depois da guerra, foi difícil colocar o gênio da democracia de volta na garrafa. Mobilizações, reuniões em massa e ameaças de revolta popular persistiram. Assim como antes da Revolução, muitos desses protestos se centravam no tema da dívida. Discussões acaloradas sobre o que fazer com a dívida da guerra revolucionária tomaram conta do debate. A população queria deixar a inflação engoli-la e basear a moeda em cédulas emitidas por "bancos regionais" controlados pelo governo. O Congresso Continental teve uma postura contrária, seguindo o conselho de um rico comerciante da Filadélfia, Robert Morris (aparentemente sem parentesco com Gouverneur), que achava que os especuladores ricos que tinham comprado títulos da dívida a preços depreciados deveriam ser integralmente restituídos. Isso, segundo ele, faria com que a riqueza fluísse "para as mãos daqueles que a tornariam mais produtiva"; ao mesmo tempo, propunha a criação de um banco único, central, no modelo do Banco da Inglaterra, o que permitiria que a dívida nacional circulasse como um "novo meio de comércio".[10]

O sistema de transformar a dívida de guerra do governo na base da moeda foi consagrado e, de certa forma, ainda é o modelo atual do Federal Reserve. Mas nos primeiros tempos da república as consequências para os pequenos agricultores, que acabaram tendo que efetivamente pagar a dívida, foram catastróficas. Os milhares de veteranos que retornavam da Guerra Revolucionária muitas vezes eram recebidos pelas "caravanas do xerife", que iam até suas casas para confiscar seus bens mais valiosos.

O resultado foram ondas de mobilizações populares e pelo menos duas grandes revoltas, uma no oeste de Massachusetts e uma na zona rural da Pensilvânia. Houve inclusive apelos, em algumas regiões, para que se criassem leis de expropriação dos grandes especuladores.*

Para homens como Adams, Madison e Hamilton, projetos assim guardavam uma perturbadora semelhança com os movimentos revolucionários da Antiguidade, com seu apelo para a abolição de dívidas e a redistribuição de terras, e se tornaram prova *prima facie* de que os Estados Unidos nunca deveriam funcionar com base em um princípio de maioria. John Adams, por exemplo, disse:

> Se tudo fosse decidido pelo voto da maioria, os oito ou nove milhões de pessoas que não têm propriedades não pensariam em usurpar os direitos dos um ou dois milhões de pessoas que têm? (...)
> A primeira coisa seria a extinção das dívidas; depois, pesados impostos recairiam sobre os ricos e absolutamente nenhum sobre os demais; e, finalmente, uma divisão absolutamente igual de tudo seria exigida e votada. Qual seria a consequência disso? O ocioso, o vicioso, o destemperado não perderia tempo em adotar uma vida de indulgência plena, venderia e gastaria todo seu quinhão, e logo exigiria uma nova divisão de quem comprou dele. No momento em que a ideia de que a propriedade não é tão sagrada quanto as leis de Deus e de que não há uma força de lei e uma justiça pública capazes de protegê-la é admitida na sociedade, a anarquia e a tirania se iniciam.[11]

---

* As revoltas entraram para a História com os nomes de Rebelião de Shay e, ainda mais condescendente, a Rebelião do Uísque, embora este último nome tenha sido propositalmente inventado por Alexander Hamilton para que os rebeldes parecessem caipiras bêbados em vez de, como Terry Bouton demonstrou, cidadãos pedindo maior controle democrático (Bouton, *Taming Democracy: "The people", the founders and the Troubled Ending of the American Revolution*, Oxford, Oxford University Press, 1997). Há uma grande quantidade de pesquisas recentes sobre o tema: *Unruly Americans and the Origin of the Constitution*, de Woody Holton (Nova York, Hill & Wang, 2007) e *The Whiskey Rebellion* (Nova York, Simon & Schuster, 2006) e *Founding Finance: How Debt, Speculation, Foreclosures, Protests, and Crackdowns Made Us a Nation* (Austin, University of Texas Press, 2012), ambos de William Hogeland. A tradição intelectual remonta pelo menos ao famoso *An Economic Interpretation of the Constitution of the United States* (Nova York, McMillan, 1913), de Charles Beard, no qual ele apontou que os formuladores da Constituição eram quase todos portadores de obrigações do Tesouro embora suas conclusões iniciais tenham sido refinadas por pesquisas posteriores.

Da mesma forma, para Madison, o governo republicano não apenas era superior por ser capaz de operar em uma área geográfica ampla; era melhor ter um governo operando sobre uma ampla área geográfica porque se alguma vez houvesse "uma corrida por papel-moeda, pela extinção das dívidas, pela divisão igualitária de bens ou por qualquer outro projeto inadequado ou pernicioso",[12] isso provavelmente ocorreria em nível local — e um governo central forte garantiria que fosse rapidamente contido.

Era esse, portanto, o pesadelo que a democracia ateniense parecia representar para esses homens: se as assembleias na câmara municipal e as reuniões em massa de agricultores, mecânicos e comerciantes que haviam se formado nos anos que antecederam a Revolução se institucionalizassem, esse tipo de demanda — "extinção das dívidas (...), divisão igualitária da propriedade" — provavelmente surgiria. Temiam também o fantasma da orgia, do tumulto e da indisciplina que colocariam as paixões vulgares das massas no lugar do tipo de republicano solene que levou Roma à glória e a quem os Fundadores viam como modelo.

Outra citação reveladora de Adams sobre Atenas: "Do primeiro ao último momento de sua constituição democrática, a nação se caracterizou sobretudo por leviandade, regozijo, inconstância, esbanjamento, intemperança, indulgência e pela dissolução dos costumes."[13] O médico Benjamin Rush, dedicado membro da Sons of Liberty [Filhos da Liberdade],* na Filadélfia, achou que esse afrouxamento democrático dos costumes podia ser diagnosticado como uma espécie de doença — pensando particularmente nos efeitos das "mudanças nos hábitos de dieta, companhias e costumes produzidos pela abolição de dívidas justas por efeito da desvalorização da moeda":

> O excesso de paixão pela liberdade, inflamada pelo sucesso da guerra, produziu, em muitas pessoas, opiniões e condutas que

---

* A Sons of Liberty foi uma organização de colonos americanos originada nas Treze Colônias durante a Revolução Americana. A organização secreta foi formada para proteger os direitos dos colonos e lutar contra os impostos do governo britânico. Foram os responsáveis pelo Boston Tea Party, em 1773. (N. E.)

não puderam ser revogadas pela razão nem restringidas pelo governo. (...) A grande influência que essas opiniões tiveram sobre o entendimento, as paixões e a moral de muitos cidadãos dos Estados Unidos constitui uma espécie de insanidade, que tomarei a liberdade de distinguir pelo nome de *Anarchia*.[14]

A referência à "desvalorização da moeda" é bastante significativa. Para começar, o que levou os federalistas a convocarem a Assembleia Constituinte não foi apenas a ameaça de tumultos e rebeliões contra a política de moeda forte, o que poderia ter sido contido militarmente, mas o medo de que as forças "democráticas" pudessem começar a assumir governos estaduais e imprimir sua própria moeda. Tanto George Washington, então o homem mais rico do país, quanto Thomas Jefferson tinham perdido parte considerável de sua fortuna pessoal por causa desse sistema.

E era precisamente isso que já estava começando a acontecer na Pensilvânia. O estado tinha eliminado a exigência de propriedade para votar e rapidamente via a formação de uma legislatura populista que, em 1785, revogou o alvará do banco central de Robert Morris e começou a criar um sistema de crédito público, com papel-moeda projetado para se depreciar em valor ao longo do tempo, de modo a aliviar os endividados e frustrar os especuladores.

Um dos líderes da facção popular, o religioso quacre Herman Husband, a quem homens como Rush se referiam como "o louco de Alleghenies", disse abertamente que as medidas se justificavam porque as grandes desigualdades sociais impediam cidadãos livres de participar da política.*

Quando os redatores da Constituição se reuniram na Filadélfia em 1787 — entre eles Morris —, estavam determinados a impedir que aquele tipo de pensamento contaminasse outras pessoas. Para

---

* Husband também defendia uma distribuição de terras relativamente igualitária, fundamentado no fato de que a desigualdade de propriedades reduz a participação democrática. Também defendia distritos eleitorais pequenos, para que os representantes pudessem consultar seu eleitorado. É provável que Adams estivesse se referindo a ele ao declarar seu medo do voto de maioria.

se ter uma ideia do tom do debate na convenção, podemos tomar as observações iniciais de Edmund Randolph, então governador da Virgínia. Mesmo fora da Pensilvânia, as constituições estaduais não continham garantias suficientes contra o "governo exercido pelo povo":

> O principal perigo que corremos está nas partes democráticas de nossas constituições. É uma máxima que considero incontestável, que os poderes do governo exercido pelo povo engolem os demais ramos. Nenhuma das constituições fornece controle suficiente contra a democracia. O frágil Senado da Virgínia é um fantasma. Maryland tem um Senado mais forte, mas os últimos distúrbios no estado mostraram que ele não é poderoso o suficiente. O controle estabelecido na Constituição de Nova York e na de Massachusetts é uma barreira mais forte contra a democracia, mas ainda me parece insuficiente.*

O cientista político canadense Francis Dupuis-Déri mapeou cuidadosamente o modo como a palavra "democracia" foi usada por grandes figuras políticas nos Estados Unidos, na França e no Canadá durante os séculos XVIII e XIX, e descobriu, em todos os casos, exatamente o mesmo padrão. Quando a palavra começou a ser usada com alguma frequência, entre 1770 e 1800, foi empregada quase exclusivamente em sentido vexatório e ofensivo. Os revolucionários franceses desdenhavam da "democracia" quase tanto quanto os americanos. Ela era vista como anarquia, falta de governo e caos sem controle. Com o tempo, algumas pessoas começam a usar o termo como uma provocação: por exemplo, quando Robespierre, no auge do Terror, começou a se autointitular um democrata; ou quando, em 1800, Thomas Jefferson — que nunca mencionou a palavra "democracia" em seus primeiros

---

* Essa passagem é a epígrafe de *The Whiskey Rebellion*, de William Hogeland, que enfatiza o fato de o documento ter sido cuidadoso em evitar a democracia de fato.

escritos,* mas concorreu contra Adams como um radical, simpático aos organizadores dos levantes sobre a dívida e forte opositor do regime de banco central — decidiu renomear seu partido para "Democrata-Republicano".

Mas ainda levou algum tempo até que o termo entrasse em uso corrente.

Foi entre 1830 e 1850 que os políticos nos Estados Unidos e na França começaram a se identificar como democratas e a usar "democracia" para designar o regime eleitoral, ainda que nenhuma alteração constitucional ou transformação no processo de tomada de decisão justificasse essa mudança no uso do nome.

Ela ocorreu primeiro nos Estados Unidos. Andrew Jackson foi o primeiro candidato presidencial a se apresentar como democrata, um rótulo que usou para passar a ideia de que defenderia os interesses das pessoas comuns (em especial, os pequenos agricultores do Meio-Oeste e os trabalhadores das grandes cidades do Leste) contra os poderosos (burocratas e políticos de Washington e as classes mais altas das grandes cidades).[15]

Jackson concorreu como populista — mais uma vez defendendo o fim do sistema de banco central, o que conseguiu temporariamente. Como observa Dupuis-Déri, "Jackson e seus aliados tinham bastante consciência de que a utilização de 'democracia' era algo próximo do que hoje se chama de marketing político". Era basicamente uma manobra cínica, mas foi um sucesso estrondoso e, em dez anos, todos os candidatos de todos os partidos passaram a se considerar "democratas". O mesmo aconteceu em todos os lugares onde houve extensão dos privilégios de modo que cidadãos comuns passassem a poder votar (França, Inglaterra, Canadá). Assim, o próprio termo "democracia" também mudou. O elaborado sistema republicano que

---

* Nos doze volumes da obra reunida de Jefferson, a palavra "democracia" aparece uma única vez, em uma citação de Samuel von Pufendorf sobre as legalidades dos tratados. É claro que Jefferson foi, entre os Fundadores, o mais próximo de um defensor da democracia direta, com sua famosa ideia de dividir o país em milhares de "distritos" pequenos o suficiente para possibilitar a participação da população, permitindo que os cidadãos mantivessem o mesmo tipo de mobilização popular vista durante a Revolução. Mesmo a esses distritos, porém, se referia como pequenas repúblicas.

os Fundadores tinham criado com a finalidade expressa de conter os perigos da democracia passou a se chamar justamente "democracia", que é como até hoje utilizamos o termo.

*

Claramente, portanto, a palavra "democracia" significava algo diferente para a elite política e para americanos, franceses e ingleses comuns. A questão é precisamente o que ela significava. Devido à carência de fontes de informação, podemos apenas supor. Não temos como saber, por exemplo, que argumentos a plebe de Nova York usou depois que "começou a pensar e a raciocinar". Mas podemos reconstituir alguns princípios gerais.

Antes de mais nada, quando pessoas instruídas falavam em "democracia", estavam se referindo especificamente em um sistema de governo que remonta ao mundo antigo. Já os americanos comuns pareciam vê-la, como diríamos hoje, em termos sociais e culturais muito mais amplos. "Democracia" era para eles sinônimo de liberdade, igualdade, da capacidade de um simples agricultor ou comerciante de se dirigir a seus "superiores" com dignidade e respeito por si mesmo — o tipo de sensibilidade democrática mais ampla que logo impressionaria observadores de fora como Alexis de Tocqueville quando falaram sobre a Democracia na América duas gerações mais tarde. É difícil reconstruir as raízes dessa sensibilidade, assim como as verdadeiras raízes de muitas das inovações políticas que tornaram possíveis as grandes revoluções no século XVIII. Mas elas não parecem estar onde estamos acostumados a procurá-las.

Um dos motivos que nos fazem achar tão difícil reconstruir a história dessas sensibilidades democráticas e as formas cotidianas de organização e de decisão que elas inspiraram é o fato de estarmos acostumados a contar a história de uma maneira muito peculiar. É uma história que realmente só tomou forma com a Primeira Guerra Mundial, quando universidades dos Estados Unidos e de algumas partes da Europa começaram a difundir a noção de que a democracia era parte intrínseca do que eles chamavam de "civilização ocidental".

A própria ideia de que existia uma coisa chamada "civilização ocidental" era, na época, relativamente nova: a expressão não teria feito sentido na época de Washington ou Jefferson. De acordo com essa nova versão da história, que logo se tornou o evangelho dos conservadores americanos, mas é amplamente aceita por todos, a democracia é um conjunto de estruturas institucionais, com base no voto, que foi "inventada" na Grécia Antiga, e de alguma maneira se manteve incorporada a uma grandiosa tradição que viajou da Grécia a Roma, depois para a Inglaterra medieval, passou pela Itália renascentista e, finalmente, se instalou no Atlântico Norte, que escolheu como lar.

Essa formulação permitiu que apoiadores da Guerra Fria como Samuel Huntington argumentassem que estamos em meio a uma "guerra de civilizações", na qual o Ocidente livre e democrático tenta em vão impor seus valores ao resto do mundo. Como argumento histórico, é um óbvio exemplo de discurso falacioso. Nada nessa história faz sentido. Antes de mais nada, a única coisa que Voltaire, Madison ou Gladstone realmente tinham em comum com um habitante da Grécia Antiga era o fato de terem crescido lendo livros gregos antigos. Mas, se a tradição ocidental é simplesmente uma tradição intelectual, como se pode chamá-la de democrática?

Na verdade, nem um único autor grego antigo de que se tenha notícia era a favor da democracia, e praticamente todos os autores identificados com a "civilização ocidental" nos últimos 2.400 anos eram explicitamente antidemocráticos. Quando alguém tem a ousadia de dizer isso, em geral a reação dos conservadores é mudar de estratégia e dizer que o "Ocidente" é uma tradição cultural cujo singular amor à liberdade pode ser testemunhado já em documentos medievais como a Magna Carta e que apenas esperava a Era das Revoluções para irromper. Isso faz um pouco mais de sentido. Explicaria pelo menos o entusiasmo popular pela democracia em países como os Estados Unidos e a França, mesmo diante da desaprovação universal da elite.

Mas, se adotamos essa abordagem e dizemos que o "Ocidente" é de fato uma profunda tradição cultural, outras partes da história tradicional desmoronam. Por um lado, como se pode dizer que a tradição ocidental começa na Grécia? Afinal, se estamos falando em termos culturais, as pessoas hoje mais parecidas com os antigos gregos são, obviamente, os gregos modernos. No entanto, a maioria dos que celebram a "tradição ocidental" nem sequer pensa que a Grécia moderna seja parte do Ocidente (o país, ao que parece, foi banido por volta do ano 600 d.C., quando escolheu a variação errada do Cristianismo).

De fato, do modo como é usado atualmente, "o Ocidente" pode significar praticamente qualquer coisa. Pode ser usado para se referir a uma tradição intelectual, uma tradição cultural, um lócus do poder político ("intervenção ocidental"), ou pode ser até um termo racial ("os corpos descobertos no Afeganistão pareciam ser de ocidentais"), dependendo das necessidades do momento.

Portanto, se "civilização ocidental" é, essencialmente, algo que os conservadores americanos inventaram, não é de se estranhar que eles reagissem tão violentamente a uma ameaça a sua primazia. Na verdade, apesar de toda a sua incoerência, ela pode ser a única ideia poderosa que já tiveram.

Para termos alguma chance de entender a verdadeira história da democracia, temos que colocar tudo isso de lado e começar do zero. Se não vemos na Europa Ocidental dos séculos XVI, XVII e XVIII uma terra eleita, então o que vemos?

Bem, em primeiro lugar, vemos um grupo de reinos no Atlântico Norte que estavam, quase todos, se *afastando* da forma anterior de participação popular e formando governos cada vez mais centralizados e absolutistas. Lembremos: até aquele momento, o norte da Europa era um tanto atrasado. Durante esse período, as sociedades europeias estavam se expandindo para toda parte por meio de projetos de comércio exterior, conquista e colonização na Ásia, na África e nas Américas, e estavam, em consequência, sendo inundadas por uma profusão inebriante de novas e desconhecidas ideias políticas. A maioria dos intelectuais europeus que se defrontaram com essas ideias estava interessada em usá-las para criar monarquias ainda mais fortes e centralizadas, como o acadêmico alemão Leibniz, que encontrou inspiração no exemplo da China, por sua uniformidade cultural, seu conselho nacional de exames e seu serviço público racional; ou Montesquieu, que ficou igualmente intrigado com o exemplo da Pérsia. Outros (John Locke, por exemplo, ou muitos dos outros filósofos políticos ingleses tão amados pelos Pais Fundadores) ficaram fascinados com a descoberta de sociedades na América do Norte que pareciam ser a um tempo muito mais igualitárias e mais individualistas do que os europeus já haviam imaginado.

Na Europa, abundavam panfletos e argumentos sobre o significado e as implicações políticas e morais dessas possibilidades sociais recém-descobertas. Nas colônias americanas, essa não era uma questão de mera reflexão intelectual. Os primeiros colonos europeus na América do Norte enfrentavam uma situação paradoxal: estavam em contato direto com as nações indígenas e eram obrigados a aprender muitos de seus costumes para serem capazes de sobreviver no ambiente deles; mas ao mesmo tempo os estavam deslocando e exterminando massivamente. Nesse processo, os colonos e especialmente seus filhos começaram a agir cada vez mais como índios — pelo menos de acordo com os relatos escandalizados dos líderes das primeiras comunidades de colonos.

Isso é importante porque a maioria dos debates sobre a influência das sociedades indígenas na democracia americana não leva em conta a profunda transformação cultural que resultou desse convívio. Há um vigoroso debate sobre o tema desde os anos 1980. Em geral, a literatura acadêmica se refere a ele como "o debate sobre a influência". Embora os estudiosos que o iniciaram, os historiadores Donald Grinde (ele próprio um indígena) e Bruce Johansen tenham tentado uma discussão mais abrangente, o debate acabou se fixando em uma questão muito específica: se determinados elementos da Constituição americana, particularmente sua estrutura federal, teriam sido inspirados originalmente no exemplo da Liga das Seis Nações dos Haudenosaunee, ou Iroqueses.

Esse debate específico começou em 1977, quando Grinde afirmou que a ideia de uma federação de colônias parecia ter sido proposta pela primeira vez por um embaixador Onondaga de nome Canassatego durante as negociações sobre o Tratado de Lancaster, em 1744. Exausto por ter que negociar com seis colônias diferentes, o indígena quebrou uma flecha ao meio para mostrar como era fácil; em seguida, pegou um feixe de seis flechas e desafiou seus interlocutores a tentar parti-lo (o feixe ainda aparece no selo da União dos Estados Unidos, embora o número de flechas tenha sido ampliado para treze). Benjamin Franklin, que tomou parte nas negociações, propôs mais tarde que as colônias adotassem um sistema federal, embora, a princípio, sem sucesso.

Grinde não foi o primeiro a sugerir que as instituições federais dos Iroqueses poderiam ter tido alguma influência sobre a Constituição dos Estados Unidos. Ideias semelhantes foram propostas ocasionalmente no século XIX; naquele momento, ninguém achou nada de particularmente ameaçador ou notável nelas. Mas, quando foi proposta novamente na década de 1980, desencadeou uma tempestade. O Congresso aprovou uma lei reconhecendo a contribuição dos Haudenosaunee, o que despertou a ira dos conservadores, que não aceitavam nenhuma sugestão de que os Fundadores pudessem ter sido influenciados por outra coisa que não a tradição da "civilização ocidental".

Quase todos os estudiosos de ascendência indígena abraçaram a ideia, e ainda enfatizaram que esse era apenas um exemplo de um processo mais amplo da influência que o amor à liberdade das sociedades indígenas exerceu sobre os colonos. De outro lado, antropólogos (não nativos) especializados nas Seis Nações e historiadores da Constituição americana insistiam em concentrar o debate exclusivamente na questão constitucional, e por isso rejeitaram o argumento. Ou seja, insistiam em dizer que, apesar do fato de muitos dos Fundadores terem participado das negociações com a federação Haudenosaunee, e apesar do fato de que esse era o único sistema federal com o qual tinham tido contato direto, a experiência não teria tido nenhuma importância para eles quando refletiam a respeito de como criar seu próprio sistema federal.

Falando assim, pode parecer uma afirmação absurda. Mas ela é plausível. E a razão para isso é o fato de que, quando os autores de *O*

Federalista discutiram abertamente as vantagens e desvantagens dos diferentes tipos de sistemas federais, não mencionaram aquele que tinham visto, mas sim outros sobre os quais haviam apenas lido: a organização da Judeia na época do Livro dos Juízes, a Liga Aqueia, a Confederação Suíça e as Províncias Unidas dos Países Baixos. Quando se referem aos povos indígenas, habitualmente o fazem chamando-os de "os selvagens americanos", indivíduos que talvez devessem ser celebrados vez ou outra como exemplares de liberdade individual, mas cuja experiência política, por essa mesma razão, era rigorosamente irrelevante. John Adams, por exemplo, os comparou aos antigos godos, um povo, segundo ele, incomum porque conseguia realmente sustentar um sistema de governo amplamente democrático sem estarem mergulhados em distúrbios violentos. Para ambos os povos, concluiu ele, isso era possível porque eram dispersos e indolentes demais para ter acumulado uma quantidade significativa de bens e, portanto, não precisavam de instituições destinadas a proteger a riqueza.

O debate constitucional, contudo, era um espetáculo à parte, uma maneira de manter o foco nos hábitos de leitura da elite instruída e nos tipos de argumentos e alusões que consideravam apropriados ao debate aberto. Por isso, embora os Fundadores certamente tivessem consciência da metáfora das flechas usada por Canassatego — afinal, usaram a imagem no brasão de sua nova república —, ao que parece nunca lhes ocorreu se referir a ela em suas publicações, palestras ou debates. Até os açougueiros e construtores de carruagens de Nova York sabiam que, quando debatiam com a elite, tinham que adornar seus argumentos com várias referências clássicas.

Se quisermos explorar as origens dessas sensibilidades democráticas que fizeram nova-iorquinos comuns sentirem simpatia pela ideia de um regime democrático, ou mesmo descobrir onde as pessoas tiveram uma experiência prática e direta com a tomada de decisão coletiva que possa ter influenciado seu entendimento sobre a democracia, temos que olhar além das salas de estar da elite instruída. Na verdade, logo nos vemos em lugares que podem parecer, à primeira vista, impressionantes.

Em 1999, um dos principais historiadores contemporâneos da democracia europeia, John Markoff, publicou um ensaio chamado "Where and When Was Democracy Invented?" [Onde e quando a democracia foi inventada?]. No artigo há a seguinte passagem:

> A ideia de a liderança derivar do consentimento do comandado em vez de ser outorgada por uma autoridade superior deve ter sido uma experiência das tripulações de navios piratas nos primórdios do mundo atlântico moderno. As tripulações piratas não só elegiam seus capitães, mas também conheciam o poder compensatório (nas formas do contramestre e do conselho do navio) e relações contratuais entre indivíduo e coletividade (sob a forma de documentos que especificavam as quotas dos saques e as taxas de indenização por acidentes de trabalho).[16]

Ele faz a observação muito de passagem, mas, de certa forma, é um exemplo revelador. Se as constituições dos navios forem algo em que podemos nos guiar, a organização típica de navios piratas do século XVIII era notavelmente democrática.[17] Os capitães não eram apenas eleitos, mas geralmente funcionavam de modo muito parecido com os chefes de guerra indígenas: tinham poder total durante perseguições e combate, mas, em outras ocasiões, eram tratados como todos os demais membros da tripulação. Os navios que concediam aos capitães poderes mais amplos também garantiam à tripulação o direito de destituí-los a qualquer momento por covardia, crueldade ou qualquer outro motivo. Em todos os casos, uma assembleia geral dava a última palavra, se pronunciando muitas vezes até sobre assuntos menores — e usando sempre, aparentemente, as mãos para expressar a vontade da maioria.

Isso não é surpreendente se considerarmos as origens dos piratas. Eles eram em geral rebeldes, marinheiros originalmente forçados a ingressar no serviço contra a vontade em cidades portuárias do Atlântico que, depois de se amotinar contra os capitães tirânicos, "declaravam guerra contra o mundo inteiro". Então, se tornavam bandidos sociais clássicos, infligindo sua vingança contra capitães que maltratavam as tripulações e liberando ou até recompensando aqueles de quem não tinham reclamações.

A composição das tripulações era extremamente heterogênea. De acordo com *Villains of All Nations* [Vilões de todas as nações], de Marcus Rediker, "A tripulação sob o comando do pirata Black Sam Bellamy, em 1717, era 'uma miscelânea de todos os países', incluindo britânicos, franceses, holandeses, espanhóis, suecos, indígenas americanos, afro-americanos e duas dezenas de africanos que tinham sido libertados de um navio negreiro".[18] Em outras palavras, estamos lidando com um conjunto de pessoas que provavelmente tinham pelo menos algum conhecimento direto de uma gama muito ampla de instituições diretamente democráticas: dos *things* (conselhos) suecos às assembleias de aldeias africanas, passando pelas estruturas federais dos indígenas. Essas pessoas se viam de repente forçadas a improvisar algum tipo de autogoverno diante da ausência completa de qualquer forma de Estado. Era o espaço intercultural perfeito para experimentação. É improvável que houvesse um terreno mais propício para o desenvolvimento de novas instituições democráticas em qualquer outro local do mundo atlântico na época.

Será que as práticas democráticas desenvolvidas em navios piratas que cruzavam o Atlântico no início do século XVIII tiveram alguma influência — direta ou indireta — sobre a evolução das constituições democráticas no mundo do Atlântico Norte sessenta ou setenta anos mais tarde? É possível. Não restam dúvidas de que os mecânicos e comerciantes típicos de Nova York naquele século passavam várias horas contando histórias de piratas enquanto bebiam nos bares das docas. Circulavam muitos relatos sensacionalistas sobre piratas, e é provável que homens como Madison ou Jefferson tenham lido alguns deles, ao menos quando eram crianças. Mas é impossível saber se realmente pinçaram alguma ideia deles. Mesmo que essas histórias os tenham influenciado de fato, jamais reconheceriam isso publicamente.

Pode-se até especular sobre a existência de uma espécie de amplo inconsciente democrático que estaria por trás de muitas das ideias e argumentos da Revolução Americana, ideias cujas origens incomodaram até mesmo cidadãos comuns por estarem tão fortemente associadas à selvageria e à criminalidade. Os piratas são apenas o exemplo mais nítido. Ainda mais importante nas colônias americanas eram as sociedades das regiões ainda não colonizadas. Mas essas primeiras colônias eram muito mais semelhantes aos navios piratas do que podemos imaginar. As comunidades das regiões ainda não colonizadas podem não ter sido tão densamente povoadas quanto os navios piratas, ou podem não ter tido necessidade imediata de cooperação constante, mas eram espaços de improvisação intercultural, e, assim como os navios piratas, em grande parte, fora do alcance do Estado.

Foi só recentemente que os historiadores começaram a documentar o quão completamente enredadas eram as sociedades dos colonos e os nativos naqueles primeiros tempos.[19] Os colonos adotaram os alimentos, as roupas, os remédios, os costumes e o estilo de fazer guerra dos índios. Muitos estabeleceram relações comerciais, muitas vezes vivendo lado a lado, às vezes se casando. Outros colonos viveram por anos como cativos em comunidades indígenas antes de retornar para suas casas, tendo aprendido seu idioma, seus hábitos e costumes. Acima de tudo, os historiadores têm observado o imenso medo, demonstrado pelos líderes das comunidades coloniais e das unidades militares, de que, assim como haviam adotado as machadinhas, as canoas e as contas sagradas feitas de conchas para usar como moeda, seus subordinados estivessem começando a assimilar as atitudes dos índios a respeito da igualdade e da liberdade individual.

O resultado foi uma transformação cultural que afetou quase todos os aspectos da vida dos colonos. Os puritanos, por exemplo, achavam a punição física essencial para a educação dos filhos: uma vara era usada para ensinar às crianças o significado da autoridade, para frear a vontade (maculada pelo pecado original) da mesma forma como se freia um cavalo ou outro animal. Também sustentavam que a vara era necessária na vida adulta para disciplinar mulheres e servos. Os indígenas, ao contrário, não concordavam que crianças devessem apanhar — em nenhuma circunstância. Na década de 1690, o famoso ministro calvinista Cotton Mather, de Boston, insultava os piratas, descrevendo-os como flagelo profano da humanidade, ao mesmo tempo que reclamava que os companheiros colonizadores, distraídos pelo clima do Novo Mundo e pelas atitudes descontraídas dos habitantes nativos, tinham começado a sofrer o que ele chamou de "indianização", negando-se a aplicar castigos físicos aos filhos e pondo em risco, assim, os princípios da disciplina, da hierarquia e de formalidade que deveriam reger as relações entre senhores e servos, homens e mulheres, os mais velhos e os mais jovens:

> Embora os primeiros colonos ingleses que se estabeleceram neste país costumassem ter governo e disciplina em suas famílias, e fossem bastante severos, é como se o clima tivesse nos ensinado a nos indianizar, de forma que o relaxamento agora é tal que tudo isso está sendo totalmente deixado de lado e uma tola indulgência para com as crianças está se tornando a ruína epidêmica do país, e é provável que resulte em muitas consequências nefastas.[20]

Em outras palavras, quando o espírito indulgente, individualista e amante da liberdade começou a surgir entre os colonos, os primeiros sacerdotes puritanos culparam diretamente os índios, ou, como ainda chamavam na época, "os americanos", uma vez que os colonos, naquele tempo, ainda se consideravam ingleses.

Uma das ironias do "debate sobre a influência" é que, em meio a toda a discussão sobre a influência dos Iroqueses no sistema federal, o que Grinde e Johansen realmente estavam tentando enfatizar era que os ingleses e os franceses comuns estabelecidos nas colônias só começaram a pensar em si mesmos como "americanos", como um novo tipo de povo amante da liberdade, quando começaram a se enxergar mais como índios.

O que já era verdade em cidades como Boston era mais verdade ainda nas regiões ainda não colonizadas, especialmente em comunidades formadas por escravos e criados foragidos que "se tornaram índios" fora do alcance dos governos coloniais.[21] Ou ainda em enclaves insulares ocupados pelo que os historiadores Peter Linebaugh e Marcus Rediker chamaram de "proletariado atlântico", uma coleção heterogênea de libertos, marinheiros, prostitutas de navio, renegados, antinomianos e rebeldes que se desenvolveram nas cidades portuárias do Atlântico Norte antes do surgimento do racismo moderno, e que parecem ter contribuído muito para o ímpeto democrático da Revolução Americana e de outras.[22]

Homens como Mather também teriam concordado com essa ideia: por várias vezes ele escreveu que ataques indígenas aos assentamentos nas regiões ainda não colonizadas eram um castigo de Deus por terem abandonado seus legítimos senhores e terem ido viver como índios.

Se a história fosse escrita de forma fidedigna, me parece que a verdadeira origem do espírito democrático — e muito provavelmente de muitas instituições democráticas — reside justamente nesses espaços de improvisação fora do controle de governos e de igrejas organizadas. Devo acrescentar que isso inclui os próprios Haudenosaunee. A liga foi formada originalmente — não se sabe exatamente quando — como uma espécie de acordo contratual entre os Seneca, os Onondaga, os Cayuga, os Oneida e os Mohawk (a sexta tribo, os Tuscarora, juntou-se depois) para criar uma maneira de mediar conflitos e promover a paz. Mas durante o período de expansão, no século XVII, tornou-se uma extraordinária mistura de povos: grandes proporções da população eram formadas por prisioneiros de guerra de outras nações indígenas, colonos capturados e fugitivos. No auge da Guerra dos Castores, no século XVII, um jesuíta reclamou que era quase impossível pregar para os Seneca em sua própria língua, uma vez que muitos nem eram fluentes! Mesmo durante o século XVIII, por exemplo, enquanto Canassatego, o embaixador que sugeriu pela primeira vez aos colonizadores a criação de uma federação, tinha pais Onondaga, outro importante negociador Haudenosaunee à época, Swatane, era, na verdade, francês — ou, ao menos, nascido de pais franceses em Quebec.

Como todas as estruturas vivas, a liga mudava e evoluía constantemente, e, sem dúvida, boa parte da cuidadosa arquitetura e solene dignidade da estrutura de seu conselho era produto de uma mistura criativa de culturas, tradições e experiências.

*

Por que os conservadores insistem que a democracia foi inventada na Grécia Antiga e que é inerente ao que chamam de "civilização ocidental", apesar da extraordinária quantidade de provas em contrário? No fim das contas, é apenas uma maneira de fazer o que os ricos e poderosos sempre fazem: se apropriar dos frutos do trabalho de outras pessoas. É uma forma de reivindicar um direito de propriedade. E direitos de propriedade devem ser defendidos. É por isso que, sempre que alguém como Amartya Sen aparece (como fez recentemente) para defender o óbvio argumento de que a democracia pode ser facilmente encontrada nos conselhos de aldeias no sul da África ou na Índia, podemos contar com uma onda imediata de respostas indignadas em jornais e sites conservadores dizendo que ele não entendeu nada.

De modo geral, se há um conceito que todos concordam que é uma coisa boa — verdade, liberdade, democracia, por exemplo —, então podemos ter certeza de que ninguém vai chegar a um acordo sobre o que ele é precisamente. Mas no momento em que se pergunta *por que* a maioria dos americanos, ou a maioria das pessoas em geral, gosta da ideia de democracia, a história tradicional não só cai por terra, mas se torna completamente irrelevante.

A democracia não foi inventada na Grécia Antiga. Devo dizer que, sim, a palavra "democracia" foi inventada na Grécia Antiga, mas em grande parte por pessoas que não gostavam muito dela. A democracia nunca foi realmente "inventada". Também não surge a partir de nenhuma tradição intelectual em particular. Não é nem mesmo um modo de governo. Em sua essência, ela é apenas a crença de que os seres humanos são fundamentalmente iguais e que a eles deve ser permitido gerir seus assuntos coletivos de forma igualitária, usando os meios que lhes pareçam mais favoráveis. É isso e também o enorme trabalho de construir acordos com base nesses princípios.

Nesse sentido, a democracia é tão antiga quanto a própria história, quanto a própria inteligência humana. Ninguém poderia reivindicá-la para si. Se fosse o caso de atribuí-la a alguém, suponho que se poderia dizer que ela surgiu no momento em que os hominídeos simplesmente deixaram de tentar intimidar uns aos outros e desenvolveram habilidades de comunicação para resolver problemas comuns coletivamente. Mas essa especulação é inútil. A questão é que assembleias democráticas podem ser encontradas em todos os tempos e lugares, das seka balinesas às ayllu bolivianas, empregando uma variedade infinita de procedimentos formais. Elas sempre vão surgir em lugares onde um grande grupo de pessoas se reúne para tomar uma decisão coletiva sob o princípio de que todos os participantes tenham igual oportunidade de opinar.

É fácil para os cientistas políticos ignorarem tais associações e assembleias locais ao falar da história da democracia, porque, na maioria delas, as decisões nunca chegam a ser votadas. A ideia, compartilhada pelos Fundadores, de que a democracia é simplesmente uma votação também permite que se pense nela como uma inovação, um tipo de avanço conceitual, como se nunca tivesse ocorrido a ninguém testar o apoio a uma proposta pedindo às pessoas que levantem as mãos, rabisquem algo em um caco de barro ou fiquem de pé de determinado lado da praça pública.

Apesar de o homem saber contar desde o início da história, há boas razões para que se evitassem contagens no momento de tomar decisões coletivas. Votações trazem discórdia. Se uma comunidade carece de meios para obrigar seus membros a obedecer a uma decisão coletiva, então provavelmente a coisa mais estúpida a fazer é encenar uma série de disputas públicas em que um lado vai necessariamente ser visto como perdedor. A votação permitiria que se aprovassem decisões a que muitos (49 por cento da comunidade, por exemplo) se opõem veementemente; e também maximizaria a possibilidade de ressentimentos por parte do grupo que precisaria ser convencido a se juntar aos demais, apesar de sua oposição. Um processo de busca pelo consenso, de acomodação mútua e acordo para se chegar a uma decisão coletiva que todos pelo menos não considerem muito objetável é muito mais adequado para situações em que aqueles que têm que pôr em prática uma decisão não possuem o tipo de burocracia centralizada e, particularmente, os meios de coerção sistemática necessários para forçar uma minoria enraivecida a cumprir decisões que consideram estúpidas, ofensivas ou injustas.

Historicamente, é extremamente raro encontrar os dois juntos. Durante a maior parte da história da humanidade, as sociedades igualitárias foram justamente aquelas que não tinham um aparato militar ou policial estabelecido para forçar pessoas a fazer coisas que não queriam fazer (todas as seka e os ayllus mencionados). Nos lugares onde existiam meios de imposição, nunca passou pela cabeça de ninguém que as opiniões das pessoas comuns fossem importantes.

Onde ocorre a votação, então? Às vezes, em sociedades nas quais os espetáculos de disputa pública são considerados normais, como a Grécia Antiga (para eles, qualquer motivo era desculpa para uma competição); mas, principalmente, em situações em que todos os participantes de uma assembleia estão armados ou ao menos foram treinados no uso de armas. No mundo antigo, a votação ocorria principalmente dentro dos exércitos. Aristóteles era bem familiarizado com o fato. A estrutura do Estado grego, observou, depende em grande parte da arma principal de suas forças armadas: se é a cavalaria, pode-se esperar uma aristocracia; se é infantaria pesada, o direito de voto será estendido aos ricos que podem pagar armadura; se são tropas leves, com arqueiros e atiradores, ou uma marinha (como em Atenas), pode-se esperar a democracia.

De modo similar, em Roma, as assembleias populares que também usavam o sistema de votação por maioria se baseavam diretamente em unidades militares de cem homens, chamadas centúrias. Subjacente à instituição estava a ideia bastante senso comum de que, se um homem estava armado, suas opiniões tinham que ser levadas em conta. As antigas unidades militares geralmente elegiam seus próprios oficiais. É fácil ver por que a votação por maioria faria sentido em uma unidade militar: mesmo que a votação fosse sessenta a quarenta, os dois lados estavam armados; se ocorresse uma briga, seria possível saber rapidamente quem seria o vencedor mais provável.

E esse padrão pode ser aplicado de modo amplo mais ou menos por todo o registro histórico: no século XVI, por exemplo, os conselhos das Seis Nações, envolvidos sobretudo em um processo de paz, operavam por consenso, mas os navios piratas, que eram operações militares, usavam o voto majoritário.

Tudo isso é importante porque mostra que os medos aristocráticos dos antigos Patriotas abastados não eram totalmente infundados. Quando pensavam em "democracia" — um pesadelo para eles —, pensavam na população armada tomando decisões com o método da maioria das mãos levantadas.

*

A democracia, portanto, não se define necessariamente pelo voto da maioria: é, sim, o processo de deliberação coletiva sob o princípio da participação plena e igualitária. É mais provável que haja criatividade democrática, por sua vez, quando se tem um conjunto heterogêneo de participantes, vindos de tradições diversificadas, com uma grande urgência de improvisar meios para regular assuntos em comum, livres de uma autoridade superior a todos.

Hoje, na América do Norte, são sobretudo os anarquistas — proponentes de uma filosofia política em geral contrária a governos de qualquer espécie — que tentam desenvolver e promover ativamente essas instituições democráticas. De certa forma, a identificação anarquista com essa noção de democracia remonta a um passado longínquo. Em 1550, e mesmo em 1750, quando as duas palavras ainda eram insultos, detratores usavam "democracia" e "anarquia", e "democrata" e "anarquista", indistintamente. Nos dois casos, radicais começaram a usar os termos de forma provocativa para descrever a si mesmos. Mas, enquanto "democracia" se tornou gradualmente algo que todos achavam que tinham que apoiar (mesmo sem chegar a um acordo sobre o que era exatamente), "anarquia" trilhou o caminho oposto, tornando-se para a maioria sinônimo de bagunça com violência.

O que é então o anarquismo?

Na verdade, o termo significa simplesmente "sem governantes". Assim como no caso da democracia, há duas maneiras diferentes de contar a história do anarquismo. De um lado, podemos olhar para a história da palavra, que foi cunhada por Pierre-Joseph Proudhon em 1840 e adotada por um movimento político na Europa no final do século XIX, estabelecendo-se com força na Rússia, na Itália e na Espanha antes de se espalhar pelo resto do mundo.

Ou podemos analisar o anarquismo como uma sensibilidade política muito mais ampla.

O modo mais fácil de explicar o anarquismo em qualquer sentido é dizer que se trata de um movimento político que tem como objetivo produzir uma sociedade genuinamente livre, que seria definida como aquela em que os seres humanos mantêm apenas relações que não precisem ser impostas pela ameaça constante do uso da violência.

A história tem mostrado que situações de grande desigualdade econômica e instituições como a escravidão, a servidão por dívidas e o trabalho assalariado só existem quando sustentadas por exércitos, prisões e polícia. Mesmo desigualdades estruturais mais profundas, como o racismo e o machismo, são, em última análise, baseadas na ameaça da força (mais sutil e insidiosa). Os anarquistas idealizam um mundo baseado na igualdade e na solidariedade, no qual os seres humanos seriam livres para se associar entre si a fim de buscar uma infindável variedade de sonhos, projetos e concepções daquilo que considerem valioso na vida.

Quando as pessoas me perguntam que tipo de organização poderia existir em uma sociedade anarquista, sempre respondo: qualquer forma de organização que se possa imaginar, e provavelmente muitas que atualmente não é possível conceber, com apenas uma condição: estariam limitadas àquelas em que ninguém tenha o poder de recorrer, em nenhum ponto, a homens armados que apareçam e digam: "Não me importo com o que você tem a dizer sobre isso; cale-se e cumpra as ordens."

Nesse sentido, sempre existiram anarquistas: você os encontra praticamente toda vez que um grupo de pessoas confrontadas por sistemas de poder ou dominação impostos se opõe a eles tão intensamente que começa a imaginar maneiras de lidar com as pessoas sem nenhuma forma de poder ou dominação. A maioria desses projetos se perdeu na história, mas de vez em quando um deles vem à tona.

Na China, por volta de 400 a.C., por exemplo, houve um movimento filosófico que veio a ser conhecido como "Agriculturalismo" que considerava os comerciantes e funcionários públicos parasitas inúteis; por isso tentou criar, em territórios sem dono entre os principais Estados, comunidades de iguais nas quais a única liderança seria exercida por meio do exemplo e a economia seria regulada democraticamente. Tudo indica que o movimento surgiu de uma aliança entre intelectuais renegados que fugiram para essas aldeias livres e os camponeses intelectuais que lá viviam. Aparentemente, o objetivo era aos poucos atrair desertores dos reinos vizinhos e assim, por fim, levá-los ao colapso.

Esse tipo de incentivo à deserção em massa é uma clássica estratégia anarquista. Não é preciso dizer que, ao final, o movimento não teve sucesso, mas suas ideias exerceram enorme influência sobre filósofos da corte de gerações posteriores. Nos centros urbanos, as ideias anarquistas levaram a duas crenças: o indivíduo não deve estar vinculado a nenhuma convenção social; e deve-se rejeitar toda tecnologia a fim de regressar a uma utopia primitiva imaginada — um padrão que se repetiria várias vezes ao longo da história. Essas ideias individualistas e primitivistas, por sua vez, tiveram uma enorme influência sobre a filosofia taoísta de Lao Tsé e Chuang Tsé.[23]

Quantos movimentos semelhantes existiram ao longo da história da humanidade? Não temos como saber (só sabemos sobre o Agriculturalismo porque eles compilaram manuais de tecnologia agrícola tão bons que foram lidos e copiados por milhares de anos). Mas o que agriculturalistas estavam fazendo era uma versão intelectualmente tímida do que milhões de pessoas vêm fazendo há séculos naquela região do planeta, como James Scott mostrou recentemente em sua *The Art of Not Being Governed: An Anarchist History of Upland Southeast Asia* [A arte de não ser governado: Uma história anarquista do Sudeste da Ásia]: fugir do controle dos reinos vizinhos e tentar criar sociedades baseadas na negação de tudo o que eles representam; em seguida, tentar convencer os outros a fazer a mesma coisa.[24]

É provável que alguns movimentos parecidos tenham conquistado territórios livres de diferentes Estados. Meu argumento é que essas iniciativas sempre existiram. Durante grande parte da história, sempre foi mais provável que a rejeição ao Estado assumisse as formas de fuga, deserção ou criação de novas comunidades do que de confronto revolucionário com o poder vigente. É claro que tudo isso é muito mais fácil quando há montanhas distantes para onde fugir e Estados que têm dificuldades de estender seu controle sobre um território de grande extensão.

Essa possibilidade não estava mais disponível depois da Revolução Industrial, quando movimentos radicais de trabalhadores começaram a surgir em toda a Europa e operários em lugares como a França ou a Espanha começaram a abraçar ideias abertamente anarquistas. Os anarquistas, então, adotaram outras estratégias, de formação de empreendimentos de economia alternativa (cooperativas, serviço bancário mutualista), paralisações do local de trabalho, sabotagem e greve geral até a insurreição declarada.

O marxismo surgiu como uma filosofia política na mesma época. Sobretudo nos primeiros tempos, aspirava ao mesmo objetivo final que o anarquismo: uma sociedade livre, a abolição de todas as formas de desigualdade social, autogestão dos locais de trabalho e a dissolução do Estado. Mas a partir dos debates em torno da criação da Primeira Internacional surgiu uma diferença fundamental: a maioria dos marxistas acreditava ser necessário primeiro tomar o poder do Estado, pelo voto ou de outro modo, e usar seus mecanismos para transformar a sociedade, até o ponto em que, diziam, esses mecanismos acabariam por se tornar redundantes e simplesmente desapareceriam.

Já no século XIX, os anarquistas indicavam que isso era uma ilusão. Não se pode, argumentavam, criar a paz treinando para a guerra, gerar igualdade criando cadeias de comando hierarquizadas e muito menos ter felicidade tornando-se revolucionários inflexíveis e sem alegria que sacrificam a realização pessoal e os sonhos em nome de uma causa. Os anarquistas insistiam: não é apenas o fato de que os fins não justificam os meios (embora os fins, de fato, não justifiquem os meios), mas o fato de que nunca se alcançarão os fins a menos que os meios sejam, eles próprios, um modelo do mundo que se quer criar. Daí o famoso convite anarquista a "construir a nova sociedade dentro da casca da antiga", que gerou experiências igualitárias como as escolas não hierárquicas (como a Escuela Moderna da Espanha ou o movimento Free School [Escola Livre] nos Estados Unidos), os sindicatos radicais (CGT, na França, CNT, na Espanha, IWW, na América do Norte), e uma infinidade de comunas (do coletivo Modern Times, em Nova York em 1851, a Christiania, na Dinamarca, em 1971; e o movimento kibutz em Israel, que, em sua origem, foi bastante inspirado no anarquismo, sendo talvez o desdobramento mais famoso e bem-sucedido dessas experiências).

Algumas vezes, na virada do século XIX, líderes mundiais e barões ladrões (como eram chamados os magnatas) foram vítimas de assassinato ou de atentado a bomba em ataques individuais de anarquistas. Entre 1894 e 1901 uma onda particularmente intensa levou à morte um presidente francês, um primeiro-ministro espanhol e o presidente dos Estados Unidos William McKinley. Também houve ataques a pelo menos uma dúzia de reis, príncipes, chefes da polícia secreta, industriais e chefes de Estado. Foi o período em que surgiu a famosa imagem do anarquista lançador de bombas, que permanece no imaginário popular desde então.

Pensadores anarquistas como Peter Kropotkin e Emma Goldman com frequência não sabiam o que dizer sobre esses ataques, em geral realizados por indivíduos isolados que não faziam parte de nenhum sindicato ou associação anarquista. Ainda assim, é digno de nota que os anarquistas talvez tenham sido o primeiro movimento político moderno a perceber (aos poucos) que, enquanto estratégia política, o terrorismo, mesmo quando não dirigido a pessoas inocentes, não funciona. Há quase um século, o anarquismo tem sido uma das poucas filosofias políticas cujos expoentes nunca explodiram ninguém (o líder político do século XX que mais absorveu da tradição anarquista foi Mohandas K. Gandhi). No entanto, precisamente por essa razão, entre 1914 e 1989, período durante o qual o mundo ou estava em guerra ou se preparando para uma guerra mundial, o anarquismo entrou em uma espécie de eclipse: para parecer "realista" em tempos tão violentos, um movimento político tinha que ser capaz de organizar exércitos com tanques, porta-aviões e sistemas de mísseis balísticos, e isso era algo em que os marxistas podiam ser excelentes, mas que todo mundo reconhecia que os anarquistas nunca seriam capazes de realizar — o que é um elogio, na minha opinião. Foi só depois de 1989, quando a era de mobilização das grandes guerras pareceu ter chegado ao fim, que um movimento revolucionário global baseado em princípios anarquistas reapareceu: o Movimento de Justiça Global.

*

Existem infinitas variedades, cores e tendências de anarquismo. Da minha parte, gosto de me chamar de anarquista com "a minúsculo". Não estou particularmente interessado em descobrir que tipo de anarquista sou, mas em articular coalizões amplas que operem de acordo com os princípios anarquistas: movimentos que não estejam tentando atuar por meio do governo nem tentando tornar-se governo; movimentos sem interesse em assumir, na prática, o papel de instituições governamentais, como organizações profissionais ou empresas capitalistas; grupos que se esforçam para fazer das relações com as pessoas um modelo do mundo que queremos criar. Em outras palavras, pessoas que trabalham na direção de sociedades verdadeiramente livres.

No fim das contas, é difícil definir exatamente que tipo de anarquismo faz mais sentido quando há tantas perguntas ainda sem resposta. Por exemplo: haveria um papel para mercados em uma sociedade verdadeiramente livre? Como poderíamos saber? Baseando-me na história,[25] posso dizer com segurança que, mesmo que se tente manter uma economia de mercado em uma sociedade livre (ou seja, uma economia na qual não haveria Estado para fazer cumprir contratos, de modo que os acordos passariam a ser baseados apenas na confiança), as relações econômicas rapidamente se transformariam em algo irreconhecível para os libertários, e logo não se assemelhariam a nada a que estamos acostumados a entender como "mercado". Não consigo imaginar que alguém concorde em trabalhar por um salário se tiver outra opção. Mas talvez eu esteja errado. Estou menos interessado em pensar em como seria a arquitetura detalhada de uma sociedade livre do que em criar condições para que possamos descobrir.

Não temos ideia de que tipo de organização ou, mais ainda, de que tecnologias surgiriam se as pessoas livres usassem a imaginação irrestritamente para resolver problemas coletivos em vez de torná-los piores.

Mas a grande questão é: como chegar lá? O que seria necessário para que nossos sistemas políticos e econômicos fossem uma forma de solução coletiva de problemas, em vez de, como agora, uma forma de guerra coletiva?

Até mesmo os anarquistas levaram bastante tempo para se disporem a encarar o problema em toda a sua extensão. Quando, por exemplo, o anarquismo era parte do movimento mais amplo dos trabalhadores, tendia a aceitar que "democracia" significava votação por maioria e as *Robert's Rules of Order* [Regras de ordem de Robert],* apelando para a solidariedade para convencer a minoria perdedora a se juntar aos demais. Apelos à solidariedade podem ser muito eficazes quando se está encerrado em conflitos do tipo vida ou morte, como os revolucionários em geral estavam. A Confederación Nacional del Trabajo (CNT), o sindicato anarquista espanhol dos anos 1920 e 1930, seguia o princípio de que, quando um grupo votava pela greve, nenhum membro que tivesse votado contra ficava obrigado a aderir; o resultado era, quase invariavelmente, 100 por cento de adesão. Mas as greves eram operações quase militares. As comunas rurais, por outro lado, tendiam a recorrer, como fazem as comunidades rurais em qualquer lugar, a algum tipo de consenso prático.

Nos Estados Unidos, por outro lado, o consenso, e não a votação por maioria, tem sido utilizado por mobilizadores de base que não são anarquistas declarados: o Student Nonviolent Coordinating Committee [Comitê Coordenador Estudantil Não Violento] (SNCC),

---

* Livro de regras de procedimentos parlamentares escrito por Henry Martin Robert e publicado originalmente em 1876. (N. T.)

que foi o ramo horizontal do movimento por direitos civis, também operado por consenso, e o Students for a Democratic Society [Estudantes por uma Sociedade Democrática] (SDS) alegavam, em sua constituição, funcionar pelo procedimento parlamentar, mas, na prática, tendiam a recorrer ao consenso. A maioria dos participantes dessas reuniões achava que o processo utilizado na época era rudimentar, improvisado e muitas vezes extremamente frustrante. Em parte, isso acontecia porque a população de modo geral, apesar de todo o seu espírito democrático, não tinha absolutamente nenhuma experiência de deliberação democrática.

De acordo com uma história famosa do movimento dos direitos civis, um pequeno grupo de ativistas tentava tomar uma decisão coletiva em uma situação de emergência, sem conseguir chegar a um consenso. Em determinado momento, um deles desistiu, sacou uma arma e a apontou para o mediador:

— Ou você toma uma decisão por nós — disse —, ou atiro em você.

O mediador respondeu:

— Acho que vai ter que atirar em mim, então.

Levou muito tempo para que se desenvolvesse o que se pode chamar de uma cultura de democracia, e, quando ela surgiu, veio de origens surpreendentes: de tradições espirituais, como o quacrismo, e do feminismo.

A Religious Society of Friends [Sociedade Religiosa dos Amigos], os quacres, passou séculos desenvolvendo sua própria forma de tomada de decisão por consenso como um exercício espiritual. Eles foram uma presença ativa na maioria dos movimentos sociais americanos de base desde o Abolicionismo. Mas, até os anos 1970, não estavam muito dispostos a ensinar aos outros suas técnicas, precisamente porque as consideravam uma questão espiritual, uma parte de sua religião. "Recorre-se ao consenso", explicou certa vez George Lakey, um famoso ativista pacifista quacre, "quando se tem uma compreensão compartilhada da teologia. Ele não deve ser imposto às pessoas. Os quacres, pelo menos na década de 1950, eram antiproselitistas."[26]

Foi uma crise no movimento feminista — que havia começado a usar o consenso informal em pequenos grupos de conscientização de em média uma dúzia de pessoas, mas, quando o tamanho dos grupos aumentou, se viu diante de todo tipo de problema com panelinhas e estruturas tácitas de liderança — que finalmente inspirou alguns quacres dissidentes (o mais famoso dos quais foi o próprio Lakey) a ajudar e divulgar algumas de suas técnicas. As técnicas de consenso, por sua vez, agora embebidas em um etos especificamente feminista, sofreram modificações quando adotadas por grupos maiores e mais diversificados.[27]

Esse é apenas um exemplo de como o que veio a ser chamado de "processo anarquista" — ou seja, as elaboradas técnicas de mediação e busca de consenso, os sinais com as mãos e coisas do gênero — teve suas origens no feminismo radical, no quacrismo e até nas tradições indígenas. Na verdade, a versão utilizada na América do Norte deveria ser chamada de "processo feminista" em vez de "processo anarquista". Esses métodos passaram a ser associados ao anarquismo precisamente porque o movimento os reconheceu como formas que poderiam ser empregadas em uma sociedade livre, na qual ninguém seria fisicamente coagido a concordar com uma decisão em relação à qual tivesse profundas objeções.*

*

O consenso não é apenas um conjunto de técnicas. Quando falamos em processo, nos referimos à criação gradual de uma cultura de democracia. Isso nos leva a repensar algumas de nossas suposições mais básicas sobre o que é a democracia.

---

* Com algumas exceções obstinadas. Devo observar aqui que o primeiro uso em massa do processo de consenso, no movimento antinuclear no final da década de 1970 e início dos anos 1980, foi bastante complicado. Em parte por simples falta de experiência, em parte por purismo (foi apenas mais tarde que o consenso modificado para grupos maiores se tornou comum). Muitos que vivenciaram a experiência — o mais famoso entre eles o socialista libertário Murray Bookchin, que promoveu a ideia do comunitarismo — acabaram se tornando firmemente contrários ao consenso e favoráveis à regra da maioria.

Se voltamos à obra de Adams e Madison, ou mesmo Jefferson, é fácil perceber que, embora sejam elitistas, algumas de suas críticas à democracia merecem ser levadas a sério. Em primeiro lugar, eles defenderam que instituir um sistema de democracia direta majoritária entre homens adultos brancos em uma sociedade profundamente dividida por desigualdades materiais poderia resultar em turbulência, instabilidade e até mesmo derramamento de sangue — e levaria ao surgimento de demagogos e tiranos. Eles provavelmente estavam certos.

Outro argumento usado por eles: apenas homens estabelecidos, com propriedades, deveriam ter permissão para votar e ocupar cargos, porque apenas eles seriam suficientemente independentes e, portanto, livres de interesse pessoal a ponto de se permitir pensar no bem comum. Esse é um argumento importante e merece mais atenção do que geralmente tem recebido.

Obviamente, a forma como foi formulado é elitista. A profunda hipocrisia do argumento de que pessoas comuns não tinham instrução e capacidade de raciocínio é evidente nos escritos, por exemplo, de Gouverneur Morris, que admitiu, pelo menos em uma carta privada a um colega da elite, que era exatamente a ideia oposta — a de que pessoas comuns tinham estudado e agora eram capazes de formular argumentos racionais — o que mais o aterrorizava.

Mas o verdadeiro problema dos argumentos baseados na suposta "irracionalidade" de pessoas comuns estava nos pressupostos subjacentes a respeito do que constitui a "racionalidade". Um argumento comum contra o governo popular no início da República era que os "oito ou nove milhões de pessoas sem propriedades", como disse Adams, eram incapazes de um julgamento racional por não estarem habituados a gerir nem sua própria vida. Os servos e trabalhadores assalariados — e mais ainda as mulheres e os escravos — estavam acostumados a apenas receber ordens. Acreditava-se, entre alguns membros da elite, que isso acontecia porque era tudo o que eles sabiam fazer; outros simplesmente viam a situação como o resultado natural de suas circunstâncias habituais.

Quase todos concordavam, porém, que, se essas pessoas pudessem votar, não pensariam no que seria melhor para o país, mas se uniriam imediatamente a algum líder. Esse suposto líder os compraria de algum modo, prometendo abolir as dívidas ou pagá-las diretamente, por exemplo, ou eles o seguiriam simplesmente porque é a única coisa que sabem fazer. O excesso de liberdade, portanto, só levaria à tirania, à medida que as pessoas se deixassem ficar à mercê de líderes carismáticos.

Na melhor das hipóteses, isso resultaria em "facciosismo", um sistema político dominado por partidos políticos lutando por seus respectivos interesses. Quase todos os redatores da Constituição Americana se opunham veementemente à adoção de um sistema partidário. Nesse ponto, tinham razão: embora não tenha acontecido uma grande luta de classes — em parte por causa da possibilidade de fuga para as regiões ainda não colonizadas —, assim que o direito ao voto foi ampliado, ainda que modestamente, nas décadas de 1820 e 1830, os partidos políticos e o facciosismo surgiram imediatamente. Os temores das elites não eram totalmente descabidos.

A ideia de que só homens com propriedades podem ser totalmente racionais e que os demais existem principalmente para seguir ordens remonta pelo menos a Atenas. Aristóteles expõe o problema de forma bastante explícita no início de sua *Política*, ao defender que apenas homens adultos livres podiam ser seres totalmente racionais, no controle de seus próprios corpos, assim como estão no controle de outros: suas mulheres, seus filhos e escravos. Aqui está, portanto, a verdadeira falha em toda a tradição da "racionalidade" que os Pais Fundadores herdaram. No fundo, ela não está relacionada à autossuficiência e ao desinteresse. Ser racional nessa tradição tem tudo a ver com a capacidade de comandar: isolar-se de uma situação, avaliá-la de longe, fazer o conjunto apropriado de cálculos e depois dizer aos outros o que fazer.[28] Essencialmente, esse é o tipo de cálculo que *só* se pode fazer quando se tem o poder de mandar os outros calarem a boca e seguirem as ordens, em vez de trabalhar com eles, como pessoas iguais e livres, em busca de soluções. É apenas o hábito de comandar que permite a alguém imaginar que o mundo pode ser reduzido a algo equivalente a fórmulas matemáticas, fórmulas que podem ser aplicadas a qualquer situação, independentemente de suas reais complexidades humanas.

É por isso que qualquer filosofia que comece por propor que os seres humanos são ou deveriam ser racionais — frios e calculistas como lordes — invariavelmente acaba concluindo que, na verdade, somos o oposto: que a razão, como Hume afirma de maneira célebre, é sempre, e só pode ser, "escrava das paixões".

Buscamos o prazer; portanto, buscamos a propriedade, a fim de garantir nosso acesso ao prazer; e por fim, buscamos poder a fim de garantir nosso acesso à propriedade. E não há um fim natural para isso: vamos sempre buscar mais e mais e mais. Essa teoria da natureza humana já está presente entre os filósofos antigos (e é a explicação deles para o fato de que a democracia só pode resultar em desastre), e se repete na tradição cristã de Santo Agostinho sob o disfarce do pecado original, e na teoria do ateu Thomas Hobbes sobre por que um estado de natureza só poderia ser uma violenta "guerra de todos contra todos" (e, mais uma vez, por que a democracia seria necessariamente um desastre).

Os criadores das constituições republicanas do século XVIII também compartilhavam desses pressupostos. Os seres humanos são de fato incorrigíveis. Assim, apesar de toda a linguagem permeada de nobres intenções, a maioria desses filósofos admitiria que a única escolha de fato era entre a paixão totalmente cega e o cálculo racional dos interesses da elite. A Constituição ideal, portanto, foi planejada para assegurar que esses interesses se controlassem entre si e mantivessem o equilíbrio.

Isso tem algumas implicações curiosas. Por um lado, é universalmente aceito que a democracia pouco significa sem a liberdade de expressão, a liberdade de imprensa e os meios para a deliberação política e o debate abertos. Ao mesmo tempo, a maioria dos teóricos da democracia *liberal* — de Jean-Jacques Rousseau a John Rawls — atribui a essa esfera de deliberação um alcance incrivelmente limitado, pois ela pressupõe um conjunto de atores (políticos, eleitores, grupos de interesse) que já sabem o que querem antes de entrar na arena política. Em vez de usar a esfera política para decidir como equilibrar valores concorrentes ou influenciar os demais sobre o melhor caminho a ser tomado, esses atores políticos, quando pensam em alguma coisa, consideram apenas a melhor forma de alcançar seus interesses já existentes.[29]

Isso nos deixa, portanto, com uma democracia do "racional", na qual definimos racionalidade como um cálculo matemático imparcial originado do poder de emitir comandos, o tipo de "racionalidade" que inevitavelmente produz monstros. Como base para um verdadeiro sistema democrático, esses termos são claramente um desastre. Mas qual é a alternativa? Como fundar uma teoria da democracia no tipo de raciocínio que se dá, em vez disso, entre iguais?

Uma explicação para o fato de isso ter sido difícil é o fato de que esse tipo de raciocínio é mais complexo e sofisticado do que um simples cálculo matemático e, portanto, não se presta aos modelos quantificáveis tão estimados por cientistas políticos e por aqueles que avaliam pedidos de financiamento de pesquisas. Afinal, quando se pergunta se uma pessoa está sendo racional, não estamos pedindo muito: apenas queremos saber se ela é capaz de fazer conexões lógicas básicas. Essa questão raramente surge, a menos que se suspeite que alguém possa realmente ser louco ou que talvez tenha ficado tão cego pela paixão que seus argumentos passam a não fazer sentido.

Consideremos, ao contrário, o que está em jogo quando se pergunta se alguém está sendo "razoável". O nível de exigência nesse caso é muito mais alto. Razoabilidade implica uma capacidade muito mais sofisticada de alcançar um equilíbrio entre diferentes perspectivas, valores e imperativos, nenhum dos quais, em geral, poderia ser reduzido a fórmulas matemáticas. Significa chegar a um acordo entre posições que não são, de acordo com a lógica formal, mensuráveis, assim como não há maneira formal, ao decidir o que cozinhar para o jantar, de medir comparativamente as vantagens em termos de facilidade de preparo, benefícios para a saúde e gosto. E, no entanto, tomamos esse tipo de decisão o tempo todo. A maior parte da nossa vida, particularmente da vida compartilhada com os outros, consiste em chegar a acordos razoáveis que jamais poderiam ser reduzidos a modelos matemáticos.

Outra maneira de colocar a questão é dizer que os teóricos políticos tendem a agir como atores que operam em um nível intelectual de crianças de oito anos. Os psicólogos desenvolvimentistas observaram que as crianças começam a formular argumentos lógicos não quando precisam resolver problemas, mas quando precisam encontrar explicações para o que já querem pensar. Quem lida regularmente com crianças pequenas vai reconhecer de imediato que isso é verdade. Por outro lado, a capacidade de comparar e coordenar perspectivas opostas vem mais tarde e é a essência da maturidade e da inteligência. É também precisamente aquilo que as pessoas acostumadas ao poder de comando raramente têm de fazer.

O filósofo Stephen Toulmin, já famoso por seus modelos de raciocínio moral, deu uma espécie de salto intelectual quando, na década de 1990, tentou estabelecer um contraste semelhante entre racionalidade e razoabilidade — embora tenha partido da ideia de racionalidade como algo derivado não do poder de comando, mas da necessidade de certeza absoluta. Ao contrapor o espírito generoso de um ensaísta como Montaigne, que escreveu na Europa em expansão do século XVI e considerava que a verdade é sempre situacional, ao rigor quase paranoico de René Descartes, que escreveu um século mais tarde, quando a Europa sucumbira a sangrentas guerras religiosas, e concebeu uma visão da sociedade com base em fundamentos puramente "racionais", Toulmin sugeriu que todo o pensamento político posterior foi prejudicado por tentativas de aplicar padrões impossíveis de racionalidade abstrata a realidades humanas concretas.

Mas Toulmin não foi o primeiro a propor essa distinção. Eu mesmo a encontrei pela primeira vez em um ensaio bastante excêntrico, publicado em 1960 pelo poeta britânico Robert Graves, chamado "The Case for Xanthippe" [Em defesa de Xantipa].

Para os que não têm a formação clássica dos antigos açougueiros e padeiros de Nova York,* Xantipa era a mulher de Sócrates e entrou para a história como uma grande megera. A equanimidade de Sócrates em suportá-la (ignorá-la) é frequentemente tomada como prova de sua nobreza de caráter. Graves começa o ensaio chamando

---

* Às vezes nos preocupamos se os Gouverneur Morris do mundo não terão conseguido evitar que esse tipo de conhecimento chegasse à maioria da população.

atenção para um ponto: por que ao longo de dois mil anos ninguém parece ter se perguntado como deve ter sido ser casada com Sócrates? Imagine que você estivesse amarrada a um marido que não fizesse quase nada para sustentar a família, gastasse todo o tempo tentando provar que todo mundo que ele conhece está errado sobre todas as coisas e achasse que o amor verdadeiro só é possível entre homens e meninos menores de idade? Você não expressaria algumas opiniões a respeito?

Até hoje, Sócrates é considerado o modelo de uma ideia inflexível de coerência pura, uma inabalável determinação em levar as discussões até sua conclusão lógica, o que com certeza tem lá sua utilidade. Mas ele não era uma pessoa muito razoável, e aqueles que o celebravam acabaram produzindo uma "racionalidade mecanizada, insensata, desumana e abstrata" que causou um enorme prejuízo ao mundo. Graves afirma que, como poeta, é inevitável que se identifique mais com os excluídos do espaço "racional" da cidade grega, a começar por mulheres como Xantipa, para quem a razoabilidade não exclui a lógica (ninguém é realmente *contra* a lógica), mas a combina com senso de humor, praticidade e decência humana básica.

Com isso em mente, faz todo sentido que uma parte tão significativa da iniciativa para a criação de novas formas de processo democrático — como o consenso — tenha surgido da tradição do feminismo, o que significa, entre outras coisas, uma tradição intelectual daqueles que, historicamente, tendiam a não estar investidos do poder de comando.

O consenso é uma tentativa de criar uma política baseada no princípio da razoabilidade: uma política que, como a filósofa feminista Deborah Heikes apontou, requer não apenas coerência lógica, mas "uma boa dose de bom senso, autocrítica, capacidade de interação social e vontade de expor e considerar motivos".[30] Em suma, uma genuína deliberação.

Como diria um instrutor de mediação, o consenso requer a capacidade de ouvir bem o suficiente para compreender perspectivas fundamentalmente diferentes da sua e buscar um terreno pragmático comum sem tentar converter completamente o interlocutor à sua própria perspectiva. Isso significa ver a democracia como uma solução de problemas comuns entre pessoas que respeitam o fato de que sempre terão, como todos os seres humanos, pontos de vista incompatíveis em alguma medida.

É assim que o consenso deve funcionar: o grupo concorda, em primeiro lugar, com um objetivo comum, o que permite que a tomada de decisão seja vista como uma maneira de solucionar problemas comuns. Dessa forma, uma diversidade de perspectivas — uma diversidade radical de perspectivas, inclusive —, embora possa causar dificuldades, pode ser uma enorme fonte de recursos. Afinal, que tipo de equipe tem maior probabilidade de encontrar uma solução criativa para um problema: um grupo de pessoas em que todos veem a questão de forma diferente ou um grupo em que todos veem as coisas exatamente do mesmo modo?

Como já observei, os espaços de criatividade democrática são precisamente aqueles onde tipos muito diferentes de pessoas, oriundas de tradições muito diferentes, são subitamente forçados a improvisar. E um dos motivos é que, nessas situações, as pessoas são obrigadas a conciliar pressupostos divergentes sobre o que é a política.

Na década de 1980, um grupo de supostos guerrilheiros maoistas da área urbana do México foi para as montanhas do sudoeste do país, onde começou a criar redes de revolucionários, iniciando por campanhas de alfabetização das mulheres. Esse grupo acabou se tornando o Exército Zapatista de Libertação Nacional, que iniciou um breve levante em 1994 — não para derrubar o Estado, mas para criar um território livre no qual comunidades majoritariamente indígenas pudessem experimentar novas formas de democracia. Desde o início, havia diferenças constantes entre os intelectuais de origem urbana, como o famoso Subcomandante Marcos, que supunha que a democracia era sinônimo de voto da maioria e eleição de representantes, e os porta-vozes dos Mam, dos Cholti, dos Tzeltal e dos Tzotzil, cujas assembleias comunais sempre haviam operado por consenso e que prefeririam ter um sistema no qual, caso delegados tivessem que ser selecionados, pudessem ser dispensados quando as comunidades achassem que eles não estavam mais transmitindo sua vontade. Como Marcos lembrou, logo descobriram que não havia acordo sobre o que "democracia" efetivamente significava:

> As comunidades estão promovendo a democracia. Mas o conceito parece vago. Existem muitos tipos de democracia. É isso que digo a eles. Tento explicar: "Vocês podem operar por consenso porque vocês têm uma vida comunitária." Quando eles chegam a uma assembleia, já se conhecem, vêm para resolver um problema comum. "Mas em outros lugares não é assim", digo a eles. "As pessoas vivem vidas separadas e usam a assembleia para outras coisas, não para resolver o problema."
> Então eles dizem: "Não", mas isso significa: "Sim, funciona para nós."
> E de fato funciona para eles, eles resolvem problemas. Então, propõem o uso do mesmo método para toda a nação e até para o mundo. O mundo tem de se organizar assim. (...) E é muito difícil não concordar, porque é assim que eles resolvem os problemas deles.[31]

Levemos essa proposta a sério. Por que a democracia não poderia ser uma forma de solucionar problemas coletivamente? Podemos ter ideias muito diferentes sobre a vida, mas é perfeitamente claro que os seres humanos neste planeta compartilham de uma enorme quantidade de problemas comuns (as mudanças climáticas vêm logo à mente como algo urgente e imediato, mas há um sem-número de outros) e faríamos bem em trabalhar juntos para tentar resolvê-los. Todos parecem concordar que, em princípio, seria melhor fazer isso de forma democrática, com um espírito de igualdade e deliberação razoável. Por que a ideia de que poderíamos realmente conseguir fazer isso parece ser um sonho utópico?

Talvez, em vez de perguntar sobre o melhor sistema político que nossa ordem social atual é capaz de sustentar, devêssemos perguntar: Que configuração social seria necessária para termos um sistema genuíno, participativo e democrático, que pudesse se dedicar à solução de problemas coletivos?*

Parece uma pergunta óbvia. Se não estamos acostumados a fazê-la é porque fomos ensinados desde cedo que a resposta não é razoável. Porque a resposta, claro, é o anarquismo.

Na verdade, há razões para acreditar que os Fundadores estavam certos: não se pode criar um sistema político baseado no princípio da democracia direta e participativa em uma sociedade como a deles, dividida por grandes desigualdades materiais, pela total exclusão da maior parte da população (nos primeiros anos do país, mulheres, escravos e indígenas), e na qual a vida da maioria das pessoas se organizava em torno de dar e receber ordens. Tampouco é possível em uma sociedade como a nossa, na qual um por cento da população controla 42 por cento da riqueza.

Se propusermos a ideia do anarquismo em uma sala cheia de pessoas comuns, é quase certo que alguém vá objetar: mas é claro que não podemos eliminar o Estado, as prisões e a polícia. Se fizermos isso, as pessoas vão simplesmente começar a se matar. Para a maioria da população, isso parece bom senso. O estranho a respeito dessa previsão é que ela pode ser testada empiricamente. Na verdade, já foi testada várias vezes. E quase sempre acabou por se mostrar falsa.

É verdade que há um ou dois casos, como o da Somália, em que o Estado ruiu quando as pessoas já estavam no meio de uma sangrenta guerra civil, e os senhores da guerra não pararam imediatamente de se matar quando isso aconteceu (embora, até mesmo na Somália, um exemplo extremo, na maioria dos aspectos, a educação, a saúde e outros indicadores sociais tenham melhorado vinte anos depois da dissolução do Estado central!).[32] Além disso, ouvimos falar de casos como o da Somália exatamente porque a violência se instaurou no país. Mas, na maioria das vezes, como eu mesmo testemunhei na zona rural de Madagascar, pouca coisa acontece.

---

* Aliás, não precisaria se basear em um sistema rigoroso de consenso, uma vez que, como veremos, o consenso absoluto é irrealista em grupos grandes e ainda mais em escala mundial! Estou falando apenas de uma abordagem política, qualquer que seja a forma institucional que tenha, que veja a deliberação política como resolução de problemas e não como uma luta entre interesses estabelecidos.

Obviamente, não existem estatísticas sobre o assunto, já que a ausência do Estado geralmente significa também a ausência de uma instituição para coletar os dados. No entanto, tenho conversado com muitos antropólogos e pessoas que estiveram nesses locais, e os relatos são incrivelmente parecidos: a polícia desapareceu e as pessoas deixaram de pagar impostos, mas, no mais, a vida continuou como era antes. Certamente não se envolveram em uma guerra hobbesiana de "todos contra todos".

Por isso, quase nunca ouvimos falar desses lugares. Em 1990, quando estava morando na cidade de Arivonimamo, em Madagascar, e passeava pela área rural do entorno, nem percebia, a princípio, que vivia em uma região onde o controle estatal tinha efetivamente desaparecido (acho que em parte minha impressão se deve ao fato de que todos falavam e agiam como se as instituições do Estado ainda estivessem funcionando, esperando que ninguém notasse sua ausência). Quando voltei, em 2010, a polícia estava de volta, os impostos estavam sendo recolhidos novamente, e todos achavam que o número de crimes violentos havia aumentado de maneira drástica.

Portanto, a verdadeira pergunta a fazer é: o que é a experiência de viver sob a tutela de um Estado? Ou seja, viver em uma sociedade na qual as regras são impostas pela ameaça da prisão e da polícia e todas as formas de desigualdade e alienação que tornam possível e fazem parecer evidente que as pessoas se comportariam de uma maneira que, por fim, não é o modo como realmente se comportam.

A resposta anarquista é simples. Se tratamos as pessoas como crianças, elas tendem a agir como crianças. O único método bem-sucedido já inventado para encorajar as pessoas a agir como adultos é tratá-las como adultos. Não é infalível. Nada é. Mas nenhuma outra abordagem tem chances concretas de dar certo. E a experiência histórica com o que realmente acontece em situações de crise demonstra que, se tiramos das pessoas — mesmo aqueles que não cresceram em uma cultura de democracia participativa — as armas e a possibilidade de ligar para seus advogados, elas podem se tornar, de uma hora para a outra, extremamente razoáveis.[33] E isso é exatamente o que os anarquistas estão propondo.

4. Como as mudanças acontecem

O último capítulo terminou com uma perspectiva filosófica de longo prazo; este pretende ser mais prático.

Seria impossível escrever um guia de como fazer revoltas não violentas, um *Rules for Radicals** (Regras para radicais) moderno. Se há uma regra que se aplica sempre à resistência civil, é o fato de não haver regras rígidas. Os movimentos funcionam melhor quando se adaptam melhor a cada situação em particular. O melhor processo democrático depende da natureza da comunidade envolvida, de suas tradições culturais e políticas, do número de pessoas que participam, do nível de experiência dos participantes e, é claro, do que eles estão tentando realizar, entre outros tantos interesses práticos imediatos. As táticas têm que permanecer flexíveis: se os movimentos não se reinventam constantemente, logo perdem força e morrem.

Depois, há o fato óbvio, mas muitas vezes incompreendido, de que uma tática adequada para uma comunidade pode ser completamente inadequada para outra. Depois das expulsões do Occupy Wall Street, houve um debate acalorado, como já mencionei, sobre os black blocs, formações compostas principalmente por anarquistas e outros militantes antiautoritarismo que comparecem às ações vestidos com máscaras pretas e casacos pretos com capuz idênticos, em parte

---

* *Rules for Radicals: A Pragmatic Primer for Realistic Radicals* foi um livro escrito pelo organizador comunitário Saul D. Alinsky, publicado em 1971, pouco antes de sua morte. É uma espécie de guia para futuros organizadores de comunidades. (N. E.)

como demonstração de solidariedade revolucionária, mas também para indicar que ali há pessoas prontas para se engajar em uma ação mais combativa caso seja necessário. Nos Estados Unidos, em geral se consideraram não violentos, mas definem "violência" como danos causados a seres vivos. Estão dispostos a se envolver em ataques simbólicos à propriedade de empresas, e às vezes até a contra-atacar de forma limitada se agredidos diretamente pela polícia. No entanto, igualmente comum é o uso de "táticas combativas" que envolvem apenas slogans escritos com spray de tinta, ou dar os braços a outros ativistas, ou ainda a formação de um escudo humano para proteger manifestantes mais vulneráveis da polícia.

Como também já mencionei, a presença de black blocs é muitas vezes tratada pelos comentaristas *liberais* como uma forma de violência por si só. Uma alegação comum é que essas formações, apenas por estarem presentes, acabam afastando as comunidades de trabalhadores que os movimentos mais amplos deveriam atrair ou dando à polícia um pretexto para atacar manifestantes pacíficos.

Mas a verdade é que em 90 por cento das ocupações ninguém empregou táticas de black bloc. E na ocupação que teve a maior formação black bloc, a Occupy Oakland, houve razões específicas de cunho local para isso. Oakland é uma cidade marcada por décadas de extrema brutalidade policial e resistência combativa dos pobres, especialmente da comunidade negra (os Panteras Negras, afinal, são de Oakland). Se na maioria das cidades as táticas de black bloc poderiam de fato afastar as classes trabalhadoras do movimento, em Oakland o mais provável era que fossem consideradas um sinal de solidariedade.

Como aprendi com o Movimento de Justiça Global, em 2000, discussões acaloradas sobre táticas muitas vezes não passam de disputas disfarçadas a respeito de estratégia. Por exemplo, depois das ações durante o encontro da OMC em Seattle, em novembro de 1999, a questão que todos debatíamos era: "Será que é sempre uma boa ideia quebrar uma vidraça?" Mas a discussão subjacente era sobre quem, nos Estados Unidos, o movimento deveria realmente mobilizar, e com que finalidade: consumidores de classe média com alto grau de escolaridade, que poderiam se juntar a nós para apoiar as políticas de comércio justo (ou seja, o tipo de pessoa que poderia recuar diante do primeiro sinal de violência) ou elementos potencialmente revolucionários, que não precisavam nem ser convencidos de que o sistema era violento e corrupto, mas, sim, de que era possível ser bem-sucedido em ataques contra ele (este, o tipo de pessoa que poderia achar uma ou duas vidraças quebradas algo inspirador)?

O debate nunca ficou totalmente resolvido. E essas questões estratégicas parecem inadequadas aqui. Ao menos não me cabe opinar sobre que parcela da população deveria ser mobilizada. Mas posso dizer que, quem quer que sejam, aqueles que estão mobilizando em suas próprias comunidades devem pensar em um modo de agir em espírito de solidariedade com todos os outros membros dos 99 por cento.

Em vez disso, vou me concentrar em uma série de ideias e sugestões práticas, retiradas da minha experiência de uma década com organizações horizontais e também da experiência direta com o próprio Occupy.

Consenso

Há um grande debate sobre a possibilidade de o consenso ser usado em grupos maiores, e quando seria apropriado para grupos baseados em consenso voltar a usar a votação e com que propósito. Mas esses debates em geral são marcados por uma confusão quanto ao que o consenso de fato significa.

Muitas pessoas pressupõem, com alguma teimosia, que o processo de consenso é simplesmente um sistema de votação por unanimidade — e começam a debater se esse sistema "funciona", presumivelmente em oposição a um sistema em que todas as decisões assumem a forma da votação por maioria. Ao menos do meu ponto de vista, esses debates perdem o foco. A essência do processo de consenso é apenas que todos devem ser capazes de opinar igualmente em uma decisão, e ninguém deve estar preso a uma decisão que abomine. Na prática, pode-se dizer que ele se resume a quatro princípios:

- Todo aquele que acha que tem algo relevante a dizer sobre uma proposta deve ter suas perspectivas cuidadosamente consideradas;
- Fortes preocupações ou objeções devem ser levadas em conta e, se possível, consideradas na versão final da proposta;
- Qualquer pessoa que ache que uma proposta viola um princípio fundamental compartilhado pelo grupo deve ter a oportunidade de vetar ("bloquear") a proposta;
- Ninguém deve ser forçado a seguir uma decisão com a qual não concorde.

Ao longo dos anos, diferentes grupos e indivíduos desenvolveram sistemas de processo de consenso formal para garantir esses resultados. Eles podem ter diferentes formas, e não é preciso que haja necessariamente um processo formal, que às vezes é útil, às vezes não. Grupos menores muitas vezes podem operar sem nenhum procedimento formal.

Na verdade, há uma variedade infinita de formas que podem ser adotadas para a tomada de decisões no espírito desses quatro princípios. A questão, frequentemente em debate, sobre se o processo de análise de uma proposta deve ou não terminar em votação formal com as mãos ou outra afirmação de consenso é secundária. O que é fundamental é o processo que leva à decisão.

Terminar em votação tende a ser problemático não porque haja algo de intrinsecamente errado com o método de levantar as mãos, mas porque isso faz com que seja menos provável que todas as perspectivas sejam plenamente levadas em conta. Mas, se é criado um processo que termina em votação e ainda assim se permite que todas as perspectivas sejam consideradas de maneira satisfatória, então não há nada de errado com ele.

Deixe-me dar alguns exemplos práticos do que quero dizer. Para começar, um problema comum que grupos recém-formados precisam enfrentar é como escolher um processo de tomada de decisão. Pode parecer um pouco o impasse do ovo e da galinha: será que é preciso votar para decidir operar por consenso ou exigir consenso para que o grupo use a votação por maioria? Qual é o padrão?

Para descobrir, pode ser útil dar um passo atrás e pensar na própria natureza do grupo. Estamos acostumados a pensar em grupos como reuniões de pessoas com algum tipo de associação formal. Se você concorda em participar de um grupo que já tem um conjunto de regras — não importa se de um sindicato ou de uma liga amadora de softball —, você, pelo próprio ato de adesão, está concordando em se vincular a essas regras. Se for um grupo que opera por maioria de votos, isso significa que você concorda em se submeter às decisões da maioria. Se for um grupo vertical, com uma estrutura de liderança, você está concordando em fazer o que os líderes determinarem. Você ainda tem alguns recursos: se se opuser a uma decisão, pode sair ou se recusar a cumpri-la, o que pode até fazer com que o grupo reconsidere a decisão, mas o mais provável é que você seja penalizado de alguma maneira ou mesmo expulso. O que importa é que haverá algum tipo de sanção. O grupo pode impor um comportamento por meio da ameaça de punição.

Mas se estamos falando de uma reunião de ativistas ou de uma assembleia pública, diferentemente de um grupo composto por membros formais, nada disso se aplica. Em uma reunião pública, ninguém concordou com nenhuma regra preestabelecida. É apenas um grupo de pessoas sentadas em uma sala (ou de pé em uma praça pública). Não estão submetidas à decisão da maioria a menos que concordem em estar. E mesmo que concordem, se um participante posteriormente descobre que uma decisão é objetável a ponto de fazê-lo mudar de ideia, não há nada que o grupo possa fazer. Ninguém tem poderes para forçar o outro a fazer nada. E se é um grupo horizontal ou de inspiração anarquista, ninguém sequer desejaria ter poderes para isso.

Então, como esse grupo decide se quer operar por voto majoritário ou por alguma forma de consenso? Bem, primeiro, todos têm de entrar em um acordo. Se não houver acordo, então é justo dizer que "todos devem ter o mesmo direito de expressar sua opinião, e ninguém pode ser forçado a fazer algo a que se oponha veementemente". Esse passa a ser o princípio geral de qualquer tomada de decisão.

Isso não quer dizer que jamais se deva fazer uma votação por maioria com as mãos. Um exemplo de aplicação óbvia é uma situação em que se precisa descobrir informações decisivas como: "Se realizássemos um evento às 13h na segunda-feira, quantos de vocês poderiam comparecer?" Da mesma forma, se há um assunto técnico em que parece claro que nenhum princípio está em questão ("Devemos adiar essa discussão por enquanto?" ou "Próxima reunião na terça ou na quarta?"), então o mediador pode simplesmente perguntar se todos estão de acordo em acatar a decisão da maioria sobre a questão e pronto.

O mais comum, porém, é que o mediador peça que as pessoas levantem as mãos apenas em casos de "pesquisa de opinião não vinculante" ou "pesquisa informal de opinião", ou seja, apenas para ter uma noção de como as pessoas estão pensando. Isso pode ser feito com um simples levantar de mãos ou por um sistema mais sutil no qual se colocam as mãos para o alto para mostrar aprovação, para baixo, para desaprovação, e na horizontal para mostrar incerteza. Como não implicam nenhuma obrigatoriedade, esses testes podem dar todas as informações que se precisa saber. Se há um sentimento de forte oposição à proposta, a pessoa que a fez poderá retirá-la.

Para assuntos menos triviais, porém, os quatro princípios se tornam mais importantes. Então, como conseguir consenso em questões mais complexas? Existe um procedimento bastante padronizado com quatro passos, desenvolvido ao longo dos anos para garantir que as propostas pudessem ser continuamente remodeladas, em espírito de compromisso e criatividade, até atingirem um formato mais perto de ser favorável a todos. Não há nenhuma necessidade de ser religioso a respeito desse procedimento; há muitas variações possíveis. E é importante lembrar que, embora se presuma que as pessoas que comparecem a uma reunião concordam com os princípios básicos, elas não concordaram com nenhuma regra formal específica sobre procedimentos. Assim, os procedimentos devem se adaptar aos desejos do grupo. De modo geral, é mais ou menos assim:

1. Alguém faz uma *proposta* de um plano de ação;

2. O mediador pergunta se há *dúvidas a serem esclarecidas* para se certificar de que todos entenderam exatamente o que está sendo proposto;
3. O mediador pergunta se alguém quer fazer alguma colocação:
a. Durante a discussão, quem tiver alguma colocação a fazer pode sugerir *emendas amigáveis* à proposta. A pessoa que originalmente trouxe a proposta pode aceitar as emendas ou não.
b. Pode-se fazer ou não uma *pesquisa de opinião informal* sobre a proposta, sobre uma determinada emenda ou sobre a seriedade de uma colocação.
c. No decorrer do processo, a proposta pode ser rejeitada, reformulada, combinada com outras, fragmentada ou adiada para discussão posterior.
4. O mediador *confere se há consenso*:
a. perguntando se há *abstenções*. Ao se abster, a pessoa está dizendo: "Não gosto da ideia e não tomaria parte na ação, mas não quero impedir que outros o façam." É sempre importante que as pessoas que se abstêm tenham a chance de explicar seus motivos.
b. perguntando se existem *bloqueios*. Um bloqueio não é um voto "não". É mais parecido com um veto. Talvez a melhor maneira de entender o bloqueio seja pensar nele como algo que permite que qualquer pessoa do grupo vista temporariamente a toga de um juiz da Suprema Corte e derrube um texto legislativo que considere inconstitucional, ou, nesse caso, *que esteja violando os princípios fundamentais de unidade ou o propósito de existência do grupo*.*

Há várias maneiras de lidar com um bloqueio. A mais fácil é simplesmente retirar a proposta. O mediador pode encorajar o bloqueador a se encontrar com as pessoas que apresentaram a proposta, juntar-se ao grupo de trabalho competente, por exemplo, e

---

* Na linguagem do Occupy, um bloqueio tem que se basear em "uma colocação moral, ética ou relativa à segurança que seja tão forte que você consideraria deixar o movimento caso a proposta siga adiante".

ver se conseguem chegar a algum tipo de acordo razoável. Às vezes, especialmente se os outros acham que o bloqueio não se justifica (por exemplo: "Não acho que seja antissemita fazer a próxima reunião na sexta-feira, mesmo sendo um feriado judaico. Muitos de nós somos judeus e não nos importamos"),* pode-se tentar algum tipo de processo para impugná-lo: por exemplo, perguntar se pelo menos dois outros membros do grupo querem mantê-lo (chamamos essas situações de "consenso menos um" ou "consenso menos dois"). Ou, se for um grupo grande, geralmente é uma boa ideia ter um feedback: se existe uma forte sensação de que a maioria das pessoas quer seguir adiante, independentemente de um bloqueio, pode-se recorrer a uma votação por maioria qualificada.

Durante a nossa primeira reunião para o Occupy Wall Street, em 2 de agosto, por exemplo, decidimos por uma versão de "consenso modificado", de acordo com a qual poderíamos, em caso de impasse, recorrer ao critério de aprovação por uma maioria de dois terços. Mas mais tarde, poucos dias depois da ocupação, a assembleia geral concordou em aumentar a porcentagem para 90 por cento, com a justificativa de que, com o rápido crescimento do movimento, o sistema anterior permitiria a aprovação de propostas com a oposição de centenas ou mesmo milhares de participantes.

É importante não recorrer a esse recurso automaticamente: se alguém bloqueia, o mais provável é que tenha havido uma falha do processo, isto é, que uma colocação legítima tenha sido levantada e não considerada. Nesse caso, o melhor é que o grupo volte atrás e reconsidere a proposta. Mas, especialmente em um grupo muito grande, será preciso recorrer a expedientes como esses de vez em quando.

Existem algumas áreas do processo de consenso que podem causar problemas ou confusão. Vou tentar esclarecer aqui.

---

* Como o leitor deve suspeitar, o caso se refere a um incidente específico: um judeu ortodoxo recém-chegado a uma reunião da Rede de Ação Direta fez objeções a várias datas propostas para nosso encontro, alegando serem feriados judeus, o que irritou os demais — éramos apenas 12 pessoas ainda na sala, depois de uma longa reunião — e uma mulher negra indicou que estava inclinada a bloquear a proposta, alegando que manter a reunião naquela data seria discriminação religiosa. Por fim, alguém precisou explicar calmamente que ela era a única pessoa não judia na sala.

Uma delas é que não se pode basear um bloqueio no princípio da unidade do grupo a menos que o grupo realmente tenha um princípio de unidade. Por isso, é sempre aconselhável chegar a um acordo o mais rapidamente possível sobre por que o grupo existe e o que ele quer conseguir. É melhor que esses princípios sejam simples. Também é fundamental, ao formulá-los, lembrar que todo grupo ativista existe para *fazer* alguma coisa, para mudar o mundo de alguma maneira. Portanto, os princípios devem refletir tanto o que o grupo quer conseguir quanto os meios que utiliza para isso — e os dois, os fins e os meios, devem manter o maior grau possível de harmonia entre si. A escolha mais inteligente quando se trata de definir o grupo, porém, é realmente simplificar. É muito mais fácil dizer "Nós nos opomos a todas as formas de hierarquia social e opressão", por exemplo, do que tentar listar todas as formas de hierarquia social e opressão que se acredita existir.

Uma vantagem de se ter um princípio de unidade é não apenas o fato de que ele pode esclarecer bloqueios, mas também possibilitar que participantes bem-intencionados, de tempos em tempos, lembrem aos demais por que estão ali. Isso pode ser incrivelmente útil na resolução de conflitos, uma vez que, em momentos mais acalorados, as pessoas têm a espantosa capacidade de esquecer o propósito inicial de estarem reunidas.

Isso nos leva a outro ponto: não há nada de errado com o conflito, desde que as pessoas se lembrem do motivo por que estão reunidas. Esse é mais um equívoco sobre o consenso: "Mas o conflito é a essência da política", ouve-se com frequência. "Como vocês podem tentar eliminá-lo?" Obviamente, não é possível. E nem se deve tentar. Parte da confusão vem do fato de que, nos Estados Unidos, diferente de muitos outros lugares, os ativistas foram apresentados pela primeira vez a um consenso por meio da tradição quacre, ou seja, a primeira experiência de consenso está enraizada em suscetibilidades delicadas e, para falar a verdade, burguesas.

Espera-se que todos sejam, pelo menos superficialmente, *extremamente* agradáveis. Após o histrionismo *macho man* que tomou conta dos movimentos radicais no final dos anos 1960, quando pular em cadeiras e dar murros eram considerados comportamentos normais, o consenso inspirado nos quacres e no feminismo veio a ser um útil corretivo. Mas logo a desejada ênfase feminista na escuta mútua, no respeito e na comunicação não violenta começou a ser substituída pela ênfase, claramente de uma classe média alta que frequenta festas elegantes, em polidez e eufemismo, em evitar a todo custo qualquer demonstração de emoções desconfortáveis — o que é, a seu próprio modo, tão opressor quanto o velho estilo *macho*, especialmente para quem não faz parte dessa classe média alta.

Embora o estilo burguês não tenha sido esquecido, tem acontecido uma mudança em outra direção nos últimos anos. Os melhores mediadores, por exemplo, já perceberam que na realidade é muito melhor dizer: "Sim, somos pessoas intensas, estamos aqui porque nos importamos profundamente e temos emoções arrebatadas; demonstrações de raiva e frustração são tão importantes (e legítimas) quanto as de humor e amor. Em vez de tentar suprimir essas coisas, devemos compreender que, para que um grupo conquiste seus objetivos, os conflitos entre amigos e aliados devem ser incentivados, desde que todos se lembrem de que se trata de uma disputa entre pessoas que se gostam. Na prática, isso significa que, embora seja perfeitamente legítimo duvidar do discernimento das palavras ou dos atos do outro durante uma reunião, ou até mesmo expressar indignação diante disso, deve-se sempre dar ao outro o benefício da dúvida, acreditando em sua honestidade e suas boas intenções.

Isso pode ser extremamente difícil. Muitas vezes pode-se ter todas as razões para suspeitar que um interlocutor não está se comportando de maneira honesta nem bem-intencionada. Pode-se até suspeitar que seja um policial disfarçado. Mas pode ser um engano. E, assim como a maneira mais garantida de fazer as pessoas agirem como crianças é tratá-las como crianças, a maneira mais garantida de fazer com que comecem a se comportar de forma irresponsável durante uma reunião é tratá-las como irresponsáveis. Portanto, embora seja uma situação difícil, todos devem estar atentos a esse tipo de comportamento, e denunciar imediatamente quando for o caso. Não há problema em dizer a alguém que está sendo um idiota se você realmente acha isso. Mas não é legal dizer que uma pessoa está tentando intencionalmente destruir o movimento.

Se, por fim, essa pessoa realmente estiver tentando destruir o movimento de propósito, existem maneiras de lidar com isso. Se for de fato um policial, ou um nazista, ou alguém tentando impedir ativamente que o grupo atinja seus objetivos, ou ainda se for apenas um completo lunático, essa pessoa precisa ser neutralizada de alguma maneira, de preferência fora da reunião.

Um problema que tivemos em Nova York foi que, mesmo quando as pessoas declaravam abertamente que seu objetivo era atrapalhar a reunião, continuavam autorizadas a participar. Por fim descobrimos que a melhor maneira de lidar com essas pessoas era evitá-las: diante do que quer que dissessem ou fizessem, simplesmente não reagiríamos. Esse tipo de abordagem foi utilizado pela primeira vez, de forma espontânea, quando fazíamos uso do microfone humano: se alguém começava a dizer algo que os outros achavam ofensivo, todo mundo simplesmente parava de repetir, e, se o orador mantinha a linha ofensiva, acabava percebendo que ninguém conseguia ouvir o que tinha a dizer.

Sempre há limites, reconhecidos ou não. Se não são reconhecidos, ficam visíveis no momento em que alguém os ultrapassa. Assim como a "diversidade de táticas" se baseia no pressuposto tácito de que ninguém jamais iria aparecer em uma manifestação com um carro-bomba ou um lança-granadas, também a afirmação de que nenhum ativista deve ser expulso de uma reunião pressupõe determinados parâmetros.

Recentemente presenciei, em um conselho de porta-vozes em Nova York, um longo debate entre os presentes sobre estabelecer ou não um "acordo comunitário" e um princípio comum de que, se alguém violasse o acordo, deveria ser convidado a se retirar voluntariamente. Os participantes se opunham em coro à proposta, até que, de repente, alguém notou que um dos delegados tinha um cartaz que dizia "Grupo de Trabalho Identidade Ariana". Ele foi então imediatamente cercado pelas pessoas — muitas das quais tinham acabado de dizer alto e bom som que a regra era opressora — e obrigado a sair.

*

Essa é apenas uma das várias ferramentas desenvolvidas ao longo dos anos por grupos de ativistas para possibilitar o funcionamento do processo de consenso. Existem muitas outras (os quebra-gelos, os círculos, a pipoca, o aquário*...). Existem materiais detalhados sobre como usá-los; podem ser encontrados facilmente na internet com uma simples busca no Google. Há guias de mediação e processo de consenso para todos os gostos, mas, pessoalmente, o meu favorito é o guia escrito pelo ativista Starhawk.

Há também diferentes modelos de organização (assembleias gerais e conselhos de porta-vozes, por exemplo), cada um com seus méritos próprios. Não há uma única maneira certa, ou um roteiro para usar esses modelos em escala a fim de mobilizar toda a sociedade em bases diretamente democráticas.

A beleza do processo de consenso é o fato de ele *ser* variado e adaptável. Então, eis algumas considerações práticas e mal-entendidos comuns sobre os princípios básicos do consenso que, esperamos, vão ajudar aos leitores interessados em participar de um processo de descoberta dessas variações por si mesmos:

Perguntas e respostas sobre o consenso

> P: *Mas todo esse "processo de consenso" não é só uma manipulação de uma tácita ou encoberta panelinha de líderes?*

R: Se você opera por consenso sem nenhuma regra, então, sim, inevitavelmente uma liderança tácita vai acabar surgindo — pelo menos tão logo o grupo ultrapasse os oito ou nove componentes. A escritora e ativista Jo Freeman apontou isso na década de 1970, durante os primeiros anos do movimento feminista. O que hoje chamamos de

---

* *icebreakers, go-rounds, popcorn* e *fishbowls*. (N. E.)

"processo de consenso" foi criado em grande parte para resolver esse problema, na esteira da crítica de Freeman.

O papel do mediador é um exemplo perfeito nesse sentido. A maneira mais fácil de saber que você está lidando com um processo corrompido é perceber se é a mesma pessoa que está: a) conduzindo a reunião e b) fazendo todas as propostas. Em qualquer grupo horizontal, tem que haver uma compreensão muito clara de que o mediador não apresenta propostas. Ele está ali apenas para ouvir e ser um intermediário que ajuda o grupo a pensar. Em geral, aliás, até mesmo o papel de mediador é dividido e repartido entre várias pessoas. uma para tocar a reunião de fato, outra para cuidar da lista de inscrições (de quem pede a palavra), outra para controlar o tempo e uma como observadora do ambiente, para garantir que o ânimo não baixe e que ninguém se sinta excluído. Tudo isso faz com que seja ainda mais difícil que um mediador manipule o debate, mesmo que inconscientemente. Também há rotatividade entre os mediadores, o que permite ao grupo manter o equilíbrio de gênero entre eles, assim como fazem com os oradores inscritos.

Isso não significa que não haverá panelinhas, especialmente em grupos muito grandes, ou que algumas pessoas não vão acabar tendo muito mais influência do que outras. A única solução de verdade para isso é o grupo ficar atento o tempo todo.

> *P: Mas se você está dizendo que tendem a surgir panelinhas mais influentes, simplesmente reconhecer o fato de que há realmente líderes e, portanto, criar uma estrutura de liderança formal não seria melhor do que ter uma liderança secreta que não pode ser responsabilizada e que ninguém reconhece abertamente?*

R: Na verdade, não. As pessoas que atuam mais vão, é claro, ter mais influência. Isso dá certa vantagem àqueles que têm mais tempo para dedicar ao movimento. Inevitavelmente, alguns vão começar a coordenar juntos e isso quer dizer que terão acesso privilegiado à informação. O verdadeiro problema está aí. Em qualquer grupo igualitário, as informações tendem a ser um recurso limitado. Se ele acaba tendo uma hierarquia, é porque algumas pessoas têm meios de descobrir o que está acontecendo e outras não. Mas formalizar isso declarando os que têm acesso privilegiado às informações como "líderes" não vai melhorar o problema; ao contrário, só piora a situação. O único modo de fazer com que essas pessoas não comecem a impor sua vontade aos demais, mesmo que sem querer, é criar mecanismos que garantam que a informação esteja disponível o mais amplamente possível, além de sempre lembrar aos membros mais ativos que não existe uma estrutura de liderança formal e que ninguém tem o direito de impor sua vontade.

Da mesma forma, criar um "comitê de coordenação" com os membros desse grupo de liderança informal, mesmo permitindo que todos decidam se eles devem continuar no comitê a cada seis meses ou mais, não faz deles pessoas "mais responsabilizáveis", como muitas vezes se sugere (contrariando toda a experiência); na verdade, isso claramente os torna *menos*. Eu me pergunto por que alguém imaginaria o contrário.*

> P: *Admitamos que o consenso funcione bastante bem em grupos pequenos ou em bairros e em comunidades onde todos se conheçam. Mas como pode funcionar em um grupo grande de estranhos no qual não há nenhuma base inicial de confiança?*

R: Não devemos romantizar a comunidade. É verdade que pessoas que viveram juntas a vida toda, digamos, em uma aldeia rural estão mais propensas a compartilhar perspectivas do que aquelas que vivem em uma grande metrópole impessoal, mas também é maior a probabilida-

---

* Na verdade, as razões remontam a um preconceito generalizado, com origem na teoria política *liberal*, contra qualquer coisa que possa parecer com um "poder arbitrário". Por pelo menos um século, a justificativa predominante para o uso da força por parte do governo contra seus próprios cidadãos tem sido de que ela só é abusiva se não seguir regras explícitas, de conhecimento geral. A implicação disso é que qualquer forma de exercício do poder, até mesmo por influência, é censurável se não for formalmente reconhecida, e os poderes, expressos claramente. Por outro lado, o poder informal (mesmo que não violento) acabou sendo de alguma maneira considerado uma ameaça maior à liberdade humana do que a própria violência. Em última análise, é claro que tudo isso é uma espécie de utopia: é quase impossível haver regras claras e explícitas que englobem toda a ação política.

de de que sejam inimigos mortais. O fato de que elas podem mesmo assim chegar a um consenso é um testemunho da capacidade dos seres humanos de vencer o ódio em nome do bem comum.

Quanto a reuniões entre estranhos: se alguém junta um grupo aleatório de pessoas na rua e as força a participar de uma reunião contra a sua vontade, provavelmente elas não serão capazes de encontrar uma base de entendimento comum (exceto na elaboração de um plano de fuga). Mas ninguém vai a uma reunião por livre e espontânea vontade a menos que queira alguma coisa com isso; todos têm algum objetivo comum que os fez estar ali. Se não se desvirtuam e têm sempre em mente o que os reuniu, de modo geral conseguem superar as diferenças.

P: Por que chamar "consenso modificado" o recurso a 66 por cento, 75 por cento, ou mesmo a 90 por cento dos votos nas reuniões maiores? Isso não é simplesmente um sistema de votação qualificada? Por que não podemos ser honestos e usar esse nome?

R: Não é de fato a mesma coisa. O que é fundamental para o consenso é o processo de síntese, é retrabalhar as propostas até o ponto em que o maior percentual possível de participantes goste dela, e o menor percentual possível tenha objeções. Às vezes, em grupos maiores, vê-se que, apesar desse esforço, alguém está disposto a bloquear, e haverá divergências básicas sobre o fato de o bloqueio ser uma expressão genuína dos princípios básicos do grupo. Nesse caso, tem-se a opção da votação. Mas, como qualquer um que tenha participado de uma reunião com base em, digamos, dois terços de votação pode atestar, quando se passa imediatamente para a votação, a dinâmica é diferente, porque não há o pressuposto de que a perspectiva de todos tem o mesmo valor. Nesse caso, qualquer pessoa cuja opinião represente menos de um terço dos membros da reunião pode ser simplesmente ignorada.

P: O que fazer se as pessoas abusarem do sistema?

R: Algumas pessoas, seja lá por que motivos, são desnorteadas ou perturbadas demais para participar de uma reunião democrática.

Outras conseguem se encaixar, mas são tão difíceis e conflituosas que exigem uma atenção constante. Para satisfazê-las precisamos dedicar muito mais tempo a seus pensamentos e sentimentos do que ao restante do grupo, o que põe em xeque o princípio de igualdade. Se uma pessoa atrapalha a reunião o tempo todo, tem que haver uma maneira de pedir a ela que saia. Se ela se recusar, a providência seguinte é, em geral, procurar os amigos ou aliados dela para ajudar a convencê-la. Se isso não for possível, a melhor medida é tomar uma decisão coletiva de ignorá-la de maneira sistemática.

P: A insistência no consenso não engessa a criatividade e a individualidade? Ela não promove uma espécie de conformismo suave?

R: Sim, se for malfeito. Tudo pode ser malfeito. O processo de consenso é com frequência muito mal conduzido. Mas isso acontece principalmente porque vários de nós somos novos nisso. Estamos de fato criando uma cultura democrática a partir do zero. Mas quando bem-feito, não há nenhum outro processo mais favorável ao individualismo e à criatividade, porque ele se baseia no princípio de que não se deve nem mesmo tentar converter os outros inteiramente ao seu ponto de vista, e que nossa diferença é um bem comum que deve ser respeitado em vez de tomado como impedimento para a realização de objetivos comuns.

O verdadeiro problema aqui é quando o consenso é um processo de tomada de decisão por parte de grupos que já são baseados em desigualdades acentuadas de poder (reconhecidas ou não) ou que já têm uma cultura de conformismo. Para dar um exemplo extremo, é o modo como ele é praticado em empresas japonesas ou mesmo americanas, como a Harley-Davidson. Em casos como esses, não há dúvida de que exigir "consenso" pode tornar tudo ainda pior. Mas nem se trata realmente de consenso nos termos definidos aqui, e sim de uma unanimidade forçada. Não há maneira mais eficaz de destruir o potencial radical dos procedimentos democráticos do que forçar as pessoas a fingir que os estão usando, quando na verdade não estão.

P: Será que é razoável esperar que as pessoas participem regularmente de reuniões de 14 horas de duração?

R: Não, de forma nenhuma é razoável esperar isso. Obviamente, ninguém deve ser forçado — nem mesmo pela pressão moral — a participar de reuniões contra a sua vontade. Mas também não queremos nos dividir entre uma classe de dirigentes que têm tempo para participar de longas reuniões e outra de seguidores que nunca conseguem dar sua opinião sobre as decisões-chave. Em sociedades tradicionais que vêm praticando o consenso há séculos, a solução usual é tornar as reuniões divertidas: usar humor, música, poesia, para que as pessoas se divirtam ao assistir aos sutis jogos retóricos e aos dramas que os acompanham. Nesse sentido, novamente, Madagascar é meu exemplo favorito. O tipo de retórica implantada nas reuniões é tão apreciado no país que vi oradores particularmente qualificados usando-a fora das reuniões como forma de entretenimento nos intervalos de apresentações de bandas de rock em festivais de música.

Mas é claro que essas são sociedades nas quais a maioria das pessoas tem muito mais tempo disponível (sem contar que não têm TV nem redes sociais para distraí-los). Em um contexto urbano contemporâneo, a melhor solução, quando passa aquele momento de excitação inicial em que todo mundo está empolgado para participar, é simplesmente não ter reuniões de 14 horas. É preciso ser rigoroso com os limites de tempo: alocar dez minutos para determinado item de discussão, cinco para outro, e não mais de trinta segundos para cada orador. E lembrar sempre que não há necessidade de repetir o que outro já disse. Mas o mais importante é não levar propostas a um grupo maior a menos que haja uma ótima razão para isso. Isso é absolutamente essencial. Na verdade, é tão importante que vou fazer uma seção inteira a esse respeito.

Não submeta uma proposta para se chegar ao consenso a menos que haja uma ótima razão para isso

O processo de consenso só funciona se combinado com um princípio de descentralização radical.

Não consigo enfatizar esse ponto o bastante. Se há um lado bom na morosidade do processo formal de consenso, é precisamente o fato de que ele desencoraja as pessoas a levar propostas ante uma assembleia geral ou um conselho de porta-vozes ou outro grande grupo a não ser que seja realmente necessário. É sempre melhor, se possível, tomar decisões em pequenos grupos: grupos de trabalho, grupos de afinidade, coletivos. A iniciativa deve partir de baixo. Ninguém deve achar que precisa da autorização de outra pessoa, nem mesmo da assembleia geral (que é todo mundo), a menos que fazer isso possa prejudicar o processo de algum modo.

Deixe-me dar um exemplo.

Quando ainda nos reuníamos no Parque Tompkins Square, antes do início da ocupação em si, o grupo Divulgação quase desistiu em massa. Eles submeteram uma proposta de uma breve descrição da natureza e dos propósitos do grupo do Occupy Wall Street para ser utilizada nos folhetos que acabou sendo bloqueada na Assembleia Geral. A mulher na função de porta-voz do grupo mal conseguia disfarçar sua irritação, e finalmente me procurou, como suposto especialista no processo, para saber se eu poderia mediar. Pensei por um momento e perguntei:

— Bem, por que vocês trouxeram o texto para o grupo, afinal?

— Porque achei que seria melhor que todos aprovassem o modo como o grupo ia se descrever. Mas parece que qualquer que seja a linguagem que usemos, mesmo a mais minimalista, alguém se opõe. Elaboramos uma frase *realmente* sem nada que possa ser objetado!

— Tem certeza de que não estão se opondo ao próprio fato de vocês terem levado o texto para o grupo?

— Por que fariam isso?

— Bom, tudo bem, vamos pensar da seguinte forma: vocês são o grupo Divulgação. O grupo de trabalho recebeu da Assembleia Geral a atribuição de fazer a divulgação. Bem, acho que podemos argumentar: se vocês têm a atribuição de fazer a divulgação, têm também a atribuição de fazer o que é necessário para fazer a divulgação, como, digamos, apresentar uma maneira de descrever o grupo. Então, não acho que haja realmente nenhum motivo para pedir a aprovação do grupo, a menos que achem que há algo muito controverso que queiram verificar. Eu não estava lá; o texto era controverso?

— Não. Até achei que, se havia algum problema no texto, era o fato de estar bastante desinteressante.

Isso é o que acontece se você acha que precisa de aprovação para qualquer coisa.

Depois dessa conversa fui procurar a pessoa que tinha originalmente bloqueado o texto. Ele estava de pleno acordo com minha avaliação: havia bloqueado porque queria deixar claro que os grupos de trabalho deveriam decidir sozinhos assuntos daquela natureza. O principal problema, então, não era uma divergência sobre o processo; era apenas o fato de a pessoa que bloqueou não ter justificado sua ação.

*

Como regra geral: as decisões devem ser tomadas em menor escala, no nível mais baixo possível.* Não peça aprovação mais geral a menos que haja uma necessidade imperiosa para isso.

Mas quando uma necessidade se torna imperiosa? Quais são os critérios para decidir quem deve e quem não deve ter a oportunidade de opinar sobre a questão?

Grande parte da história do pensamento radical — particularmente do pensamento democrático radical — depende exatamente dessa pergunta. Quem começa a tomar as decisões e por quê? A questão tem tomado a forma de um debate entre dois princípios: um é em geral chamado de auto-organização dos trabalhadores ou apenas

---

* Na União Europeia, esse princípio recebe o terrível nome de "subsidiariedade". Que eu saiba, não há outra palavra para o conceito; ainda assim, não fui capaz de empregá-la.

controle dos trabalhadores; o outro pode ser chamado simplesmente de democracia direta.

No passado, o conceito de controle dos trabalhadores era aplicado, como o próprio nome sugere, para as mobilizações nos locais de trabalho, mas, como princípio básico, pode ser aplicado a qualquer contexto. Ele se resume à ideia de que todas as pessoas envolvidas ativamente em um determinado projeto devem ter igual direito a se pronunciar sobre o modo como o projeto é executado. Esse é o princípio, por exemplo, por trás do sistema de economia participativa (ou Parecon) proposto pelo teórico Michael Albert, tentando responder à pergunta "Que tipo de organização permite a existência de um local de trabalho genuinamente democrático?". Sua resposta foi *"balanced job complexes"* [grupos de tarefas equilibrados], ou seja, organizações em que todas as pessoas desempenhariam trabalho tanto físico, quanto mental e administrativo.

Basicamente, o controle dos trabalhadores diz que todos devem ter o mesmo direito a opinar sobre a maneira como um projeto do qual estão participando será realizado.

O segundo princípio, o da democracia direta, estabelece que todos aqueles *afetados* por um projeto devem ter voz na forma como ele é conduzido. Obviamente, as implicações aqui são bem diferentes. Se essa noção fosse formalizada, levaria à formação de assembleias democráticas comunitárias para reunir as opiniões de todas as pessoas com participação no projeto. Mas as coisas não precisam ser tão formais. Em várias circunstâncias é até fundamental que não sejam. Em Madagascar, onde se tem operado por consenso por muito tempo, usa-se o que eles chamam de princípio de *"fokon'olona"*, que é difícil de traduzir, já que às vezes assume o significado de "assembleia pública" e às vezes, de "todo mundo". Os colonos franceses tendiam a achar que a *fokon'olona* eram instituições políticas locais que poderiam ser transformadas em extensões de sua administração; mais tarde, governos madagascarenses tentaram por várias vezes fazer delas células de base para uma democracia local. Nunca funcionou. Em grande parte, porque não são órgãos formais, mas assembleias que se reúnem em torno de um problema específico — resolver um litígio, distribuir água para irrigação ou decidir sobre a construção de uma estrada —unindo todas as pessoas que possam ser afetadas pela decisão tomada.

Embora algumas pessoas tenham tentado apresentar a escolha entre os dois princípios — democracia direta e controle dos trabalhadores — como uma decisão difícil de ser tomada, uma sociedade verdadeiramente democrática provavelmente teria que recorrer a uma combinação de ambos. Por exemplo, não há razão para que toda a população cuja vida é de algum modo afetada por uma fábrica de papel localizada em alguma cidadezinha precise ou queira dar sua opinião sobre a política de férias dos operários; mas essa população tem todos os motivos para querer ser consultada sobre o que a fábrica está despejando no rio da cidade.

No caso de um grupo ativista, quando se faz uma pergunta desse gênero, o que de fato se quer saber são as funções dos grupos de trabalho. Todas as assembleias gerais do Occupy tiveram os seus. Em novembro de 2011, a assembleia geral da cidade de Nova York tinha mais de trinta. Alguns eram permanentes e estruturais: Meios de Comunicação, Mediação, Habitação, Contabilidade, Ação Direta. Outros eram permanentes e temáticos: Sistema Bancário Alternativo, Ecologia, Questões Transgênero. Outros foram ainda organizados em torno de ações ou campanhas específicas e podiam, portanto, ser permanentes ou temporários: Ocupação de Imóveis Desapropriados e Marcha de Solidariedade a Oakland, por exemplo. Os grupos de trabalho de ação tendem a ter seus próprios grupos de trabalho estruturais: Meios de Comunicação, Divulgação, Transporte e assim por diante.

Os grupos de trabalho são criados pela assembleia geral ou por um grupo maior para cumprir uma tarefa específica ou para realizar algum tipo de trabalho: pesquisa, educação etc. Às vezes se formam a partir de uma necessidade explícita ("Alguém está disposto a assumir a responsabilidade por questões de limpeza no acampamento?"); às vezes porque um grupo de pessoas tem uma ideia ("Queremos formar um grupo para pensar sobre como funcionariam os sistemas de limpeza em uma sociedade igualitária").

A assembleia geral de Nova York segue o princípio de que qualquer pessoa que pretenda criar um grupo de trabalho precisa reunir pelo menos cinco membros iniciais e enviar uma solicitação a todo o grupo. Alguns pedidos foram bloqueados. É claro que todos são livres para se reunir em uma sala e discutir o que quiserem: o que a assembleia geral faz quando aprova um grupo de trabalho é dar a ele plenos poderes para agir em seu nome. É basicamente uma forma de delegação. Não cria hierarquias verticais porque os grupos de trabalho são abertos a qualquer um. Na verdade, dividir-se em grupos de trabalho durante o curso de uma reunião é uma forma de a assembleia geral ou a reunião de planejamento de ação fazer com que ninguém tenha influência em excesso, já que é fisicamente impossível participar de mais de um grupo ao mesmo tempo. Em princípio, mesmo os porta-vozes, que se voluntariam para ser a pessoa com quem entrar em contato se alguém quiser falar com os membros do grupo de trabalho, devem ser alternados de tempos em tempos.

No conselho de porta-vozes, em que apenas um porta-voz de cada grupo de trabalho pode tomar parte na discussão formal (os outros membros são incentivados a assistir e a sussurrar em seu ouvido, ou consultá-lo discretamente), ninguém pode falar pelo mesmo grupo duas vezes seguidas.

Depois que o trabalho é distribuído ou que um grupo recebe autorização para se dedicar a um projeto, com que frequência é preciso voltar a pedir a aprovação da assembleia? A regra geral deve ser: só quando for óbvio que seria errado não pedir. Se há alguma dúvida sobre a necessidade de aprovação, provavelmente ela não é necessária.

Ação direta, desobediência civil e acampamentos

A inspiração original do Occupy Wall Street foi a tradição não apenas da democracia direta, mas da ação direta. De uma perspectiva anarquista, a democracia direta e a ação direta são, ou deveriam ser, dois aspectos da mesma coisa: a ideia de que a nossa forma de ação deve em si oferecer um modelo, ou, pelo menos, um vislumbre de como as pessoas livres podem se organizar e, portanto, de como uma sociedade livre poderia ser. No início do século XX, isso era chamado de "construir a nova sociedade dentro da casca da antiga"; nos anos 1980 e 1990, passou a ser conhecido como "política prefigurativa". Mas quando os anarquistas gregos declaram "somos uma imagem do futuro" ou os americanos afirmam estar criando uma "civilização insurgente", são apenas maneiras de dizer a mesma coisa: estamos falando de uma esfera em que a própria ação se torna profecia.

A concepção original do OWS refletiu essa sensibilidade anarquista de várias maneiras distintas. A mais óbvia, a recusa em fazer exigências foi, deliberadamente, também uma recusa em reconhecer a legitimidade da ordem política para quem as demandas teriam de ser feitas. Para os anarquistas, essa é a diferença entre protesto e ação direta: o protesto, por mais combativo que seja, é um apelo às autoridades para que se comportem de forma diferente; já usar a ação direta é proceder como se a estrutura de poder dominante não existisse, criando um sistema de ensino alternativo em uma comunidade, por exemplo, ou produzindo sal à revelia da lei (a exemplo da famosa marcha do sal de Gandhi), ou ainda tentando interromper uma reunião ou ocupar uma fábrica. A ação direta é, em última análise, insistir, provocativamente, em agir como se já fosse livre. (Todos estão perfeitamente cientes da existência da estrutura de poder, mas, ao agir dessa forma, negam qualquer autoridade moral à resposta que inevitavelmente virá e que, em geral, será violenta.)

A recusa em pedir autorizações era parte do mesmo espírito. Como explicamos uns aos outros nos primeiros dias das reuniões no Parque Tompkins Square, os códigos de Nova York são tão restritivos que qualquer assembleia não autorizada com mais de 12 pessoas em uma praça pública já é tecnicamente ilegal (é uma dessas leis que nunca são postas em prática, exceto contra ativistas políticos). Portanto, no mínimo, nossas reuniões eram uma forma de desobediência civil.

Isso leva a outra distinção importante: entre a desobediência civil e a ação direta. Muitas vezes, as duas são consideradas, equivocadamente, apenas tipos diferentes de militância (acredita-se que exercer a desobediência civil signifique fazer bloqueios em ruas, e a ação direta, mandá-las pelos ares).

A desobediência civil significa, na realidade, a recusa em cumprir uma lei injusta ou uma ordem juridicamente válida mas injusta. Assim, um ato de desobediência civil também pode ser uma ação direta: como quando alguém, por exemplo, queima a convocação para o serviço militar, seguindo o princípio de que não deveria haver convocações para o serviço militar em uma sociedade livre, ou quando um negro insiste no direito de ser servido em uma área reservada para brancos.

Mas um ato de desobediência civil não tem que ser uma ação direta, e em geral atos de desobediência civil não questionam a própria ordem jurídica, apenas leis ou políticas específicas. Na verdade, muitas vezes até visam explicitamente trabalhar dentro do sistema legal. É por isso que pessoas envolvidas com a desobediência civil muitas vezes veem com bons olhos a ideia de serem presas: a prisão lhes oferece uma plataforma para desafiar a lei ou a política, legalmente ou no tribunal da opinião pública.

Um episódio pouco conhecido da história pode ajudar a ilustrar a diferença. Uma das inspirações para as mobilizações que levaram às ações contra a Organização Mundial do Comércio em Seattle, em 1999, foi o grupo de agricultores indianos seguidores de Gandhi chamado KRSS (sigla de Associação de Agricultores do Estado de Karnataka, na Índia), que ficou conhecido por uma ação em 1995 na qual centenas de agricultores arruinaram, de forma metódica, uma loja do Kentucky Fried Chicken que consideravam o início de uma onda de invasão de *junk food* barata e criada por bioengenharia que acabaria destruindo a agricultura indiana. Como o exemplo sugere, eles viam a destruição da propriedade como um meio perfeitamente legítimo de resistência não violenta. No final da década de 1990, o presidente da associação, Mahantha Devaru Nanjundaswamy, lançou uma campanha para divulgar a desobediência civil não violenta em massa na Europa e nos Estados Unidos. Ele também dedicou boa parte de seu tempo ao início do Movimento de Justiça Global.

A ação da KRSS contra o Kentucky Fried Chicken serviu de inspiração para o que veio a ser conhecido como "ritual de destruição do McDonald's", que passou a ser uma característica regular de ações na Europa, e também para os ataques a lojas do Starbucks e de outras cadeias em Seattle. No entanto, Swamy (como é conhecido pelos ativistas no mundo todo) acabou se opondo fortemente a essas táticas. Não porque considerasse ataques a lojas uma forma de violência. Obviamente não: assim como na ação contra o KFC, achava que elas estavam perfeitamente de acordo com a tradição de Gandhi. O problema para ele era que os ativistas que danificavam os prédios não permaneciam no local para se entregar voluntariamente para a polícia: "É preciso enfrentar a lei injusta!", disse. Mas as pessoas que atacavam as lojas de fast-food na Europa e nos Estados Unidos eram anarquistas; estavam completamente de acordo com a crítica da KRSS à comida tipo fast-food como uma máquina de devastação ecológica e social patrocinada pelo Estado, uma vez que sua existência só é possível graças a todo um aparato de tratados comerciais e de legislação de "livre comércio"; mas nunca lhes ocorreu que seria possível resolver essa questão, ou encontrar algum tipo de justiça, dentro do sistema jurídico.

As ocupações originais eram tanto ações diretas quanto atos de desobediência civil. Afinal, tínhamos consciência de que podíamos argumentar que os regulamentos sobre o direito de reunião que estávamos violando eram inconstitucionais. A Declaração de Direitos foi criada em parte em reação aos velhos abusos coloniais britânicos, como a proibição de assembleias populares, e foi basicamente imposta por pressão popular a uma Convenção Constitucional relutante, de modo a proteger exatamente esse tipo de atividade política. O texto da Primeira Emenda da Constituição dos Estados Unidos é também bastante claro: "O Congresso não aprovará nenhuma lei (...) cerceando a liberdade de expressão ou de imprensa; ou o direito do povo de se reunir pacificamente, e de peticionar ao governo por reparação de injustiças."

Ter de pedir a autorização da polícia para falar é a própria definição de *falta* de liberdade de expressão; e ter de pedir a autorização da polícia para publicar alguma coisa é a definição de *falta* de liberdade de imprensa; por isso, é difícil refutar, com base na lógica, a ideia de que uma lei que exige que se peça permissão da polícia para se reunir viola a liberdade de reunião.* Ao longo da maior parte da história do país, ninguém tentou negar esse fato. As leis de pedido de autorização foram obviamente consideradas inconstitucionais até a década de 1880, bem na época do surgimento do capitalismo corporativo moderno, e foram criadas explicitamente para serem usadas contra o movimento sindical emergente. Não que os juízes tenham mudado de opinião sobre a intenção da Primeira Emenda; eles simplesmente decidiram que não se importavam mais. As leis ficaram ainda mais rígidas nos anos 1980 e 1990, para garantir que nada parecido com as mobilizações antiguerra das décadas de 1960 e 1970 voltasse a acontecer.

Se há uma reivindicação legal com a qual um anarquista realmente poderia concordar seria a permissão para ter um espaço onde se possa realizar atividade política auto-organizada. Afinal, tudo o que estamos pedindo é que o Estado nos deixe em paz. Mesmo minha amiga Georgia Sagri, que é puramente anarquista, estava disposta a levar isso adiante e uma de nossas primeiras discussões sobre uma lista hipotética de demandas do Occupy.

A ideia de ocupar um espaço público foi diretamente inspirada nas revoluções no Oriente Médio: no papel da Praça Tahrir, a mais famosa, assim como da Praça Syntagma, em Atenas, e dos espaços públicos reivindicados pela população em cidades da Espanha, como Barcelona e Madri. Mas o modelo também foi perfeito estrategicamente, porque criou um denominador comum entre *liberais* e outras pessoas que atuavam segundo a tradição da desobediência civil, que queriam democratizar o sistema, e os anarquistas e outros ativistas

---

* Especialmente porque a Constituição não contém direitos correspondentes à liberdade de circulação de veículos e à liberdade de estar privado de perturbações, que são os princípios normalmente invocados para justificar os limites à liberdade de reunião: é a famosa descrição "hora, local e maneira" utilizada pelos tribunais para justificar a restrição da polícia à liberdade de reunião. O texto da Primeira Emenda refere-se ao Congresso, mas tem sido aplicado desde o caso Gitlow contra Nova York, em 1925, a todos os órgãos legislativos nos Estados Unidos, bem como a regulamentações municipais.

antiautoritários, que desejavam criar espaços totalmente fora do controle do sistema. Os dois lados concordaram que a ação era legítima com base em uma ordem moral anterior à lei: aqueles que praticam a desobediência civil achavam que estavam respondendo a princípios universais de justiça sobre os quais a própria lei foi fundada; e os anarquistas achavam que a própria lei não tinha nenhuma legitimidade.

O curioso é que a natureza exata dessa ordem moral anterior — a partir da qual se pode declarar algumas ou todas as leis injustas, dependendo do ponto de vista — em geral não está clara para os envolvidos. Raramente alguém consegue explicá-la como um conjunto de proposições. Poderíamos então concluir que isso decididamente enfraquece sua reivindicação de legitimidade, mas, na verdade, os que defendem o sistema jurídico têm diante de si exatamente o mesmo problema, e, em muitos aspectos, o caso deles é ainda pior, já que, de acordo com quase toda a teoria jurídica, a legitimidade de todo o sistema se assenta não apenas em uma noção anterior de justiça, decididamente obscura, mas também em atos de insurreição armada do passado.

Essa é a incoerência fundamental nas próprias bases do Estado moderno. É o que se costuma chamar de "paradoxo da soberania". Basicamente, é algo assim: a polícia pode usar a violência para, digamos, expulsar cidadãos de uma praça pública alegando aplicar leis devidamente constituídas. As leis recebem legitimidade da Constituição. A Constituição recebe legitimidade a partir de algo chamado "povo". Mas como o "povo" concedeu essa legitimidade à Constituição? Como as revoluções Americana e Francesa deixaram claro, basicamente por meio de atos de violência ilegal. (Washington e Jefferson, afinal, eram claramente culpados de traição de acordo com as leis sob as quais foram criados.) Então, o que dá à polícia o direito de usar a força para acabar com aquilo — uma revolta popular — que lhes concedeu o direito de usar a força?

Para os anarquistas, a resposta é simples: nada. É por isso que sustentam que a ideia de um Estado democrático baseado no monopólio estatal da força não faz sentido. Para os *liberais*, a ideia cria um verdadeiro problema. Para começar, um problema prático: se admitirmos que o "povo" tem o direito de resistir à autoridade injusta — uma vez que foi exatamente assim que os Estados Unidos nasceram —, então como podemos distinguir, em qualquer circunstância, o "povo" de uma simples multidão violenta? Historicamente, a resposta tem sido quase sempre: "Em retrospectiva, dependendo de quem tiver ganhado." Mas, se a ideia for aplicada de forma consistente, isso significaria então que, se os ocupantes expulsos da praça tivessem resistido com sucesso à polícia usando armas de fogo, teriam mais direito a ficar no local do que se não tivessem feito isso (pelo menos se, com isso, provocassem um levante nacional). Essa formulação pode agradar a muitos puristas da Segunda Emenda, mas as implicações da lei do mais forte dificilmente atrairiam muitos *liberais*. De maneira nada surpreendente, eles tomam a direção oposta.

Mas isso cria um problema moral secundário. Os *liberais* tendem a se opor, por razões morais, a qualquer coisa que se assemelhe a uma multidão violenta, sob quaisquer circunstâncias. Então como o povo pode resistir à autoridade injusta — o que, todos concordamos, ele pode e deve fazer, e realmente vem fazendo? A melhor solução já inventada é dizer que as revoluções violentas podem ser evitadas (e, portanto, multidões violentas, legitimamente reprimidas) se entendermos que "o povo" tem o direito de confrontar as leis por meio da desobediência civil não violenta. Aqueles que têm a coragem de enfrentar a ordem jurídica em questões de consciência se tornam, assim, "o povo".*

Como destacam alguns constitucionalistas *liberais* como Bruce Ackerman, é geralmente dessa maneira que mudanças fundamentais na Constituição têm se dado nos Estados Unidos — e presumivelmente nas demais democracias *liberais*: por meio de movimentos sociais dispostos a desobedecer à lei. Ou, para colocar em termos mais anarquistas: nenhum governo jamais concedeu uma nova liberdade a seus governados por vontade própria. As novas liberdades sempre

---

* De modo semelhante, pode-se dizer que as pessoas com coragem de bloquear uma proposta claramente defendida pela maioria em uma reunião que opera por consenso também assumem um papel constitucional especial.

foram conquistadas por aqueles que operam sob princípios que vão além da lei e do respeito à autoridade devidamente constituída.

*

Dessa perspectiva, podemos começar a entender por que a estratégia de ocupação se tornou um golpe não intencional de inteligência coletiva. Foi um ato de enfrentamento que conseguia dialogar com todos, de *liberais* a anarquistas. Assim como as grandes convergências do Movimento de Justiça Global — em Seattle, Praga, Washington, Quebec —, visava a contrapor uma imagem de democracia verdadeira ao esquálido sistema de poder que hoje quer se passar como tal (na época, isso significava as instituições de comércio internacional que o grande público não deveria nem mesmo conhecer).

Mas havia uma diferença crucial. As grandes mobilizações de 1999-2001 eram essencialmente festivas. Eles mesmos se definiam assim: um "carnaval contra o capitalismo" e "festivais da resistência". Apesar das dramáticas imagens dos black blocs de Seattle quebrando as vitrines do Starbucks, o que a maioria das pessoas se lembra do movimento são os bonecos gigantes, que eram acompanhados de palhaços, banda de metais, sacerdotisas pagãs, chefes de torcida ativistas, "pink blocs"* com saia de bailarina e espanadores para fazer cócegas em policiais, exércitos romanos de ópera bufa tentando andar em suas armaduras infláveis e caindo por cima das barricadas. O objetivo era fazer uma paródia da pretensão da elite a uma sóbria sensatez, "quebrar o encanto" do consumismo e fornecer uma perspectiva de algo mais atraente. Em comparação com a atual rodada de mobilizações, eram mais combativas e mais excêntricas.

O OWS, ao contrário, não é uma festa, é uma comunidade. E o movimento tem menos a ver com diversão — ou pelo menos não se trata principalmente disso — e mais com se importar com o outro.

---

* Uma sátira aos *black blocs*, na qual o *"black"* (preto) é substituído por *"pink"* (cor-de-rosa). (N. T.)

Cada acampamento rapidamente desenvolveu algumas instituições fundamentais: qualquer que fosse o tamanho, haveria pelo menos uma cozinha gratuita, uma tenda médica, uma biblioteca, um centro de mídia/comunicação, onde os ativistas se agrupavam com laptops, e um centro de informações para os visitantes e os recém-chegados. Assembleias gerais eram convocadas em horários regulares: digamos, todo dia às 15h para discussões gerais e às 21h para questões técnicas específicas sobre o acampamento. Além disso, havia grupos de trabalho de todo tipo, que se reuniam e funcionavam a todo momento: um de arte e entretenimento, outro para a limpeza, outro para segurança, e assim por diante. As questões de mobilização eram tão infinitamente complexas que se poderia escrever livros inteiros sobre o assunto (e imagino que um dia o façam).

É significativo, porém, que o centro de tudo consistisse de duas instituições: a cozinha e a biblioteca. As cozinhas recebiam muita atenção. Em parte porque, inspiradas no exemplo dos sindicatos de trabalhadores egípcios que enviaram pizzas aos colegas ativistas que ocuparam o capitólio de Wisconsin meses antes, centenas de pessoas em toda a América do Norte e até de outros lugares pegaram o cartão de crédito e começaram a mandar entregar pizzas. Na terceira semana, uma pizzaria local havia criado uma pizza especialmente para nós, chamada "Occu-pie",* feita, segundo eles, com "99 por cento de queijo e um por cento de porco". Grande parte da comida era recolhida entre o que era descartado por restaurantes, padarias, supermercados e outros estabelecimentos e toda ela era distribuída gratuitamente.

Mas as bibliotecas que surgiram em todos os lugares foram símbolos ainda mais potentes, especialmente para uma população cujo núcleo era formado por ex-alunos endividados. Elas eram bem práticas, mas também um símbolo perfeito para o movimento: bibliotecas fazem empréstimos gratuitos, sem juros, sem taxas — e o valor do que elas emprestam (palavras, imagens e, acima de tudo, ideias) não

---

* A pizzaria fez um trocadilho: *"pizza pie"* é o mesmo que pizza, e *pie* tem a mesma pronúncia da sílaba *"py"* de *"Occupy"*. (N. T.)

se baseia no princípio do recurso limitado; ao contrário, aumenta com a sua disseminação.

Criar uma civilização alternativa é uma tarefa difícil, especialmente no meio das ruas mais frias e hostis das grandes cidades americanas, cheias de pessoas doentes, sem moradia e psicologicamente devastadas — e isso nas barbas de uma elite política e econômica cujos milhares de policiais militarizados deixam muito claro que não querem que você esteja ali. Um sem-número de questões difíceis surgiu rapidamente.

Havia questões como espaço comum *versus* espaço privado: quando um parque fica densamente povoado de barracas individuais, o espaço comum muitas vezes desaparece. Havia questões de segurança, é claro, e também era preciso lidar com as inevitáveis estratégias das autoridades, que estimulavam que criminosos perigosos se instalassem nas comunidades ou as saqueassem. E por fim há a questão da relação desses espaços libertados com as comunidades do entorno, e de como usá-los como uma plataforma para projetos de ação política muito mais amplos.

Muitas dessas variáveis mudam caso a caso, e me parece melhor, em um livro como este, me concentrar em questões que sempre vão surgir de uma forma ou de outra. Vou começar, portanto, com uma característica onipresente na vida dos americanos: a polícia.

Tática: lidar com a polícia

*Tell it to the marines**
Provérbio americano

Uma das principais decisões que tomamos no planejamento inicial para a ocupação foi a de não manter um membro ou uma equipe de

---
* Vá contar para os *marines*, ou, em um sentido menos literal, vá enganar outro. O provérbio, que sugere que a pessoa a quem se dirige não deve ser levada a sério, surgiu a partir dos jovens fuzileiros navais ingleses (*marines*), que, por sua credulidade, eram facilmente enganados por colegas mais experientes. (N. T.)

contato formal com a polícia. Foi a decisão que selou nossa estratégia de ação direta e preparou o palco para tudo o que veio a seguir. Outras ocupações tomaram um rumo diferente, e criaram conexões. Até onde sei, em todos os casos, foi um desastre.

Por que é assim? Poderíamos imaginar que, particularmente em um movimento dedicado à não violência, não haveria nenhuma razão para não abrir linhas de comunicação. Mas, na verdade, para se criar um espaço autônomo, alguns limites precisam estar muito bem demarcados. E isso vale não apenas para espaços permanentes como acampamentos, mas para qualquer espaço em que se pretenda criar uma ordem própria.

Quem se opõe a esse argumento em geral começa por declarar que "a polícia é parte dos 99 por cento" e que, se alegamos representar a todos, é hipocrisia recusar qualquer relação com uma seção específica da classe trabalhadora. Realmente, de uma perspectiva puramente socioeconômica, quase todos os policiais são de fato "parte dos 99 por cento". Mesmo entre os oficiais mais corruptos dos escalões mais altos, poucos ganham mais de 340 mil dólares por ano. O fato de que a maioria também está entre os cerca de 15 por cento da mão de obra americana que ainda é sindicalizada também é significativo. Observei por várias vezes que os policiais tratam os piquetes e as ações de rua realizadas por quem veem como parte do movimento sindical de forma bastante diferente da que tratam qualquer outro tipo de protesto. Por muitos anos fui um membro ativo do IWW, que é um sindicato em grande parte anarquista. Nunca deixou de chamar a minha atenção como os mesmos jovens atacados ou detidos preventivamente por aparecerem de máscara em um protesto contra a globalização eram tratados com toda a delicadeza quando se envolviam em atividades mais combativas como um piquete, mesmo que estivessem vestindo praticamente a mesma roupa.

Eu me lembro perfeitamente de uma ocasião, na zona industrial de uma cidade americana, em que ouvi um oficial se encaminhar para um piquete do IWW depois de termos sabotado vários caminhões e dizer:

— Ei, o proprietário disse que um de vocês estava mexendo nos veículos dele, mas não viu quem. Que tal irem embora por uma meia hora, depois voltam e, assim, se ele alegar que agora sabe quem mexeu, posso dizer: "Como você sabe agora se não sabia antes?"

A ironia estava no fato de muitos dos manifestantes nessa ocasião serem veteranos em black blocs, vestidos com roupas de black bloc; alguns até carregavam bandeiras anarcossindicalistas. No dia seguinte, o dono do depósito se limitou a dar dinheiro para o comandante, então seus homens nos expulsaram com pedaços de pau de um piquete perfeitamente legal, que acabou com vários feridos.

Em cidades que giram em torno de empresas, como New Haven, até os estudantes ativistas que protestam contra a universidade são bem tratados, porque supostamente estão ao lado dos sindicatos.* No entanto, isso só acontece nos casos em que os policiais têm maior grau de discricionariedade: quando os protestantes são confrontados por apenas um policial ou por um comandante de baixo escalão com poucos homens sob seu comando.

Os ocupantes de Nova York descobriram que havia uma acirrada divisão de classes dentro da polícia. Muitos oficiais de rua, os de camisa azul, expressavam simpatia e apoio pelos manifestantes. Os de camisa branca, ou oficiais comandantes, eram outra história; muitos deles, na verdade, estavam na folha de pagamento das corporações de Wall Street. Mas essa não é a questão. O caso é que na hora do vamos ver, até os de camisa branca estão apenas cumprindo ordens.

"Lidar com a polícia" não significa conversar com oficiais individualmente. Alguns manifestantes, ocupantes e mesmo anarquistas em black blocs sempre fizeram isso e não há nada que possa impedi-los, ou mesmo um motivo para tentar. Mas "a polícia" não é uma coleção de indivíduos que agem de acordo com seus próprios sentimentos, julgamentos ou avaliações morais. São um grupo de funcionários do governo que, como parte das exigências de seu trabalho, concordaram em deixar suas opiniões e seus sentimentos pessoais de

---

* New Haven é onde fica a Yale University, instituição privada que é parte integral da economia da cidade, sendo a maior pagadora de impostos e a maior empregadora. (N. E.)

lado — pelo menos nas ocasiões em que recebem ordens diretas — e cumprir o que lhes for ordenado. Eles fazem parte de uma burocracia administrativa marcada por uma cadeia vertical de comando, e até mesmo os oficiais mais graduados, com mais poder de decisão, estão lá apenas para executar as ordens das autoridades políticas a quem devem obedecer. Nessas circunstâncias, seus sentimentos são totalmente irrelevantes. Muitos ativistas dos protestos contra a OMC em Seattle relataram terem visto policiais da tropa de choque chorando por trás das viseiras, perturbados em cumprir as ordens de atacar jovens idealistas obviamente pacíficos. Mas atacaram mesmo assim. Muitas vezes, não se empenharam muito, mas tampouco desobedeceram às ordens.

Não apenas os policiais são treinados e avaliados de modo a serem confiáveis nesse sentido, mas todo o sistema político e econômico atual depende dessa confiabilidade. O leitor deve se lembrar do que eu disse no último capítulo sobre as formas de organização anarquista: são toda e qualquer forma que, caso seja confrontada, não precise contar com a possibilidade de convocar pessoas armadas e dizer "cale a boca e faça o que mandam". Os policiais são precisamente essas pessoas armadas. Eles são, basicamente, administradores armados, burocratas com armas de fogo.

Esse papel — o de defensor do regime institucional existente e, em especial, das disposições relativas à propriedade e do poder de algumas pessoas de dar ordens indiscutíveis — é, no limite, muito mais importante do que qualquer suposta preocupação com a ordem pública ou mesmo com a segurança pública. Em geral pode não parecer, mas isso fica claro quando a ordem institucional é diretamente ameaçada de alguma maneira.

Quando há um enfrentamento político do sistema, um grande protesto ou um ato de desobediência civil, testemunha-se um comportamento cada vez mais extremo: agentes que incitam os manifestantes a atacar a polícia, justificando assim sua detenção, e que até mesmo sugerem que eles comprem explosivos para explodir pontes, por exemplo; ações policiais projetadas para criar pânico e discórdia; ataques massivos e violentos a multidões quando apenas um ou dois indivíduos cometeram um ato ilegal, muitas vezes algo tão grave quanto estacionar em local proibido; detenções em massa que, por definição, devem varrer transeuntes inocentes; e a utilização de gás lacrimogênio ou outros agentes químicos em locais públicos. Todos esses atos mostram que, quando um protesto começa a ser de fato eficaz, a polícia invariavelmente recebe ordens para agir como uma força política, com o objetivo de reprimir a oposição, mesmo sob o risco de pôr em sério perigo, ferir ou traumatizar outros membros da população.

Assim, embora os policiais, individualmente, façam parte dos 99 por cento, como instituição são o suporte mais básico para toda a estrutura de autoridade institucional que torna possível a riqueza e o poder do um por cento. Não há absolutamente nada de errado em lidar com policiais, como indivíduos, de forma amigável e respeitosa. É com certeza o que se deve fazer, não só porque é bom ser amigável e respeitoso com todo mundo, mas até mesmo de uma perspectiva estratégica: quando os regimes finalmente caem, quando os revolucionários realmente vencem a luta, é sempre porque os soldados ou policiais enviados para atirar neles se recusaram a fazê-lo. Mas também devemos lembrar: esses são os últimos passos. Até lá, precisamos nos lembrar de que provavelmente nunca vamos chegar nem perto do final se travarmos uma batalha contra a polícia como estrutura institucional e nos mantivermos dentro da estrutura geral de poder que ela representa.

Note que digo "estrutura de poder" e não "estrutura legal". Nesses casos, a legalidade é quase sempre irrelevante. Quase todos os aspectos de nossas vidas são, em teoria, governados por leis e regulamentos (muitos dos quais mal conhecemos), mas violamos dez ou vinte deles por dia. Se um policial quisesse simplesmente engrossar com um cidadão aleatório, chutá-lo nos testículos, quebrar-lhe um dente ou um polegar talvez, conseguiria, em praticamente todas as circunstâncias, encontrar uma desculpa para isso. Na verdade, é um conhecido paradoxo do mundo ativista o fato de que a polícia tem muito mais autonomia para se valer da violência aleatória se não estiver tentando condenar a vítima por algum crime. Isso porque se ela for de fato culpada e for a julgamento, qualquer violação do código de conduta por parte do policial que a prendeu pode prejudicar a condenação. Se o objetivo da polícia não for uma condenação, não há nenhum motivo, do ponto de vista legal, para não agredir. O pior que poderia acontecer, no caso de um escândalo nacional, seria a perda de remuneração por algumas semanas. É por isso que, quando quer impor códigos raciais tácitos — intimidando negros que entrem nas vizinhanças "erradas", por exemplo —, a polícia pode fazê-lo sem descumprir a lei, simplesmente aplicando regras que normalmente não aplicam aos brancos. O mesmo acontece com os ativistas.

O fato de que a lei tem pouca importância no universo ativista fica mais evidente quando um grupo decide *realmente* se relacionar com a polícia como estrutura institucional, nomeando uma pessoa para começar a negociar. Afinal, se fosse simplesmente para cada lado agir dentro da lei, o que haveria para negociar? Deveriam, então, apenas trocar informações sobre as regras legais, saber o que os ocupantes ou manifestantes pretendem fazer e, por fim, deixar que a polícia proteja as pessoas que pretendem protestar. Mas não é isso o que acontece. Na verdade, a primeira coisa que os comandantes da polícia fazem é criar regras próprias improvisadas, traduzindo seu poder absoluto (eles têm permissão para bater em você, mas você não tem permissão para bater neles; eles podem prendê-lo, mas você não pode prendê-los) em uma estrutura mais ampla de autoridade.

Deixe-me dar um exemplo muito claro. Em Nova York, é costume da polícia utilizar barreiras de metal para criar currais estreitos e tentar conter os manifestantes dentro deles. Isso é muito desmoralizante para os manifestantes. Também é obviamente inconstitucional. Pior ainda, os comandantes da polícia parecem estar cientes disso: pelo menos não sei de ninguém que tenha sido detido por se recusar a entrar em um curral (embora possam ter ocasionalmente sido detidos por alguma outra acusação inventada na hora). A primeira coisa que a polícia faz quando há negociadores constituídos em um protesto é dizer a eles que não são obrigados a entrar nos currais, mas consideram responsabilidade deles fazer com que os demais manifestantes fiquem do lado de dentro. Em outras palavras, se há uma estrutura de autoridade, a polícia vai conceder privilégios especiais (que acabaram de inventar) aos que fazem parte dela para tentar torná-los uma extensão de sua autoridade, uma extensão não oficial de sua própria cadeia de comando.

Eu mesmo passei por isso quando me ofereci para negociar. Quando me recusava a implorar ou intimidar os colegas para ficar dentro dos currais, era imediatamente acusado: "Você não está fazendo seu trabalho!", como se, ao concordar em desempenhar o papel, eu tivesse me oferecido para trabalhar para a polícia.

Se não existe uma estrutura de liderança no grupo, o comandante da polícia vai, quase invariavelmente, tentar fazer com que se crie uma. Ao encarregado do contato com a polícia serão concedidos privilégios especiais; o comandante vai tentar fazer acordos informais, extralegais, que ele deverá tentar impor aos demais manifestantes (o ideal é que se sintam obrigados por uma questão de honra), sabendo que o restante da estrutura formal terá de apoiá-lo, e então uma estrutura vertical gradualmente se instala.

Eis outra experiência pessoal, dessa vez, do outro lado: durante os primeiros dias do Occupy Austin, um ativista se ofereceu, durante uma assembleia geral, para atuar como contato com os policiais, ou, como disse que preferia chamá-los, "agentes pacificadores" (lembro que ele parecia um hippie libertário, com *dreadlocks*, muito dado à meditação; parecia ser próximo da maioria dos membros da equipe do núcleo de mediação). A proposta não foi aprovada, mas ele decidiu assumir o papel assim mesmo. Uma das primeiras questões que surgiu quando os ocupantes se instalaram na frente da prefeitura foram as barracas: podíamos montar um acampamento? As implicações legais eram ambíguas. Alguns ocupantes tentaram. A polícia apareceu ameaçando. Cercamos a barraca, nos preparando para atos de desobediência civil não violenta. Mas nosso autoproclamado contato entrou em ação, procurou o comandante e reapareceu um pouco mais tarde dizendo que tinha negociado um acordo: poderíamos manter aquela barraca para fins simbólicos, contanto que não montássemos outras.

Muitos dos ocupantes — ousaria dizer a maioria — acharam que foi apenas um modo de preservar a dignidade, já que a polícia claramente não queria ter que atacar as pessoas acampadas pacificamente logo no primeiro dia e estava tentando avaliar até aonde ia nossa disposição para resistir. Assim, no dia seguinte, um pequeno grupo de ativistas mais experientes concluiu que o mais óbvio seria expandir lentamente nosso território da maneira menos confrontadora possível, e discretamente montamos uma pequena barraca ao lado da primeira.

Cresce-se por acréscimo, constantemente empurrando as fronteiras. Essa também foi a estratégia adotada no Parque Zuccotti, e lá funcionou. Ali, no entanto, os ativistas que montaram a barraca se viram cercados pelos amigos do autonomeado contato, que declarou que aquilo era uma traição à confiança que tinha sido depositada nele pelo comandante da polícia no dia anterior.

O observador de ambiente da assembleia geral usou a técnica de microfone humano para exigir coletivamente que desmontássemos a barraca. Uma mulher tentou chamar a polícia (que parecia indiferente à barraca) para nos prender. Um homem apareceu dizendo: "Sou um veterano de guerra e vou destruir essa barraca!", e só parou de empurrar os ativistas que tinham montado a barraca para tentar abrir caminho (a essa altura eles tentavam formar uma corrente de braços cruzados em demonstração de resistência passiva) quando percebeu que estava colocando em risco uma criança que estava lá dentro.

A equipe de segurança do acampamento finalmente conteve o confronto ostensivo. A barraca acabou vindo mesmo abaixo, e não houve mais tentativas de armar outras. As tentativas subsequentes de pelo menos estabelecer o princípio de que os colegas ocupantes não violentos não fossem ameaçados com violência ou detenção foram ignoradas pela equipe de mediação (ou encontraram objeção sob a justificativa de que quem age de modo a incitar a polícia a atacar, colocando, assim, as crianças em risco, é, sim, violento!).

Quando a polícia e a prefeitura notaram que a unidade no acampamento tinha sido rompida, e os mais envolvidos com a desobediência civil estavam marginalizados, perceberam que a vantagem estava com eles outra vez, e começaram a impor todo o tipo de restrição:

sobre a presença de mesas, sobre a permissão de servir comida, sobre passar a noite no local etc., até que em poucas semanas a ocupação em frente à prefeitura tinha sido completamente removida.

Acredito que essa história seja digna de ser recontada em detalhes porque ilustra claramente que não estamos falando de uma ordem jurídica, mas de um equilíbrio de forças políticas em que cada lado estava basicamente improvisando, tentando ter uma noção da situação do jogo e de até onde poderia avançar. Apelar para a letra da lei, que raramente é clara, era apenas uma das armas entre muitas que cada lado poderia empregar, ao lado de, por exemplo, apelar para a opinião pública (por meio da mídia ou diretamente), para a força (cassetetes, algemas, armas químicas, no caso da polícia; desobediência civil com bloqueios, no caso dos ocupantes), para aliados políticos, de um tipo ou de outro; ou até mesmo para a consciência.

A estratégia da polícia era, desde o início, nitidamente política e, supostamente, baseada em instruções vindas de cima: os policiais queriam minimizar qualquer perturbação da ordem causada pelo acampamento e acabar com ele o mais rapidamente possível. Mais tarde, descobriu-se que eles também tinham enviado elementos disfarçados para se juntar ao acampamento e tentar convencer os ocupantes a se envolverem em táticas mais combativas, como bloqueios humanos usando tonéis, correntes e cadeados, cientes de que o estado do Texas tinha aprovado recentemente uma lei que facilitava a condenação criminal com duras penas para quem adotasse o procedimento. Fazer uma concessão (a barraca única) e usar isso como uma brecha foi uma estratégia perfeita da polícia. Dessa forma, as autoridades conseguiram criar uma dissidência dentro da ocupação, disposta a agir como extensão do poder de polícia, ou seja, a traduzir a pura ameaça da força ("a polícia vai nos atacar!") em autoridade moral ("nós prometemos!") — e, assim, acabar controlando ou dissolvendo facilmente a ocupação.

É absolutamente essencial nunca permitir a tradução da ameaça de violência em moralidade. A única maneira de se opor à ameaça da força física é pela força moral, e a força moral tem que se basear, acima de qualquer coisa, em solidariedade. No momento em que algumas pessoas que participam de uma ação acham que têm um compromisso moral com aqueles que ameaçam atacá-los maior do que com os outros ativistas, o jogo está praticamente perdido.

*

Na verdade, o melhor é pensar nas ocupações e ações de rua como uma espécie de guerra. Eu sei que isso soa extremo, mas anos de reflexão e experiência me levaram à conclusão de que não há maneira mais apropriada para descrever a situação. Devo enfatizar que não se trata de forma alguma de uma incitação à violência. É sempre melhor não machucar outros seres humanos se pudermos evitá-lo. E nos Estados Unidos de hoje, são raras as situações em que a violência é a única opção.* No entanto, em qualquer conflito existem dois lados, e em qualquer ação de rua, um dos lados sempre está preparado para a guerra: armado, apoiado por equipes da Swat, com helicópteros e veículos blindados, deixando claro desde o início que está preparado para usar a violência para alcançar seus objetivos políticos. Não está nas mãos da pessoa que coordena uma marcha não autorizada saber se a força vai ser realmente empregada. É claro que, se os manifestantes começam a destruir veículos ou atear fogo às coisas, pode-se praticamente ter certeza de que a polícia vai começar a jogar as pessoas contra as paredes e algemá-las. Mas, muitas vezes, isso acontece de qualquer modo. Na verdade, é até menos provável em um protesto no qual a polícia acredite que haja a possibilidade real de a violência eclodir por parte dos manifestantes do que em um no qual ela considere que os manifestantes não vão oferecer muita resistência. Tudo depende de uma série de cálculos sobre a provável reação dos manifestantes, da comunidade, da mídia

---

* Certa vez, eu participava de uma mesa-redonda sobre violência e não violência com ativistas em Quebec. Um ultramilitante começou sua intervenção perguntando: "Por que presumimos que a não violência é sempre melhor do que a violência quando se tem uma escolha?" Respondi: "Porque é realmente difícil passar a vida tentando se movimentar sem as pernas", que é a consequência quase inevitável quando as bombas começam a explodir.

e de outras instituições importantes. As regras de relacionamento entre os manifestantes e a polícia estão permanentemente sendo negociadas e renegociadas.

Alguns exemplos do Parque Zuccotti podem se mostrar ilustrativos:

- De acordo com um jornalista que entrevistou várias autoridades policiais e municipais nos primeiros dias do Occupy Wall Street, uma das principais preocupações dos que davam ordens aos oficiais de rua era a presença de membros do coletivo de hackers Anonymous usando máscara de Guy Fawkes.* A maioria, segundo ele, estava genuinamente preocupada com a possibilidade de, caso atacassem o acampamento e expulsassem os manifestantes, o Anonymous hackear suas contas bancárias e seus cartões de crédito. Esse medo exerceu um papel importante na decisão de adiar a ação.

- Em 14 de outubro de 2011, a primeira tentativa de Michael Bloomberg, prefeito de Nova York, de expulsar a ocupação do Parque Zuccotti, antes chamado Liberty Plaza, revelou-se um fracasso embaraçoso. Depois de ele ter anunciado o plano de esvaziar o local para uma "limpeza", os ativistas se mobilizaram simultaneamente em todas as frentes possíveis: milhares chegaram preparados para defender o acampamento por meio da desobediência civil não violenta; ao mesmo tempo, as equipes jurídicas prepararam liminares; jornalistas potencialmente simpatizantes foram chamados, e os sindicatos e outros aliados mobilizaram aliados políticos na Assembleia Legislativa. Por fim, o prefeito recuou. Não foi uma ação específica, mas, sim, o peso combinado de tantos atores diferentes que, em última análise, o obrigou a isso.

---

* Soldado inglês que participou da Conspiração da Pólvora, no início do século XVII, cujo objetivo era matar o rei Jaime I. Sua imagem se tornou um símbolo de rebelião e ficou famosa por causa do personagem da história em quadrinhos *V de Vingança*, que usava uma máscara inspirada no rosto de Fawkes. (N. T.)

- A incursão policial à uma da madrugada do dia 12 de novembro de 2012, que de fato desalojou a ocupação, parece ter se baseado em uma decisão política nacional, planejada como um ataque surpresa, usando uma força esmagadora, com todos os meios de comunicação banidos da cena. Também simplesmente ignorou a autoridade legal. Às duas da madrugada, a equipe jurídica da ocupação já tinha assegurado uma ordem judicial para impedir o despejo até que as implicações legais fossem esclarecidas, mas Bloomberg ignorou a ordem do tribunal até que pudesse encontrar um juiz que decidisse a seu favor. Foi durante o período em que a batida policial era, tecnicamente, ilegal, por exemplo, que a biblioteca do Parque Liberty foi confiscada e sistematicamente destruída.

O que esses exemplos deixam claro é que estamos lidando com um equilíbrio de forças políticas que não tem quase nada a ver com a lei. Quando consegue, a polícia faz acordos, como em Austin, resguardada pela ameaça da força, de que passa a se valer independentemente de qualquer lei ou regulamento. Quando não consegue, como em Nova York, a primeira coisa que faz é deixar claro que está disposta a fazer detenções ilegais. O exemplo do Anonymous demonstra também que algumas linhas de força estão apenas na imaginação: os hackers não conseguem fazer a maioria das coisas que fazem nos filmes. Mas o jogo da política é, em grande parte, uma guerra psicológica de blefes e estratagemas, ao mesmo tempo que é um conflito moral. E como o último exemplo ilustra, as vitórias locais podem ser algo efêmero se não se forem capazes de mobilizar o mesmo tipo de forças em nível nacional ou mesmo internacional.

O debate dentro do movimento quase nunca é sobre ser ou não violento, mas sobre que forma de não violência empregar. Na comunidade religiosa, esse debate é muitas vezes considerado a diferença entre a tradição de Gandhi/Martin Luther King de não violência, que evita danos à propriedade, e a de Daniel Berrigan e dos Plowshares Eight, que sustentam que certos tipos de danos ao Estado ou ao patrimônio das grandes empresas podem ser uma maneira legítima de evitar danos maiores.

Gostaria de propor alguns princípios sobre os quais precisamos pensar mais detidamente quando falamos de táticas.

Em primeiro lugar, eis alguns princípios a serem considerados em um nível mais amplo: assim como precisamos pensar sobre que tipos de acordos sociais nos permitiriam criar uma sociedade verdadeiramente democrática, precisamos também pensar sobre que táticas serão melhores no sentido de manter a natureza democrática do movimento. A questão raramente é colocada dessa maneira, mas deveria ser. Um exemplo de movimento social que a considerou explicitamente foi a revolta popular de 2006 em Oaxaca, no México, cuja conclusão foi que *tanto* a estratégia do levante armado quanto a da não violência pura inspirada em Gandhi teriam necessariamente que contar com líderes carismáticos e disciplina do tipo militar, o que acabaria por minar qualquer democracia participativa de verdade. Por outro lado, faz sentido que os movimentos políticos de direita, como o Tea Party, que não tinha nenhum problema com as formas de autoridade verticais, combinassem um minucioso cuidado com questões legais e ameaças declaradas de revolta armada.

Em segundo lugar, temos um princípio prático. Essa zona intermediária, entre o levante de fato e a não violência gandhiana ritualizada, é também uma zona de máxima criatividade e improvisação, totalmente a nosso favor. Nas ruas, a criatividade é nossa maior vantagem tática. É por isso que os palhaços, os rituais de dança em espiral e as mulheres vestidas de bailarina armadas com espanadores foram tão eficazes no Movimento de Justiça Global. A polícia (a instituição, não os indivíduos) não é lá muito inteligente. Isso é ainda mais verdadeiro quando dezenas de agentes ficam dispostos na posição de tropa de choque. Nessas circunstâncias, o método mais eficaz de lidar com a polícia sempre é fazer alguma coisa à qual ela não foi treinada para reagir. Esse é o preço desse tipo de disciplina militar que permite que seres humanos, decentes em outras situações, se envolvam em uma surra de cassetete contra manifestantes não violentos: para conseguir cumprir ordens, é preciso concordar com *ape-*

nas cumprir ordens. Outro custo disso tudo é: os responsáveis pelo treinamento da tropa de choque parecem achar que, para que sejam psicologicamente capazes de encarar a violência contra os ativistas, os policiais têm que ser treinados em métodos para reagir não às táticas que provavelmente vão enfrentar, mas a formas de violência extrema que os ativistas nunca usam de fato.

Depois de Seattle, por exemplo, esquadrões de instrutores da polícia circulavam por todo o país, orientando policiais em cidades que se preparavam para receber cúpulas de comércio a lidar com ativistas que atiram coquetéis molotov, excrementos humanos, lâmpadas com ácido ou amônia ou bolas de fogo disparadas com estilingues, ou que estejam armados com pistolas d'água cheias de água sanitária ou urina. Na verdade, nenhum ativista em Seattle ou em nenhuma outra cúpula subsequente jamais usou algum desses recursos. Mas parece que os comandantes acharam que era mais importante convencer os policiais de que os ativistas eram o equivalente moral de vilões de James Bond do que prepará-los para as táticas que de fato enfrentariam.

Como resultado, muitos policiais acharam a experiência real profundamente confusa, e eram obrigados a entrar constantemente em contato pelo rádio para receber novas instruções. Em mais de uma ocasião, testemunhei grupos de ativistas que estavam cercados conseguirem escapar da detenção porque os policiais ficaram momentaneamente sem reação diante da aparição de palhaços em biciclos ou trupes teatrais. Em outras ocasiões, vi formações policiais que vinham sistematicamente batendo nos manifestantes para fazê-los recuar e ficarem paralisados como um bando de robôs quando os ativistas simplesmente se sentaram todos ao mesmo tempo diante deles.

Como terceiro princípio, a questão política do poder e o equilíbrio de forças que venho descrevendo devem ser considerados como a busca por um espaço no qual esse tipo de ação não violenta criativa seja possível. Nesse sentido, outro exemplo mexicano recente é significativo: o levante zapatista de 1994 em Chiapas. Essa era uma área na qual, durante séculos, foi impossível para os povos indígenas se mobilizar politicamente sem ver seus líderes presos, torturados ou assassinados. Em janeiro de 1994, rebeldes, na maior parte indígenas, tomaram a capital da província e se envolveram em tiroteios com o Exército mexicano durante 12 dias. A guerra terminou com uma trégua. Os rebeldes, então, esconderam as armas na selva, começaram uma campanha de mobilização das comunidades autônomas e autogeridas e, desde então, se engajaram em táticas de ação direta contra o Estado mexicano e as elites locais. Em outras palavras, usaram precisamente tanta violência direta quanto necessário a fim de se colocar na posição de não precisar mais usar a violência.

Além das desvantagens mais óbvias, a violência é chata e previsível. Os filmes de Hollywood e formas semelhantes de entretenimento se empenham em tentar nos convencer do contrário, mas, na verdade, é assim. É por isso que, historicamente, ela tem sido sempre a tática preferida dos estúpidos. A violência é basicamente uma forma de estupidez ativa, uma forma de tapar os ouvidos e se recusar a ser razoável. Por isso mesmo, é instância privilegiada do Estado para lidar com qualquer tipo de desafio real a sua legitimidade. Mas no momento em que mudamos as linhas de força, de modo que o verdadeiro conflito deixa de ser simplesmente uma questão de violência, viramos o jogo a nosso favor.

O espaço para a ação política não violenta na América do Norte de hoje é muito mais amplo do que na Chiapas da década de 1990, mas tem diminuído de forma sistemática desde a década de 1960. Quando o presidente da Universidade de Columbia chamou a polícia ao campus para retomar os edifícios ocupados por estudantes, em 1968, isso foi considerado uma chocante violação do acordo tácito de que as universidades não convocam forças militarizadas contra seus próprios alunos. Quando, como já descrevemos, um punhado de estudantes tentou ocupar a New School e a Universidade de Nova York, em 2009, foram quase imediatamente esmagados pelos esquadrões especiais antiterrorismo da polícia, armados com equipamentos de alta tecnologia. E o que é mais importante: não houve protestos por parte da mídia. Na verdade, a mídia nacional não fez nenhuma menção aos eventos, que não foram sequer merecedores de estar no noticiário. O uso de uma esmagadora força militar contra estudantes não violentos dentro de sua própria universidade foi, portanto, considerado perfeitamente normal na época.

A questão política central então tem de ser: como reabrir esse espaço? Essa é uma das razões para a linguagem da ocupação ser tão importante. Muitos se opuseram às origens aparentemente militares do termo "ocupação". É verdade que, na Europa, é comum dizer que invasores "ocupam" os apartamentos de um prédio ou que trabalhadores "ocupam" uma fábrica. Mas nos Estados Unidos estamos muito mais acostumados a ouvir coisas do tipo "França ocupada na Segunda Guerra Mundial", ou "territórios ocupados da Cisjordânia", ou ainda "forças americanas ocupam Bagdá". Não são exemplos particularmente inspiradores. No entanto, o que estamos fazendo é uma ocupação. A analogia militar é apropriada. Não é nem mesmo uma analogia. Estamos tomando o espaço e defendendo-o em diversas frentes: moral, psicológica e física. A questão é que, quando libertamos o espaço, imediatamente o transformamos em um local de amor e cuidado.

Na verdade, o poder da imagem de amor e cuidado era nossa principal arma, tanto é que, para justificar os ataques coordenados da polícia que terminaram por desalojar os manifestantes, a grande imprensa se dedicou a uma campanha continuada para conseguir substituir as imagens de práticas democráticas, vida em comunidade e pessoas com fome recebendo comida por imagens muitas vezes forjadas de violência e agressão sexual.

*

Agora vamos passar da tática à estratégia. É claro que, como destaquei no início, as duas nunca podem estar separadas: questões de tática são sempre questões de estratégia.

Isso significa que não podemos tomar decisões categóricas sobre esses assuntos, porque, no momento, não há consenso absoluto dentro do movimento sobre qual é seu horizonte estratégico. Temos pessoas de todos os tipos a bordo: de *liberais* interessados em promover uma guinada à esquerda no Partido Democrata, de modo a voltar a algo parecido com o capitalismo no estilo do New Deal, a anarquistas cujo objetivo é acabar completamente com o Estado e o capitalismo. O próprio fato de todos terem sido capazes de trabalhar tão bem juntos foi um pequeno milagre. Em algum ponto, decisões difíceis terão de ser tomadas.

Uma coisa que escrevi sobre tática deixa claro que, no limite, o movimento Occupy é baseado no que, em teoria revolucionária, é chamado de estratégia de duplo poder: estamos tentando criar territórios libertados fora da ordem política, jurídica e econômica vigente, baseados no princípio de que essa ordem é irremediavelmente corrupta. É um espaço que funciona, na medida do possível, fora do aparelho do governo e de suas reivindicações do monopólio do uso legítimo da força. Mas hoje, na América do Norte, ainda não estamos em condições de declarar liberados nem mesmo bairros ou territórios nos quais possamos resolver nossos próprios problemas por meios puramente democráticos. Como, então, podemos usar essa estratégia de modo a trazer benefícios concretos às pessoas que postaram suas histórias no "Nós somos os 99 por cento"?

Em parte, é uma questão de alianças. Uma coisa é não se envolver com o sistema, intrinsecamente corrupto; outra bem diferente é não se envolver nem mesmo com aqueles que o fazem. Essa última opção significaria se limitar a criar minúsculos enclaves utópicos que não teriam efeito imediato na vida de ninguém que está do lado de fora. No instante em que se começa a se envolver com apoiadores institucionalmente poderosos — sindicatos, ONGs, partidos políticos ou grupos afiliados a partidos, e até mesmo celebridades —, porém, corre-se o risco de comprometer a própria democracia interna. Isso começou a acontecer assim que pessoas como Roseanne Barr, Joseph Stiglitz e Michael Moore começaram a aparecer no Parque Zuccotti para oferecer apoio. Todo mundo ficou feliz em vê-los, mas eles obviamente não limitariam sua participação às discussões coletivas pelo microfone humano. O estilo deles era fazer discursos. Foi muito difícil, a princípio, evitar que os discursos se tornassem contagiosos.

Era um detalhe, mas dá uma noção dos problemas. A tensão se intensificou quando grupos *liberais* como MoveOn.org, com funcionários experientes contratados por período integral, com hábitos verticais e uma agenda político-legislativa a respeito da qual nem sempre eram totalmente abertos, decidiram nos apoiar. Ninguém quer recusar apoio quando ele é fundamental para ajudar a expandir e criar ferramentas de coordenação do movimento, mas o movimento já enfrentava desafios intermináveis para garantir que as estruturas de coordenação permanecessem horizontais, especialmente quando se tratava de organizadores bem-intencionados que nunca haviam sequer ouvido falar de "horizontalidade" e podiam achar que nossa meticulosa preocupação com democracia interna era apenas um capricho peculiar. Até mesmo o dinheiro pode ser um problema. Nos primeiros meses, a ocupação de Wall Street recebeu contribuições no valor de cerca de meio milhão de dólares. Esse dinheiro causou tantas disputas e problemas que muitos ativistas chegaram a desejar se livrar dele. Vários propuseram usar a soma toda em um único projeto gigante (um dirigível do Occupy?). Mas no fim quase todo o dinheiro acabou sendo usado para pagar as igrejas, após a expulsão, a fim de alojar as centenas de pessoas despejadas até que pudessem encontrar outro lugar para ficar. Os efeitos corrosivos do dinheiro não refletem um problema intrínseco ao processo democrático. Refletem, sim, o fato de que a experiência individual de cada ativista em lidar com dinheiro e com organizações cuja força vital é o dinheiro estava impregnada por hábitos e necessidades completamente diferentes. No entanto, insisto: não estamos dizendo que seja possível evitar completamente o mundo do dinheiro.

A maioria desses problemas pode — e vai — ser resolvida com a criação de vários tipos de muro de proteção: mentais e organizacionais. Questões estratégicas maiores são muito mais complexas, mas poderia ser útil observar alguns exemplos de abordagens experimentadas nos últimos anos em outros lugares que se mostraram relativamente eficazes, de modo a ter uma ideia de que tipos de direção podemos tomar.

Vamos imaginar que um movimento como o Occupy tenha êxito na criação de uma rede de espaços libertados, restabelecendo os acampamentos sistematicamente arruinados em 2011 (embora seja bastante claro que, na conjuntura atual, o governo jamais permitiria isso) ou começando de novo em um tipo diferente de espaço — edifícios públicos, por exemplo. Em ambos os casos, o objetivo final seria a criação de assembleias locais em cada cidade e bairro, bem como redes de moradia, locais de trabalho e fazendas ocupados que poderiam se tornar a base de um sistema econômico e político alternativo. Como, então, essa rede de espaços libertados e instituições alternativas poderia se relacionar com o sistema jurídico e político atual?

Alguns modelos em potencial estão disponíveis. Nenhum deles corresponde exatamente ao que provavelmente aconteceria nos Estados Unidos, mas nos fazem refletir sobre o problema.

- A ESTRATÉGIA DA CIDADE SADR: Uma pergunta óbvia: como defender esses espaços, já que se devem esperar tentativas sistemáticas de eliminá-los? No Oriente Médio, a solução foi criar milícias armadas. Apesar de ser pouco provável que algo assim aconteça nos Estados Unidos em um futuro próximo (pelo menos por parte de grupos de esquerda), a experiência de grupos como os sadristas no Iraque não deixa de ser instrutiva.

  Os sadristas são um movimento populista islâmico com uma base de massa trabalhadora que, mesmo durante os anos de ocupação militar dos Estados Unidos, se revelou extremamente bem-sucedido em criar zonas de autogoverno nas cidades e vilas iraquianas. Uma explicação possível para terem dado certo foi a compreensão de que o fundamental em qualquer estratégia de duplo poder é começar criando instituições às quais ninguém se oporia — no caso deles, uma rede de clínicas gratuitas para grávidas e lactantes — e, então, gradualmente, construir um aparato de segurança e de infraestrutura social mais amplo para protegê-las. O passo seguinte é tentar negociar fronteiras claras entre as zonas sob seu controle e as que ainda estão sob o controle do governo ostensivo, e respeitá-las com rigor.

  Ainda que brilhantemente bem-sucedido na criação de instituições autônomas nas barbas da ocupação militar estrangeira, o exemplo dos sadristas — ou do Hezbollah no Líbano, que utilizou um método muito semelhante — mostra também que a abordagem de duplo poder logo encontra suas limitações. Por um lado, se alguém está envolvido com a resistência armada, mesmo que sua estratégia seja basicamente defensiva, seus seguidores vão acabar inevitavelmente usando todo tipo de violência — e a violência assume uma lógica própria. A disciplina militar é necessária, o que obviamente limita qualquer possibilidade de experiência democrática e desloca o foco para possíveis líderes carismáticos. E movimentos como esse tendem, por serem o caminho mais fácil, a se tornar a voz política de um determinado grupo, em geral bastante homogêneo em termos culturais.

Todos esses fatores, juntamente com os intermináveis problemas decorrentes da administração do território, fazem com que a tentação de entrar para a política formal acabe sendo irresistível. Afinal de contas, quando não se evita a violência organizada ou não se opera de acordo com princípios horizontais, não há nenhuma razão especial para não fazer parte de instituições estatais. Como resultado, quase todos os exemplos desse tipo de atuação no Oriente Médio terminaram levando à criação de um partido político.

Obviamente não estou sugerindo que tudo isso pudesse ser um modelo para um movimento como o Occupy, mas é um excelente exemplo como ponto de partida. A estratégia de iniciar pelas clínicas de saúde para mulheres foi realmente bastante engenhosa. Mas, sobretudo, o exemplo mostra que são sempre justamente os grupos que não evitam o uso de armas e bombas que parecem achar mais fácil serem absorvidos pelas estruturas de governo.

- A ESTRATÉGIA DE SAN ANDRÉS: Uma abordagem bastante diferente foi adotada pelos zapatistas nos anos imediatamente posteriores à revolta dos 12 dias, em dezembro de 1994. Como dissemos, uma trégua rapidamente pôs fim ao levante, que, independentemente dos objetivos iniciais, serviu para abrir a possibilidade de as comunidades rebeldes criarem suas próprias instituições autônomas e se envolverem em várias formas de ação direta não violenta (os zapatistas logo se tornaram famosos por organizar ações como "invasões" de acampamentos do exército mexicano por milhares de mulheres indígenas desarmadas carregando bebês).

Os zapatistas decidiram não entrar no processo político formal no México e criaram um tipo inteiramente diferente de sistema político. Entretanto, a questão continuava a ser: como se relacionar formalmente com as estruturas de poder? A solução era negociar um tratado formal de paz, que veio a ser conhecido como os Acordos de San Andrés. Em vez de comprometer as estruturas recém-criadas da democracia em nível local, os acordos legitimariam, desenvolveriam e expandiriam essas estruturas, uma vez que os negociadores escolhidos pelas comunidades zapatistas, representantes estes que poderiam ser substituídos, exigiam que todas as fases das negociações estivessem sujeitas a abrangentes consultas democráticas, a aprovação e a uma possível revisão. Em outras palavras, o processo de negociação em si tornou-se o muro de proteção perfeito. O fato de ser de conhecimento de todos que o governo estava, quase com certeza, negociando de má-fé, sem a menor intenção de fazer cumprir o tratado, passou a ser uma consideração secundária.

É interessante pensar como poderia ser uma estratégia paralela para o Occupy Wall Street, isto é, um modo de envolvimento com a estrutura política já constituída que, em vez de comprometer seu processo diretamente democrático, ajudaria a promovê-lo e a desenvolvê-lo. Uma possibilidade mais evidente seria tentar promover uma ou mais emendas constitucionais, o que de fato foi sugerido por alguns setores: por exemplo, emendas para cortar o dinheiro das campanhas políticas ou para abolir a figura da pessoa jurídica.

Há outros exemplos análogos: no Equador, por exemplo, os grupos indígenas que se mobilizaram para colocar no poder um economista moderado de centro-esquerda chamado Rafael Correa insistiram, em retribuição, em desempenhar um papel importante na elaboração de uma nova constituição. Seria possível antever um monte de problemas nesse caso, particularmente porque se estaria atuando dentro dos limites de estruturas constitucionais destinadas, como foi observado no último capítulo, a impedir a democracia direta. Mas, pelo menos, seria muito mais fácil criar muros de proteção nesse tipo de processo do que ao lidar diretamente com autoridades eleitas.

- A ESTRATÉGIA DE EL ALTO: O caso da Bolívia é um dos poucos exemplos que conheço no qual as duas abordagens de duplo poder — usar instituições autônomas como base para ganhar um papel no governo e mantê-las como uma alternativa diretamente democrática completamente separada do governo — se combinaram com sucesso. Eu a chamo de "estratégia de El Alto" por causa da cidade majoritariamente indígena perto da capital, famosa por suas instituições diretamente democráticas e tradições de ação direta (as assembleias populares em El Alto tinham, por exemplo, assumido o controle e estavam administrando o sistema de águas da cidade, entre outros serviços) e que também é a atual residência do primeiro presidente indígena do país, o ex-líder sindical dos agricultores Evo Morales.

  Os mesmos movimentos sociais responsáveis por colocar Morales no poder, depois de liderarem uma série de insurreições quase sempre não violentas contra vários antecessores e se mobilizarem para sua eleição, insistem, entretanto, em manter a possibilidade de se insurgir contra ele e, se preciso, derrubá-lo a qualquer momento. A lógica é bastante evidente, e é várias vezes repetida por autoridades eleitas do próprio partido de Morales: o governo não é, nem pode ser, uma instituição verdadeiramente democrática. Ele tem sua própria estrutura verticalizada, que se estende desde as exigências do capital internacional, das organizações superiores de comércio e da própria natureza das burocracias respaldadas pelo poder da polícia. As autoridades eleitas, portanto, quase inevitavelmente, acabam pressionadas, pelo menos em algumas circunstâncias, a agir de modo contrário ao interesse de seu eleitorado. Manter instituições de duplo poder permite monitorar situações assim, e até mesmo colocar políticos como Morales em uma posição de negociação mais forte para lidar, por exemplo, com os governos e as empresas estrangeiras, ou com a sua própria burocracia, já que ele pode alegar com sinceridade que tem as mãos atadas em determinadas áreas: não tem escolha senão atender aos eleitores.

Nem é preciso dizer que nos Estados Unidos estamos muito longe desse ponto, mas é útil tê-lo em mente como um horizonte de possibilidade para o futuro. Se há uma lição aqui, eu diria que é a de que não é prudente sequer considerar fazer incursões na política eleitoral até que tenhamos estabelecido o princípio de que as formas combativas de ação direta são formas legítimas e aceitáveis de expressão política.

- A ESTRATÉGIA DE BUENOS AIRES: Outro método possível é não se envolver diretamente com o *establishment* político de maneira nenhuma e, em vez disso, tentar despojá-lo de toda a sua legitimidade. Essa estratégia pode ser chamada de modelo argentino ou método da deslegitimação, e parece ser mais ou menos o que está acontecendo na Grécia. É importante ressaltar que isso não significa abandonar a esperança de melhoria da situação por meio do aparelho do Estado. Pelo contrário: ele serve como um desafio à classe política para que ela mostre sua relevância. E muitas vezes consegue inspirá-la a tomar medidas radicais para melhorar as condições de vida, coisa que jamais teriam considerado se não fosse dessa maneira.

Essencialmente, a estratégia é criar instituições alternativas com base em princípios horizontais que nada têm a ver com o governo, e declarar todo o sistema político absolutamente corrupto, idiota e irrelevante para a vida real das pessoas, um show de palhaços que não serve nem como forma de entretenimento, tentando, dessa forma, transformar os políticos em uma classe de párias.

Foi assim que, depois do colapso econômico da Argentina, em 2001, a revolta popular que derrubou três governos diferentes em questão de meses estabeleceu uma estratégia de criação de instituições alternativas com base no princípio que eles mesmos chamavam de "horizontalidade": assembleias populares para administrar territórios urbanos, fábricas e outros locais de trabalho recuperados depois de abandonados pelos donos, associações auto-organizadas de desempregados envolvidas em ações diretas quase permanentes e até mesmo, durante algum tempo, um sistema alternativo de moeda.

A atitude para com a classe política se resumia no famoso slogan *"que se vayan todos"*, traduzido aproximadamente por "que vão todos para o inferno". Diz a lenda que, no início de 2002, chegou-se a um ponto em que os políticos, não importa de que partido, podiam sequer comer fora sem usar bigodes falsos ou algum tipo de disfarce, porque, se fossem reconhecidos, seriam hostilizados pelas pessoas furiosas ao redor ou atacados com comida. O desfecho da história é a chegada ao poder de um governo socialdemocrata liderado por um presidente (Néstor Kirchner) que havia sido um reformista bastante moderado, mas que reconheceu que, para restaurar um mínimo sentimento público de que o governo *era capaz* de ser uma instituição legítima, tinha que ter uma atitude radical. Decidiu então dar o calote em grande parte da dívida externa da Argentina. Ao fazer isso, desencadeou uma série de eventos que quase destruíram as agências de aplicação de políticas internacionais como o Fundo Monetário Internacional e acabaram com a crise da dívida do Terceiro Mundo. Os efeitos proporcionaram um benefício incalculável para bilhões de pessoas pobres no mundo todo e levaram a uma forte recuperação da economia argentina. Mas nada disso teria acontecido se não fosse pela campanha para destruir a legitimidade da classe política do país. Além disso, a estratégia adotada garantiu que, mesmo quando o governo conseguiu se reafirmar, muitas das instituições de autogoverno criadas durante a revolta inicial fossem preservadas.

Partindo do princípio de que uma insurreição de verdade é por enquanto bastante improvável (tudo bem, insurreições sempre parecem improváveis até o momento em que realmente acontecem, mas acho razoável imaginar que, no mínimo, as condições econômicas teriam que estar consideravelmente piores), estamos então diante de uma combinação nacional dessas opções, ou algo que se assemelhe a elas em linhas gerais. Pelo menos a lista pode nos mostrar maneiras de começar a pensar em outras possibilidades.

Ela também ajuda a esclarecer que, até agora, o Occupy Wall Street tem se dedicado com êxito à última opção, a estratégia de deslegitimação. Considerando-se as atitudes políticas nos Estados Unidos hoje, isso seria quase inevitável. Afinal de contas, antes mesmo de começar, já estávamos no meio do caminho. A esmagadora maioria dos americanos já considerava o sistema político corrupto e inútil. De fato, o verão em que a ocupação estava sendo planejada tinha sido marcado por uma demonstração peculiarmente estranha, infantil e inútil de histrionismo político sobre o teto da dívida nacional, que deixou o índice de avaliação positiva do Congresso em apenas um dígito (9 por cento), o menor da história. Enquanto muitos americanos definhavam em meio a uma recessão opressora — milhões dos quais em uma situação desesperadora com a qual o sistema político simplesmente declarou que não queria ou não sabia lidar —, parlamentares republicanos ameaçavam fazer com que o governo desse o calote para forçar grandes cortes nos serviços públicos e, assim, evitar uma suposta crise da dívida, em grande parte imaginária, que, na pior das hipóteses, obrigaria o governo a dar o calote alguns anos mais tarde.

O presidente Obama, por sua vez, tinha decidido que, para ser razoável em comparação com essa proposta e, assim, parecer, como seus conselheiros gostavam de dizer, "o único adulto na sala", não rebateria dizendo que o debate estava fundado em premissas econômicas falsas, mas prepararia uma versão mais moderada e "comprometida" do mesmo programa — como se a melhor maneira de revelar um lunático fosse fingir que 50 por cento de seus delírios são de fato verdadeiros.

Mas, nesse contexto, a única coisa realmente razoável a fazer era exatamente apontar que o debate inteiro não fazia sentido, e que a ordem política tinha conseguido apenas deslegitimar a si mesma.

Foi assim que uma gentalha formada por anarquistas, hippies, estudantes universitários, desempregados, ecologistas pagãos e ativistas pela paz de repente conseguiu se estabelecer, na ausência de outros, como os verdadeiros adultos dos Estados Unidos. Há momentos em que demarcar uma posição radical é a única coisa razoável a fazer.

Como já disse, não quero fazer sugestões específicas sobre estratégia de longo prazo, mas acho que é importante não esquecer que a política americana se tornou um jogo disputado por atores que desistiram de acreditar que a política poderia ser alguma coisa além de ilusões coletivas, de realidades que são, na verdade, criadas pelo poder. E o "poder" em geral acaba sendo um eufemismo para a violência organizada. É por isso que é tão essencial, não importa o que façamos, que continuemos a criar espaços onde podemos realmente operar com razoabilidade e compromisso, mesmo que paralelamente ao esforço de desnudar o aparelho da pura força bruta estúpida que está por trás da suposta capacidade dos políticos de "criar realidades" do nada. Isso significa necessariamente o enfrentamento desse poder bruto e estúpido não com um compromisso "razoável" qualquer, mas com uma forma de contrapoder flexível e inteligente que desenvolva uma alternativa radical ao mesmo tempo que lembra incessantemente, em termos inequívocos, quais são realmente as bases desse poder.

5. Quebrando o encanto

No outono de 2011, quase todos sentíamos que estávamos no meio de uma revolução global. Tudo estava acontecendo incrivelmente rápido, com uma onda de efervescência que começou na Tunísia e de repente tomou o mundo, ameaçando todos os cantos do planeta. Assistimos a manifestações de simpatia na China e a novas ocupações surgirem quase diariamente em lugares como a Nigéria e o Paquistão. Pensando agora, parece claro que não havia modo de as coisas continuarem naquele ritmo. Era como se, no momento em que as estruturas mundiais de segurança, criadas para impedir essa resistência em massa (que, desde o *crash* de 2008, vinha produzindo intermináveis estudos e documentos sobre a probabilidade de uma crise de alimentos e de revoltas no mundo todo), tivessem finalmente se convencido, ainda que bastante incrédulas, de que nada de importante iria acontecer de fato, então aconteceu. E agora que tinha acontecido, estavam boquiabertos, igualmente incrédulos.

Quando a inevitável onda de repressão começou, porém, ficamos temporariamente confusos. Já esperávamos pelos cassetetes em algum momento. O que nos surpreendeu foi a reação dos nossos aliados *liberais*. Os Estados Unidos não se identificam como uma nação unida por nenhuma origem étnica em particular, mas como um povo unido por suas liberdades; e eram exatamente essas pessoas que em geral se posicionavam como os defensores mais ferrenhos dessas liberdades. Foi decepcionante, no entanto, constatar que eles se mostravam satisfeitos em tratar as liberdades civis apenas como algumas de tantas outras fichas na negociação, ou seja, como algo a ser defendido somente se isso se mostrasse estrategicamente conveniente. Foi um impacto mesmo para muitos anarquistas como eu, que já não espero quase nada diferente disso do *establishment liberal*.

O efeito foi ainda mais angustiante porque muitos dos que ficaram na mão tinham acabado de vivenciar diretamente a violência: homens e mulheres jovens que tinham sido atraídos pela primeira vez por aquela sensação de euforia diante das possibilidades quase ilimitadas, mas agora tinham que lidar com vívidas memórias da biblioteca, montada com tanto carinho, sendo destruída e enviada para os incineradores por patrulheiros às gargalhadas; dos amigos mais queridos sendo algemados e espancados com paus enquanto a grande mídia obedecia às ordens de não ultrapassar o perímetro demarcado, incapazes de ajudar; dos amigos recebendo nuvens de gás lacrimogênio na cara e tendo que enfrentar a perspectiva de ter problemas respiratórios pelo resto da vida; de ter que batalhar para encontrar abrigo para as pessoas cujos bens de uma vida inteira, ainda que modestos, tinham sido destruídos por agentes do Estado. Esse cenário acabou despertando toda tensão e todo mal-estar concebíveis, que tinham sido reprimidos ou ignorados nas semanas anteriores, quando a mobilização e a defesa dos acampamentos nos davam um óbvio objetivo comum.

Por um mês ou dois, a Assembleia Geral de Nova York e o conselho de porta-vozes ficaram quase completamente disfuncionais. Estivemos a ponto de partir para a briga em algumas reuniões. Gritaria; acusações de racismo aos berros; um longo emaranhado de crises e mais crises a respeito de táticas, mobilização e dinheiro; e acusações de praticamente tudo, de infiltração policial a transtorno de personalidade narcisista. Em momentos como esse, mesmo os otimistas profissionais como eu se sentem tentados a ver as coisas com cinismo. Mas periodicamente — com impressionante regularidade, na verdade — algumas situações me fizeram lembrar das vezes em que já aceitei as coisas sem questioná-las.

Poucos meses depois das expulsões, depois de um típico encontro de corredor exaltado, conheci um homem barbudo de ar solene de uns 35 anos, vestido de forma conservadora, que comentou:

— Sabe? Não importa se as ações do Primeiro de Maio vão realmente acontecer. Quer dizer, como todo mundo, espero que aconteçam, mas, acontecendo ou não, mesmo que nunca voltemos a ocupar espaços públicos, mesmo que tudo acabasse hoje, para mim vocês já mudaram tudo. Pelo menos para mim. Acho que estamos assistindo ao início de uma transformação da cultura americana.

— Sério? Mas a quantas pessoas ela afetou de fato?

— Bem, a questão é que as pessoas que ela já afetou não podem mais voltar a pensar nas coisas do mesmo jeito que antes. Isso acontece no meu trabalho, por exemplo. Até podemos passar o tempo todo aqui reclamando das reuniões do movimento, mas tente voltar para o mundo real se nunca vivenciou uma reunião democrática antes: de repente você olha para o trabalho e se dá conta: "Espera! Isso é completamente ridículo!" E aí você começa a conversar com seus amigos, sua irmã, seus pais, perguntando: Bem, o que mais presumimos ser a única maneira possível de fazer as coisas e que pode parecer igualmente estúpido se simplesmente não o aceitássemos sem questionar? Você pode se surpreender. *Um monte* de gente está se fazendo esse tipo de pergunta.

E eu pensei: será que isso é que é uma revolução? Quando ela começa a acontecer? Quer dizer, se é que realmente começou...

*

É uma questão bem problemática: o que é uma revolução?

Costumávamos pensar que sabíamos. Revoluções eram a tomada de poder por algum tipo de força popular com o objetivo de transformar a natureza do sistema político, social e econômico do país onde se dá, em geral seguindo um sonho visionário de uma sociedade justa. Mas hoje vivemos em uma época em que, mesmo que exércitos rebeldes realmente invadam uma cidade ou uma grande revolta derrube um ditador, é pouco provável que uma mudança assim aconteça. Quando transformações sociais profundas realmente acontecerem, o mais provável é que tenham uma forma totalmente diferente — como, digamos, com a ascensão do feminismo. Não que sonhos revolucionários não existam mais. Mas os revolucionários contemporâneos raramente pensam que podem torná-los realidade por meio de um equivalente moderno da tomada da Bastilha.

Em momentos como esse, geralmente é proveitoso voltar à história já conhecida e perguntar: as revoluções realmente foram o que achávamos que eram? Para mim, quem melhor respondeu a essa questão foi o grande historiador Immanuel Wallerstein. Ele defende que, nos últimos 250 anos, mais ou menos, as revoluções consistiram sobretudo em transformações em nível mundial do senso comum sobre a política.

À época da Revolução Francesa, observa ele, já havia um mercado mundial único, e, cada vez mais, também um único sistema político mundial, dominado pelos grandes impérios coloniais. Por isso, a tomada da Bastilha em Paris acabou tendo efeitos sobre a Dinamarca, e até mesmo sobre o Egito, tão profundos quanto na própria França — ou, em alguns casos, até mais. Por isso ele fala em "revolução mundial de 1789", seguida pela "revolução mundial de 1848", quando revoluções eclodiram quase simultaneamente em cinquenta países, da Valáquia ao Brasil. Em nenhuma delas os revolucionários conseguiram tomar o poder, mas, mais tarde, instituições inspiradas pela Revolução Francesa, particularmente o sistema universal de educação elementar, foram criadas em toda parte. Da mesma forma, a Revolução Russa de 1917 foi uma revolução mundial, em última instância, tão responsável pelo New Deal e o Estado de bem-estar europeu quanto pelo comunismo soviético. A última da série foi a revolução mundial de 1968, que, de modo muito parecido com a de 1848, eclodiu em quase toda parte — da China ao México —, não tomou o poder em nenhum lugar e, no entanto, mudou tudo. Foi uma revolução contra as burocracias estatais e pela inseparabilidade entre a libertação pessoal e a libertação política, cujo legado mais duradouro é provavelmente o nascimento do feminismo moderno.

As revoluções são, portanto, fenômenos planetários. Mas são mais que isso. O que elas realmente fazem é transformar pressupostos básicos sobre a política. Depois de uma revolução, ideias consideradas verdadeiras insanidades rápida e naturalmente se tornam o principal tema de debate. Antes da Revolução Francesa, por exemplo, as ideias de que mudança é algo bom, de que a política de governo é a maneira correta de administrá-la, e de que a autoridade do governo se origina de uma entidade chamada "o povo" eram consideradas o tipo de coisa que só se ouve de malucos e demagogos, ou, na melhor das hipóteses, de um punhado de intelectuais livre-pensadores que passam o tempo debatendo em cafés. Uma geração mais tarde, até os mais repressores magistrados, sacerdotes e diretores de escola tinham que pelo menos fingir que aprovavam essas ideias. Em pouco tempo, tínhamos alcançado a situação em que estamos hoje, na qual é necessário expor os termos em detalhes, como acabei de fazer, para que se note que eles existem. Eles se tornaram o senso comum, os próprios fundamentos da discussão política.

Até 1968, a maioria das revoluções mundiais na verdade apenas introduziu aperfeiçoamentos práticos: ampliação dos direitos políticos, adoção da educação básica universal e o Estado de bem-estar. A revolução mundial de 1968, ao contrário, na forma que assumiu na China (uma revolta de estudantes e núcleos de jovens que apoiavam o chamamento de Mao por uma Revolução Cultural), em Berkeley e em Nova York (onde marcou uma aliança entre alunos, ex-alunos desistentes e rebeldes culturais) ou mesmo em Paris (onde formou-se uma aliança entre estudantes e trabalhadores), teve sempre o mesmo espírito inicial: uma rebelião contra a burocracia e o conformismo, contra tudo que engessasse a imaginação, um projeto que visava revolucionar não apenas a vida política ou econômica, mas todos os aspectos da existência humana. Como resultado, na maioria dos casos, os rebeldes sequer tentaram controlar o aparelho de Estado, já que, para eles, ele era o próprio problema.

Hoje está na moda encarar os movimentos sociais da década de 1960 como um embaraçoso fracasso. E sem dúvida é possível defender esse ponto de vista. É certamente verdade que, na esfera política, o beneficiário imediato de toda mudança generalizada no senso comum (a priorização dos ideais de liberdade individual, imaginação e desejo, o ódio à burocracia, e suspeitas sobre o papel do governo) foi a direita. Acima de tudo, os movimentos da década de 1960 permitiram o renascimento em massa de doutrinas de livre mercado que estavam abandonadas desde o século XIX. Não é coincidência que a mesma geração que na adolescência fez a Revolução Cultural na China aos quarenta tenha presidido a introdução do capitalismo. Desde os anos 1980, "liberdade" passou a significar "mercado", e "mercado" passou a ser visto como algo idêntico ao capitalismo. O que é irônico é isso ter acontecido mesmo em lugares como a China, que sempre teve, por milhares de anos, mercados sofisticados, mas raramente algo que pudesse ser classificado como capitalismo.

As ironias são infinitas. Embora a nova ideologia do livre mercado se defina acima de tudo como a rejeição à burocracia, foi, na verdade, responsável pelo primeiro sistema administrativo a operar em escala planetária, com uma infinita estratificação de burocracias públicas e privadas: o FMI, o Banco Mundial, a OMC, as organizações de comércio, as instituições financeiras, as empresas transnacionais e as organizações não governamentais. Esse é justamente o sistema que impôs a ortodoxia do livre mercado e permitiu a abertura mundial ao saque financeiro, sob a atenta égide das forças armadas dos Estados Unidos. Faz todo sentido que a primeira tentativa de recriar um movimento revolucionário global, o Movimento de Justiça Global, que atingiu seu auge entre 1998 e 2003, tenha sido justamente uma rebelião contra o domínio dessa burocracia planetária.

Pensando sobre o que aconteceu, porém, acho que no futuro historiadores vão concluir que o legado da revolução da década de 1960 foi mais profundo do que imaginamos hoje, e o triunfo dos mercados capitalistas e de seus vários administradores e executores globais, que parecia tão memorável e permanente logo após o colapso da União Soviética, em 1991, foi na verdade superficial.

Vou dar um exemplo óbvio. É comum dizer que a década de protestos contra a guerra, no final dos anos 1960 e início dos anos 1970, não deu em nada, já que eles não aceleraram significativamente a retirada dos Estados Unidos da Indochina. Mas, depois deles, as pessoas no controle da política externa americana ficaram com tanto medo de serem alvo de manifestações — sobretudo dentro da própria força militar, que estava totalmente decadente no início dos anos 1970 — que por quase trinta anos se negaram a envolver as forças armadas em um novo grande conflito em terra. Foi preciso o 11 de Setembro, um ataque que provocou milhares de mortes de civis em solo americano, para que a famosa "síndrome do Vietnã" fosse superada por completo. E mesmo assim as pessoas encarregadas de planejar guerras empenharam um esforço quase obsessivo em torná-las efetivamente à prova de protestos. A propaganda foi incessante, a mídia foi cuidadosamente trazida a bordo, peritos fizeram cálculos precisos sobre o número máximo de sacos para envolver cadáveres (ou seja, o limite de baixas americanas para não engendrar protestos em massa) e as regras de batalha foram escritas meticulosamente para que não se ultrapassasse o limite.

O problema era que, para minimizar as mortes e os ferimentos de soldados americanos, essas regras de batalha transformavam milhares de mulheres, crianças e idosos em "danos colaterais". Assim, no Iraque e no Afeganistão, o consequente ódio pelas forças de ocupação dificilmente permitiria que os Estados Unidos atingissem seus objetivos militares. E, curiosamente, as pessoas que planejaram a guerra pareciam cientes disso. Para eles pouco importava. Consideraram muito mais importante evitar a oposição em casa do que realmente ganhar a guerra. É como se as forças americanas no Iraque tivessem sido derrotadas pelo fantasma de Abbie Hoffman.*

É claro que um movimento antiguerra dos anos 1960 que, em 2012, ainda deixa quem planeja as ações militares de mãos atadas não pode ser considerado um fracasso. Mas isso levanta uma questão intrigante: o que acontece quando a produção dessa sensação de

---

*   Ativista americano, anarquista e cofundador do Youth International Party [Partido Internacional da Juventude], partido antiautoritário, pró-liberdade de expressão e antimilitarista, criado nos Estados Unidos em 1967. Foi um dos oito ativistas presos por incitar a violência nos protestos durante a convenção do Partido Democrata de 1968 em Chicago. Tornou-se um ícone dos protestos antiguerra e da contracultura nos Estados Unidos. (N. T.)

fracasso, de completa ineficácia da ação política contra o sistema, se torna o principal objetivo de quem está no poder? Essa ideia me ocorreu pela primeira vez quando eu participava das ações contra o FMI em Washington, em 2002. Como as ações aconteceram logo depois do 11 de Setembro, éramos relativamente poucos e ineficientes, e o número de policiais, esmagador, não achávamos realmente que conseguiríamos acabar com as reuniões do FMI. Saímos quase todos meio deprimidos. Somente alguns dias depois, alguém que conhecia pessoas presentes nas reuniões me disse que tínhamos, sim, conseguido impedi-las: a polícia tinha adotado medidas de segurança rigorosíssimas, a ponto de cancelar metade dos eventos. A maior parte das reuniões foi realizada apenas on-line. Em outras palavras, o governo decidiu que era mais importante que os manifestantes fossem embora se sentindo fracassados do que as reuniões do FMI realmente acontecerem. Pensando bem, isso quer dizer que eles deram aos manifestantes uma importância extraordinária.

É possível que essa atitude preventiva em relação aos movimentos sociais, o planejamento de guerras e cúpulas de comércio de uma forma que evitar uma oposição efetiva seja mais importante que o próprio sucesso da guerra e da cúpula, na verdade reflita um princípio mais geral? E se os responsáveis pelo sistema (a maioria dos quais testemunhou em primeira mão a agitação da década de 1960 quando eram jovens impressionáveis) forem, conscientemente ou não (suspeito que sim), obcecados pela perspectiva de os movimentos sociais revolucionários mais uma vez confrontarem o senso comum dominante?

Isso explicaria muita coisa. Em quase todo o mundo, os últimos trinta anos ficaram conhecidos como a era do neoliberalismo, dominado pelo renascimento de uma crença do século XIX havia muito abandonada que considerava que o livre mercado e a liberdade do homem em geral são, no limite, a mesma coisa. O neoliberalismo sempre foi assolado por um paradoxo central. Nele, os imperativos econômicos devem ter prioridade sobre todos os outros. A própria política serve apenas para criar condições para o "crescimento da economia", permitindo que a mágica do mercado aconteça. Todos os outros sonhos e esperanças — de igualdade, de segurança — devem ser sacrificados em prol do objetivo principal: a produtividade econômica. O desempenho da economia mundial nos últimos trinta anos, porém, tem sido decididamente medíocre. Com uma ou duas exceções espetaculares (notadamente a China, que ignorou a maioria das prescrições neoliberais), as taxas de crescimento ficaram bem abaixo das do tempo do velho capitalismo de bem-estar social dirigido pelo Estado, nos anos 1950, 1960 e mesmo 1970.[1] Para seus próprios padrões, portanto, o projeto já era um fracasso colossal mesmo antes do colapso de 2008.

Se, por outro lado, deixarmos de confiar na palavra dos líderes mundiais e, em vez disso, pensarmos o neoliberalismo como projeto político, ele passa a parecer extremamente eficaz: reconhecemos que os políticos, os diretores-executivos, os burocratas do comércio mundial e assim por diante, que se reúnem regularmente em cúpulas como a de Davos ou o G20, fizeram um péssimo trabalho na criação de uma economia capitalista mundial que atenda às necessidades da maioria dos habitantes do planeta — pior ainda na geração de esperança, felicidade, segurança ou sentido; mas eles conseguiram convencer o mundo magnificamente de que o capitalismo é o único sistema econômico viável — e não apenas o capitalismo, mas precisamente o capitalismo financeiro e semifeudal que por acaso temos hoje. Pensando bem, é um feito notável.

Como eles conseguiram isso? A atitude preventiva com relação aos movimentos sociais é uma parte da explicação. Em nenhuma hipótese uma alternativa ou uma pessoa que proponha uma alternativa podia parecer ter obtido sucesso. Isso ajuda a explicar o investimento quase inimaginável em "serviços de proteção" de um tipo ou de outro, ou seja, o fato de os Estados Unidos, que não têm nenhum grande rival, gastarem hoje mais com suas forças armadas e com inteligência do que durante a Guerra Fria, juntamente com o estonteante amontoado de agências privadas de segurança, agências de inteligência, polícias militarizadas, guardas e mercenários. Além disso, os órgãos de propaganda são sempre elogiosos às forças policiais, inclusive a indústria de comunicação de massa, que nem ao menos existia antes da década de 1960. Em geral, esses sistemas não atacam diretamente os dissidentes, mas contribuem para um clima generalizado de medo, de conformidade ultranacionalista, de vida posta em risco ou de simples desespero, o que faz com que qualquer ideia de mudar o mundo pareça uma fantasia sem sentido.

Além disso, os serviços de proteção são extremamente caros. Alguns economistas estimam que um quarto da população americana esteja envolvido com serviços de proteção de alguma natureza: defesa da propriedade, supervisão do trabalho e funções destinadas a manter a população na linha.[2] Economicamente, a maior parte desse aparato disciplinar é puro peso morto.

De fato, a maioria das inovações econômicas dos últimos trinta anos faz mais sentido politicamente do que economicamente. Extinguir a estabilidade do emprego em troca de contratos precários não cria uma mão de obra melhor, mas é extraordinariamente eficaz na destruição dos sindicatos e na despolitização do trabalho. O mesmo pode ser dito das jornadas de trabalho cada vez mais longas. Ninguém tem tempo para a atividade política se trabalha sessenta horas por semana. O que parece é que, quando se tem a possibilidade de escolher entre fazer o capitalismo parecer o único sistema econômico possível ou fazer dele um sistema econômico mais viável, no neoliberalismo a primeira opção será sempre a escolhida. O efeito dessa combinação é uma campanha implacável contra a imaginação humana. Ou, para ser mais preciso: a imaginação, o desejo, a libertação individual — todas essas coisas que deveriam ter sido liberadas na última grande revolução mundial — devem ficar contidos estritamente no domínio do consumismo, ou talvez nas realidades virtuais da internet. Em todos os demais domínios, devem ser terminantemente banidos.

Estamos falando do assassinato de sonhos, da imposição de um aparelho de desesperança concebido para esmagar qualquer ideia de um futuro alternativo. Contudo, como consequência de dedicarem praticamente todos os seus esforços ao aspecto político, estamos hoje nessa situação bizarra em que o sistema capitalista desmorona bem diante de nossos olhos exatamente no momento em que todos estavam convencidos de que nenhum outro sistema seria possível.

*

Talvez isso seja tudo o que podemos esperar de um mundo no qual, como apontei no Capítulo 2, a classe dominante de ambos os lados da linha divisória ostensiva da política passou a acreditar que não havia realidade fora do que pudesse ser criado por seu próprio poder. A bolha econômica é resultante do mesmo programa político que fez do suborno o princípio soberano do nosso sistema político e, para aqueles que operam nele, o princípio da própria realidade. É como se a estratégia tivesse consumido tudo.

Mas isso significa que qualquer revolução no nível do senso comum teria efeitos devastadores sobre os que estão no poder. Nossos governantes apostaram tudo em tornar essa eclosão de imaginação inconcebível. Se perdessem a aposta, os efeitos seriam devastadores (para eles).

*

Normalmente, quando alguém questiona a sabedoria convencional — segundo a qual o atual sistema econômico e político é o único possível —, é imediatamente instado a fornecer a arquitetura detalhada do funcionamento de um sistema alternativo, incluindo a natureza de seus instrumentos financeiros, do fornecimento de energia e da política de saneamento. Em seguida, vem o pedido de um programa pormenorizado da execução desse sistema. Em termos históricos, isso é ridículo. Quando foi que alguma mudança social já aconteceu de acordo com o projeto de alguém? Se fosse assim, deveríamos concluir que um pequeno grupo de visionários da Florença renascentista concebeu um dia uma coisa a que chamou "capitalismo", pensou nos detalhes de como a bolsa de valores e as fábricas funcionariam um dia, e, em seguida, pôs em prática um programa para tornar realidade a ideia que concebeu. Isso é tão absurdo que nos faz perguntar como chegamos a imaginar que poderia ser assim que as mudanças acontecem.

Suspeito que a resposta para essa pergunta esteja em uma ressaca de ideias iluministas que desapareceram há muito tempo em praticamente todos os lugares, menos nos Estados Unidos. No século XVIII, era comum pensar que as nações tinham sido fundadas por grandes legisladores (Licurgo, Sólon...) que inventavam os costumes e as instituições do nada, de modo muito parecido como se imagina que Deus criou o mundo, afastando-se em seguida (de novo como Deus) para deixar a máquina funcionar por si só. O "espírito das leis" viria, assim, gradualmente a determinar o caráter da nação. Era uma fantasia esquisita, mas os autores da Constituição dos Estados Unidos acreditavam que era assim que as grandes nações haviam sido fundadas, e realmente tentaram colocar o plano em prática. Por isso, os Estados Unidos, "uma nação de leis, e não de homens', são, talvez, o único país do planeta para quem essa imagem faz algum sentido.

Mas, mesmo nos Estados Unidos, como vimos, essa é apenas uma pequena parte dos fatos. Tentativas posteriores de criar novas nações e instituir sistemas políticos ou econômicos a partir do alto não deram muito certo. A grande rival dos Estados Unidos do século XX, a União Soviética (URSS), única outra grande nação na Terra a ser identificada por uma sigla, é o exemplo mais citado nesse caso.

Nada disso quer dizer que haja alguma coisa de errado em visões utópicas. Ou mesmo em projetos. Eles só precisam que os coloquemos em seu devido lugar. O teórico Michael Albert elaborou um plano detalhado de funcionamento de uma possível economia moderna sem dinheiro, com uma base democrática e participativa. Acho que é uma conquista importante — não porque acredite que esse modelo exato, rigorosamente da forma como ele o descreve, poderia ser instituído um dia, mas porque faz com que não se possa mais dizer que uma coisa desse tipo é inconcebível. Ainda assim, esses modelos só podem ser pensados como experimentos. Não temos como conceber os problemas que podem surgir ao tentarmos construir uma sociedade livre. O que hoje parecem ser os problemas mais espinhosos podem não ser problemas no futuro; outros, que nunca nos ocorreram, podem se revelar diabolicamente difíceis.

São muitas as incógnitas. A mais evidente é a tecnologia. Por causa dela é tão absurdo imaginar ativistas na Itália renascentista criando um modelo para as fábricas e a bolsa de valores. O que veio depois se baseou em tecnologias que eles não poderiam ter previsto e que, em parte, só surgiram porque a sociedade tomou o rumo que tomou. Isso pode explicar, por exemplo, por que tantas das visões mais convincentes de uma sociedade anarquista foram produzidas por escritores de ficção científica (Ursula K. Le Guin, Starhawk e Kim Stanley Robinson). Na ficção, pelo menos se admite que o aspecto tecnológico é apenas uma conjectura.

*

Pessoalmente, estou menos interessado em decidir que tipo de sistema econômico devemos ter em uma sociedade livre do que em criar os meios para que as pessoas possam tomar essa decisão. É por isso que dediquei boa parte deste livro ao processo democrático de tomada de decisão. E a própria experiência de participar dessas novas formas de tomada de decisão nos encoraja a olhar o mundo com novos olhos.

Como será uma revolução do senso comum? Não sei, mas consigo pensar em vários exemplos de sabedoria convencional que certamente precisam ser questionados se quisermos criar uma sociedade livre viável. Já dei detalhes sobre um desses exemplos em um livro anterior: a natureza do dinheiro e da dívida. Até sugeri o perdão da dívida, um cancelamento geral, em parte apenas para mostrar que o dinheiro não passa de uma criação do homem, um conjunto de promessas que, graças a sua natureza, sempre pode ser renegociado. Vou listar aqui outros quatro:

Problema 1: O acordo produtivista

Muitas das premissas perniciosas que prejudicam nosso senso de possibilidade política estão relacionadas com a natureza do trabalho.

A mais óbvia é a suposição de que o trabalho é necessariamente bom, que quem não quer se submeter à disciplina do trabalho é por natureza indigno e imoral, e que a solução para qualquer crise econômica ou mesmo para os problemas econômicos comuns é sempre que as pessoas trabalhem mais tempo ou com mais dedicação. Esse é um desses pressupostos que todos os envolvidos no discurso político dominante parecem obrigados a aceitar como base de entendimento. Mas quando se pensa um pouco mais sobre ele, percebe-se que é absurdo.

Primeiro, porque é uma posição moral, não econômica. Há muito trabalho sendo feito sem o qual provavelmente estaríamos melhor, e *workaholics* não são necessariamente seres humanos melhores. Na verdade, acho que qualquer avaliação sensata da situação mundial teria de concluir que o realmente necessário não é mais trabalho, mas menos. E isso é verdade mesmo sem levar em conta as preocupações ecológicas, ou seja, o fato de que o ritmo atual da máquina mundial de trabalho está tornando o planeta inabitável em grande velocidade.

Por que é tão difícil contrariar essa ideia? Suspeito que parte da explicação esteja na história dos movimentos trabalhistas. É uma das grandes ironias do século XX: todas as vezes que a classe trabalhadora politicamente mobilizada ganhou um mínimo de poder político, teve como quadros dirigentes burocratas dedicados exatamente a esse tipo de etos produtivista — do qual a maioria dos trabalhadores em si não compartilhava.* Poderíamos chamar a isso de "acordo produtivista": quem aceitar o velho ideal puritano de que o trabalho é uma virtude em si mesma será recompensado com o paraíso do consumidor.

Essa era a principal distinção entre sindicatos socialistas e anarquistas nas primeiras décadas do século passado: os primeiros sempre tendiam a exigir salários mais altos, e os segundos, menos horas de trabalho (um grande feito dos sindicatos anarquistas é a jornada de oito horas). Os socialistas abraçaram o paraíso dos consumidores oferecido por seus inimigos burgueses, mas ainda queriam gerenciar eles mesmos o sistema produtivo; os anarquistas, por outro lado,

---

* Como disse um anarquista indiano, existem citações tanto de Gandhi quanto de Hitler sobre o aspecto sagrado do trabalho, mas quando os trabalhadores de verdade falam em feriado, ou "dia sagrado", estão se referindo a um dia em que não têm que trabalhar. [*Holiday*, feriado, em inglês, tem origem em *holy day*, dia sagrado (N. T.)].

queriam tempo para viver, para buscar valores com os quais os capitalistas não podiam nem sonhar.

E onde as revoluções aconteceram? Foi a base anarquista — aqueles que rejeitavam a negociação produtivista — que realmente se rebelou: na Espanha, na Rússia, na China e em todos os lugares onde tenha havido uma revolução. No entanto, em todos esses casos, elas acabaram sob a administração de burocratas socialistas que aceitaram o sonho de uma utopia consumista, embora isso fosse a última coisa que eles poderiam oferecer. A ironia é que o principal benefício social que a União Soviética e os regimes semelhantes efetivamente proporcionaram foi algo que eles não podiam reconhecer: o fato de as pessoas terem mais tempo, já que a disciplina do trabalho é completamente diferente quando não se pode ser demitido e as pessoas podem trabalhar cerca de metade das horas esperadas. Os soviéticos se referiam ao fato como "o problema do absenteísmo", uma situação que atrapalhava a concretização de um futuro impossível, cheio de sapatos e artigos eletrônicos.

Nos Estados Unidos, os sindicalistas também se sentem obrigados a adotar termos da burguesia — para quem a produtividade e a disciplina do trabalho são valores absolutos. Eles agem como se a liberdade para fazer uma pausa em um canteiro de obras não fosse um direito duramente conquistado, mas um problema. É claro que seria muito melhor simplesmente trabalhar quatro horas por dia em vez de fazer o trabalho de quatro horas em oito, mas com certeza é melhor do que nada.

Problema 2: O que é o trabalho?

Submeter-se à disciplina do trabalho — supervisão, controle e até mesmo autocontrole, no caso do autônomo ambicioso — não faz de ninguém uma pessoa melhor. Aliás, em muitos dos aspectos que realmente importam, ela provavelmente torna a pessoa pior. Aguentá-la é uma desgraça que, na melhor das hipóteses, é às vezes necessária. Se, no entanto, rejeitamos a ideia de que esse tipo de trabalho é virtuoso por si só, conseguimos enxergar o que realmente há de virtuoso no trabalho. É fácil. O trabalho é virtuoso quando ajuda os outros. Abandonar a ideia do produtivismo nos permite repensar a própria natureza do trabalho com mais facilidade, uma vez que, entre outras coisas, significa que o desenvolvimento tecnológico será redirecionado da criação de mais produtos de consumo e de ainda mais trabalho disciplinado para a eliminação total dessas formas de trabalho.

O que restaria seria o tipo de trabalho que apenas seres humanos são capazes de fazer, isto é, as várias maneiras de cuidar e ajudar que estão, como argumentei, bem no centro da crise que levou ao Occupy Wall Street. O que aconteceria se parássemos de agir como se a forma primordial de trabalho fossem as linhas de produção ou os campos de trigo ou as fundições, ou mesmo as baias de escritório, e déssemos prioridade às mães, aos professores e aos cuidadores? Talvez sejamos forçados a concluir que o que verdadeiramente importa na vida humana não é contribuir para uma coisa chamada "economia" (um conceito que nem existia há trezentos anos), mas o fato de que todos somos, e sempre fomos, projetos de criação mútua.

Neste momento, a necessidade mais premente é simplesmente diminuir o ritmo da produtividade. Embora nossa reação instintiva a toda crise seja presumir a necessidade de que todos trabalhem ainda mais, é justamente aí que está o problema. Pode até parecer uma coisa estranha de se dizer, mas analisando o estado geral do planeta, a conclusão se torna óbvia. Ao que parece, estamos enfrentando dois problemas insolúveis. Por um lado, temos assistido a uma sucessão interminável de crises globais da dívida, que se tornaram mais e mais graves desde a década de 1970, a ponto de hoje o montante total (somando-se as dívidas de Estado, municipais, corporativas e pessoais) ser obviamente insustentável. Por outro lado, temos uma crise ecológica, um processo galopante de mudanças climáticas que está ameaçando mergulhar o planeta em secas, inundações, caos, fome e guerras. Pode até parecer que os dois fenômenos não estão relacionados, mas no fundo são a mesma coisa. O que é a dívida, afinal, senão a promessa de produtividade futura? Dizer que os níveis globais da dívida continuam aumentando é simplesmente outra forma de dizer que, como coletividade, os seres humanos estão prometendo produzir um volume ainda maior de produtos e serviços no futuro. E mesmo os níveis atuais são claramente insustentáveis. São exatamente eles que estão destruindo o planeta, em um ritmo cada vez mais acelerado. Até quem controla o sistema está começando a concluir, ainda que de forma relutante, que alguma espécie de cancelamento em massa da dívida — algum tipo de perdão — é inevitável. A verdadeira luta política será sobre a forma que ele vai tomar.

Bem, não está nítido que o melhor seria resolver os dois problemas ao mesmo tempo? Por que não um cancelamento da dívida planetária, tão amplo quanto possível na prática, seguido de uma redução em massa das horas de trabalho? Uma jornada de quatro horas, talvez, ou férias garantidas de cinco meses? Isso pode não só salvar o planeta, mas também mudar nossos conceitos básicos a respeito dos trabalhos que geram valor (uma vez que é pouco provável que as pessoas fiquem simplesmente sem fazer nada em suas horas de liberdade recém-conquistadas).

O Occupy certamente fez bem em não fazer exigências, mas se tivesse que fazer uma, seria essa. Afinal de contas, ela seria um ataque à ideologia dominante justamente em seus pontos mais fortes. A moralidade da dívida e a moralidade do trabalho são as armas ideológicas mais poderosas nas mãos de quem controla o sistema atual. É por isso que se aferram a esses conceitos, apesar de estarem efetivamente destruindo tudo. É também por isso que seria a exigência revolucionária perfeita.

Problema 3: Burocracia

Um fracasso verdadeiramente desastroso da principal corrente da esquerda foi sua incapacidade de produzir uma crítica significativa à burocracia. Entendo que essa seja a explicação mais evidente para não ter conseguido, em praticamente todos os lugares, se aproveitar da falha catastrófica do capitalismo em 2008. Na Europa, os partidos que conseguiram aproveitar a indignação popular são quase todos de direita. Isso porque a esquerda moderada, socialdemocrata, havia muito acatara tanto o mercado quanto a burocracia. Já a direita (particularmente a extrema-direita) não só achou mais fácil abandonar a fé cega em soluções de mercado, mas também já tinha elaborado uma crítica à burocracia. É uma crítica crua, ultrapassada e, em vários aspectos, irrelevante, mas pelo menos existe. A esquerda, ao rejeitar os hippies e as comunas da década de 1960, ficou na verdade sem nenhuma crítica.

A burocracia, no entanto, está em todos os aspectos de nossas vidas, de uma maneira como nunca esteve antes. Mas, de um modo bizarro, somos praticamente incapazes de enxergar isso ou de falar no assunto. Em parte porque passamos a ver a burocracia como uma mera característica governamental, ignorando as burocracias privadas — muitas vezes mais poderosas — ou, ainda mais importante, a maneira como as burocracias públicas e privadas (empresarial, financeira e até educativa) estão em tal grau enredadas que fica impossível distingui-las.

Certa vez li que o americano médio gasta cerca de meio ano ao longo da vida esperando semáforos abrirem. Não sei se alguém já calculou quanto tempo ele gasta para preencher formulários — duvido —, mas não acredito que seja substancialmente menos do que isso. Tenho certeza de que nenhum povo anterior na história jamais teve que gastar tanto tempo com papelada. E embora o governo, como qualquer pessoa que passa muito tempo na internet sabe, de fato pareça especialista em formulários particularmente torturantes, a papelada está presente em todas as situações que envolvam dar e receber dinheiro. Isso vale do topo do sistema (o grande sistema administrativo instituído para regular o comércio global em nome do "livre mercado") aos detalhes mais íntimos da vida cotidiana, na qual as tecnologias que deveriam originalmente poupar trabalho nos transformaram em contadores, assistentes jurídicos e agentes de viagens amadores.

Mas de alguma forma, ao contrário da década de 1960, quando o problema era muito menor, essa cascata de documentos sem precedentes não é mais vista como uma questão política. Mais uma vez, temos de tornar o mundo que nos cerca visível, especialmente porque uma das suspeitas instintivas das pessoas que não são políticos em relação à esquerda é que ela provavelmente vá produzir ainda mais burocracia. Muito pelo contrário. Seria quase impossível burocratizar mais do que hoje. Qualquer transformação revolucionária, mesmo que não elimine completamente o Estado, vai com certeza significar muito menos burocracia.

Problema 4: Recuperar o comunismo

Aqui temos o desafio mais difícil de todos, mas, já que estamos diante dele, por que não ir até o fim?

Algo realmente estranho começou a acontecer na década de 1980. Foi talvez o primeiro período na história do capitalismo em que os capitalistas começaram de fato a se autointitular "capitalistas". Durante a maior parte dos dois séculos anteriores, a palavra era usada basicamente para insultar. Lembro bem como o *New York Times* — que na época se tornou a verdadeira força motriz ideológica da popularização do que viria a ser a sabedoria convencional neoliberal — saiu na frente com uma sucessão interminável de manchetes gabando-se de como o regime comunista, ou o partido socialista, ou as cooperativas, ou qualquer outra instituição notadamente de esquerda haviam sido forçados, por pura conveniência, a adotar um ou outro elemento do "capitalismo". As manchetes repetiam o mantra à exaustão: "o comunismo simplesmente não funciona." Mas também representaram uma espécie de salto mortal ideológico, capitaneado por figuras lunáticas da direita como Ayn Rand, para quem "capitalismo" e "socialismo" basicamente trocaram de posição. Se antes o capitalismo tinha sido a realidade enganosa e o socialismo, o ideal não realizado, agora seria o contrário. Isso era ainda mais extremo no caso da palavra "comunismo", que sempre tinha sido usada, mesmo em relação aos regimes que se proclamavam "comunistas", para se referir a um vago futuro utópico geralmente a ser realizado apenas depois do desaparecimento do Estado, algo que se parecia muito pouco com o sistema "socialista" que existia na época.

Depois de 1989, o significado de "comunismo" parece ter mudado para "qualquer sistema de organização que existisse em regimes 'comunistas'". A isso se seguiu uma mudança retórica realmente peculiar. Se antes o próprio regime estava reduzido a um sistema implacavelmente eficiente na manutenção de exércitos e da polícia secreta, mas lamentavelmente inepto para a produção dos prazeres do consumo, agora passava a ser denominado utópico, ou seja, algo tão completamente contrário à realidade básica da natureza humana (como demonstrou a economia) que simplesmente "não funcionava" de jeito nenhum. Era, na verdade, algo impossível, uma conclusão verdadeiramente singular considerando, por exemplo, que a União Soviética controlou por setenta anos uma grande parte da superfície da Terra, derrotou Hitler e lançou o primeiro satélite e logo depois o primeiro homem ao espaço sideral. Era como se o colapso da União Soviética fosse tomado como prova de que ela nem poderia ter existido!

O desdobramento ideológico no uso popular é fascinante, embora ninguém fale muito sobre isso. Lembro perfeitamente que, quando era adolescente e trabalhava em cozinhas de restaurantes ou lugares do tipo, qualquer sugestão da equipe de um modo mais razoável e eficiente para organizar as coisas recebia respostas do tipo "isso aqui não é uma democracia", ou "isso não é comunismo". Em outras palavras, para os empregadores, as duas palavras eram intercambiáveis. O comunismo significava a democracia no local de trabalho, e é exatamente por isso que o condenavam. Eram os anos 1970 e 1980. A ideia de que o comunismo (ou a democracia) era ineficiente, sem contar o fato de ser inviável por natureza, ainda não tinha sido introduzida. Hoje já estamos em outro ponto. Em Londres, testemunhei algumas vezes pessoas de classe média que se diziam indubitavelmente de centro-esquerda recorrerem a essa ideia automaticamente até em determinadas situações com os filhos: certa vez, um pai respondeu assim à sugestão da filha de democratizar as responsabilidades com o passeio do cachorro:

— Não, isso seria comunismo, e todos sabemos que o comunismo não funciona.

A ironia aqui é que quando procuramos uma definição mais realista do termo "comunismo", descobrimos que a verdade é exatamente o oposto de tudo isso. Pode-se dizer, inclusive, que estamos na situação inversa daquela tão amplamente apregoada na década de 1980: o capitalismo foi forçado, de mil maneiras e em mil lugares, a recorrer ao comunismo, precisamente porque ele é a única coisa que funciona.

Usei esse argumento repetidas vezes antes. Ele é simples. Tudo que requer é que paremos de pensar no "comunismo" como a ausência de um regime de propriedade privada e voltemos à sua definição original: "de cada um segundo suas capacidades; a cada um segundo suas necessidades."* Se cada modelo social fundamentado e operando segundo esse princípio for descrito como "comunismo", então nosso entendimento mais fundamental da realidade social muda completamente. Fica evidente que o comunismo, pelo menos na sua forma mais atenuada, é a base de todas as relações sociais amistosas, já que a sociabilidade de qualquer tipo sempre pressupõe um comunismo de base, ou seja, a compreensão de que, se a necessidade for grande o suficiente (por exemplo, salvar uma pessoa se afogando) ou o pedido, simples o suficiente (por exemplo, fogo para acender o cigarro ou instruções sobre como chegar a um endereço), esse será o padrão aplicado.

Somos todos comunistas com aqueles que mais amamos e em quem mais confiamos. Mas ainda assim ninguém se comporta, se comportou ou vai se comportar de maneira comunista em todas as circunstâncias com todas as pessoas. Acima de tudo, o trabalho tende a ser organizado em bases comunistas, já que, em situações práticas de cooperação e especialmente quando a necessidade é imediata e urgente, a única maneira de resolver um problema é identificar quem tem a capacidade de fazer o que precisa ser feito. Se duas pessoas estão consertando o encanamento e um deles diz "Passa a chave", o

---

* A definição parece ter sido usada pela primeira vez dessa forma por Louis Blanc em 1840, mas uma versão anterior é atribuída ao escritor comunista francês Morelly, em seu *Código da natureza*, já em 1755. De qualquer forma, era popular em círculos radicais bem antes de Karl Marx tê-la usado em *Crítica ao programa de Gotha*.

outro, independentemente de estarem trabalhando para a Fundação Heritage ou para o Goldman Sachs, em geral não diz: "E o que eu ganho com isso?"

Por isso, não faz sentido imaginar um "comunismo" ideal futuro e discutir se ele seria possível. Todas as sociedades são comunistas em suas bases. E a melhor maneira de ver o capitalismo é como uma maneira ruim de organizar o comunismo. E é uma maneira ruim entre outras razões porque tende a incentivar formas extremamente autoritárias de comunismo nos locais de trabalho. Uma questão política central é: qual é a melhor organização do comunismo existente que vá incentivar formas de organização mais democráticas? Ou, melhor ainda, uma forma que elimine por completo a instituição contemporânea dos "locais de trabalho".

Colocar as coisas dessa maneira pode parecer algo surpreendente, mas na verdade é apenas senso comum. E elimina as intermináveis adições de significado que o conceito de comunismo ganhou tanto por parte daqueles que alegavam falar em seu nome quanto daqueles que queriam denegri-lo. Isso significa que não é possível haver um sistema "comunista", ou seja, no sentido de *tudo* ser organizado em termos comunistas. Mas também significa que, no sentido mais importante, já vivemos nele.

*

Talvez agora o leitor já tenha uma noção da direção que tenho em mente. Já praticamos o comunismo a maior parte do tempo. Já somos anarquistas, ou pelo menos agimos como anarquistas, cada vez que nos entendemos com o outro sem precisar da ameaça física para impor nosso ponto de vista. Não é o caso de construir uma sociedade inteiramente nova, mas de construir algo em cima do que já fazemos, ampliando as zonas de liberdade, até que elas se tornem o princípio organizador fundamental. Na verdade, eu nem acho que os aspectos técnicos sobre o modo de produção e distribuição de produtos manufaturados sejam o maior problema, embora constantemente sejamos levados a acreditar que seja o único, inclusive.

Há muitas coisas em falta no mundo. A inteligência, porém, não é uma delas. Temos uma oferta quase ilimitada de pessoas criativas capazes de encontrar soluções para problemas como esse. O problema não é a falta de imaginação. O problema são os sufocantes sistemas da dívida e da violência, criados para garantir que os poderes da imaginação não sejam usados — ou que sejam usados apenas para criar derivativos financeiros, novos sistemas de armas ou novas plataformas de internet para o preenchimento de formulários. Foi exatamente isso o que levou tanta gente para lugares como o Parque Zuccotti.

Mesmo o que hoje parecem divergências ideológicas gritantes provavelmente se resolveria com facilidade na prática. Na década de 1990, eu costumava participar de fóruns de notícias na internet que na época estavam cheios de criaturas que se autodenominavam "anarcocapitalistas". (Ao que parece, eles só existem na internet. Até hoje não me lembro de ter conhecido nenhum na vida real.) A maioria passava o tempo todo condenando os anarquistas de esquerda, alegando que eles eram defensores da violência. "Como você pode ser a favor de uma sociedade livre e ser contra o trabalho assalariado? Se eu quiser contratar alguém para colher meus tomates, como você vai me impedir sem usar a força física?" Logicamente, então, toda tentativa de abolir o sistema salarial só pode ser levada a cabo por alguma nova versão da KGB. É comum ouvir esse tipo de argumento.* O que não é comum é ouvir alguém dizendo: "Se eu quiser me contratar para colher os tomates de outra pessoa, como você vai me impedir sem usar a força física?" As pessoas parecem imaginar que em uma futura sociedade sem Estado serão sempre membros da classe patronal. Ninguém pensa que vão ser *eles* os catadores de tomate. Mas de onde acham exatamente que esses catadores vão sair?

Aqui podemos fazer um pequeno exercício de pensamento: vamos chamá-lo de parábola da ilha dividida. São dois grupos de idealistas; cada um reivindica a metade de uma ilha. Concordam em desenhar uma fronteira de tal forma que haja recursos mais ou menos iguais em cada lado. Um grupo cria então um sistema econômico no qual

---

* Também estão presentes no ensaio de Matthew Continetti citado no início do Capítulo 3.

alguns membros concentram a posse da propriedade e outros não têm nada; e quem não tem nada também não tem garantias sociais: vão morrer de fome a menos que aceitem emprego nas condições que os ricos estiverem dispostos a oferecer. O outro grupo cria um sistema no qual todos têm garantidos pelo menos os meios básicos de sobrevivência; esse grupo acolhe todos que chegam. Que motivo as pessoas escaladas para as posições de vigia noturno, enfermeira e mineiro de bauxita do lado anarcocapitalista da ilha teriam para permanecer lá? Os capitalistas seriam destituídos de sua mão de obra em questão de semanas. Resultado: eles mesmos seriam obrigados a patrulhar as terras, esvaziar as comadres e operar a maquinaria pesada — quer dizer, a menos que passassem imediatamente a oferecer aos trabalhadores um negócio atraente, de modo que eles pudessem também, afinal, viver em uma utopia socialista.

Por essa e várias outras razões, tenho certeza de que, na prática, qualquer tentativa de criar uma economia de mercado sem exércitos, polícias e prisões para apoiá-la rapidamente acabaria não se parecendo em nada com o capitalismo. Na verdade, tenho fortes suspeitas de que logo também deixaria de se parecer com aquilo em que estamos acostumados a pensar como mercado. Obviamente, posso estar errado. É possível que se tente isso e os resultados sejam bem diferentes do que imagino. Mas, nesse caso, tudo bem, estarei errado. O que me interessa mesmo é criar condições para podermos descobrir o que aconteceria.

*

Não tenho como dizer como uma sociedade livre seria de fato. Mesmo assim, já que falei que dar asas ao desejo político é o que realmente precisamos agora, talvez eu possa terminar descrevendo algumas coisas que pessoalmente gostaria de ver.

Gostaria que o princípio que rege o consenso passasse a valer para todos os aspectos da vida em sociedade, ou seja, que o respeito às diferenças radicais e mesmo incomensuráveis fosse a base para o compartilhamento de objetivos comuns. Mas o que isso significa de fato?

Bem, antes de mais nada, não acho que isso signifique que todo mundo passaria o tempo todo sentado em círculos em reuniões formais que durariam o dia inteiro. Acho que todos concordamos que essa perspectiva nos deixaria tão insanos quanto agora, no sistema atual. Obviamente há maneiras de deixar reuniões engraçadas e divertidas. Como defendi no último capítulo, o importante é menos a forma e mais o espírito. É por isso que insisto tanto que qualquer coisa que não demande estruturas burocráticas de violência pode ser considerada uma forma de organização anarquista. Muitas vezes se pergunta de que modo a democracia direta poderia "se ampliar", de encontros locais cara a cara até envolver toda uma cidade, região ou nação. É óbvio que ela não vai ter a mesma forma. Mas há muitas outras possibilidades. Pouquíssimas opções experimentadas no passado não estão mais disponíveis,* e novas possibilidades tecnológicas surgem a todo instante. Até hoje, a experimentação tem se concentrado na rotatividade dos representantes, mas pessoalmente acho que há um grande potencial inexplorado na revitalização dos sistemas de sorteio, como os que mencionei no Capítulo 3. Poderia ser algo vagamente parecido com a função de jurado em um júri, só que não obrigatório, com alguma forma de triagem para evitar obsessivos, excêntricos e fantasistas, mas que desse chances iguais, em grandes decisões, a todos que quisessem realmente participar. Também teriam de ser instituídos mecanismos para evitar abusos. Mas é difícil imaginar que os abusos pudessem ser piores do que o atual modo de seleção.

Em termos econômicos, eu realmente gostaria de ver algum tipo de garantia de sobrevivência que permitisse às pessoas se dedicar aos valores que consideram valer a pena, individualmente ou com outras pessoas. Como observei, essa já é a principal razão para as pessoas quererem ganhar dinheiro: para poderem se dedicar a outra

---

* Algumas realmente não são mais possíveis. Na Atenas antiga, os postos de trabalho dos técnicos especialistas não podiam estar sujeitos ao sistema de rotatividade. Para garantir que eles não acabassem tendo mais poder institucional que seus iguais, fizeram com que eles não fossem realmente iguais: a maioria dos funcionários públicos, até mesmo a polícia, era formada por escravos. Tirando essa, a maior parte das opções de democracia direta ainda está disponível para nós.

coisa — algo que consideram nobre, belo, profundo ou simplesmente bom. O que poderiam buscar em uma sociedade livre? Presumo que muitas coisas que mal podemos imaginar agora, embora se possa esperar que coisas familiares como artes, espiritualidade, esportes, jardinagem, jogos de fantasia, pesquisa científica e prazeres intelectuais ou hedonistas figurariam na lista, em diversas combinações inesperadas.

O desafio será certamente o modo de alocação dos recursos entre objetivos que não podem ser comparados entre si; são formas de valorar impossíveis de serem traduzidas umas nas outras. Isso, por sua vez, nos leva a uma pergunta que às vezes tenho que responder: qual é o verdadeiro significado de "igualdade"?

Ouço muito essa pergunta — em geral de pessoas muito ricas. "Afinal o que vocês estão demandando? A igualdade total? Como isso pode ser possível? Vocês querem realmente viver em uma sociedade na qual todos teriam exatamente a mesma coisa?", de novo com a sugestão tácita de que para um projeto assim seria necessário uma KGB. São preocupações do um por cento. E a resposta para elas é: "Gostaria de viver em um mundo onde essa pergunta não fizesse sentido."

Em vez de uma parábola darei aqui um exemplo histórico. Nos últimos anos, arqueólogos descobriram uma coisa que mudou toda a compreensão anterior da história da humanidade. Tanto na Mesopotâmia quanto no Vale do Indo, os primeiros mil anos de civilização urbana foram rigorosamente igualitários. Quase obsessivamente igualitários. Não existe nenhuma prova de desigualdade social: nenhuma reminiscência de palácios ou enterros suntuosos. As únicas estruturas monumentais eram locais que podiam ser compartilhados por todos (gigantescos banhos públicos, por exemplo). Muitas vezes, as casas de um bairro inteiro eram exatamente do mesmo tamanho. É difícil imaginar que essa obsessão com a uniformidade não tenha sido exatamente o problema. Como um dos meus amigos, o brilhante arqueólogo britânico David Wengrow, sempre gosta de observar, o nascimento da civilização nas cidades se deu imediatamente depois de uma inovação possivelmente ainda mais importante: o surgimento da produção de massa, ou seja, a primeira vez na história em que foi possível criar mil recipientes de azeite ou de cereais exatamente do mesmo tamanho, cada qual carimbado com um selo idêntico. Aparentemente, todos logo entenderam as implicações disso e ficaram aterrorizados. Afinal de contas, é preciso ter produtos uniformes para poder comparar quanto exatamente uma pessoa tem a mais que outra. Foram essas tecnologias de igualdade que tornaram possível a desigualdade como a conhecemos hoje. Por mil anos os habitantes das primeiras cidades conseguiram adiar o inevitável, o que é um notável testemunho de determinação. Mas o que acabou acontecendo tinha que acontecer, e estamos desde então lidando com o legado disso.

Não é provável que um dia consigamos desfazer uma inovação de seis mil anos de idade. Até porque não tenho certeza se deveríamos. Grandes estruturas impessoais, como os produtos uniformes, sempre vão existir. A questão não é como eliminar essas coisas, mas como colocá-las para trabalhar a serviço do seu oposto: um mundo onde liberdade é ter a possibilidade de perseguir objetivos completamente incompatíveis. A atual sociedade de consumo alega que esse também é o ideal que quer atingir, mas, na verdade, ele não passa de um falso simulacro.

Dizem que podemos conceber a igualdade de duas maneiras: dizendo que duas coisas são exatamente iguais (nos aspectos mais importantes, pelo menos), ou dizendo que são diferentes de tal forma que simplesmente não há maneira de compará-las. É essa última lógica que nos permite concluir que, já que todos os indivíduos são únicos, não podemos dizer que uns sejam por natureza melhores que outros — seria o mesmo que dizer, por exemplo, que existem flocos de neve superiores e inferiores. Para basear uma política igualitária nessa ideia, a lógica deverá ser: já que não existe um fundamento para a classificação de indivíduos únicos segundo seus méritos, todos merecem a mesma quantidade das coisas que *podem* ser medidas: uma renda igual, uma quantidade igual de dinheiro ou uma parte igual da riqueza.

Ainda assim, se você pensa bem, isso é estranho, porque pressupõe que somos todos completamente diferentes no que somos, mas idênticos no que queremos. E se mudássemos essa ideia? Ironicamente, a atual versão feudalizada do capitalismo, na qual o dinheiro e o poder se transformaram efetivamente na mesma coisa, torna essa tarefa mais fácil. O um por cento que governa o mundo pode ter tornado a busca de dinheiro e poder uma espécie de jogo patológico no qual ambos são fins em si mesmos, mas, para o resto de nós, ter dinheiro, ter uma renda, estar livre de dívidas, significa ter a possibilidade de buscar algo diferente do dinheiro. É claro que todos queremos garantir que nossos entes queridos estejam seguros e bem-cuidados. Todos queremos viver em comunidades saudáveis e bonitas. Mas, para além disso, o mais provável é que as coisas que desejamos sejam muito diferentes. E se liberdade fosse a capacidade de decidir ao que aspiramos buscar, com que pessoas e que tipo de compromisso desejamos ter com elas nesse processo? A igualdade, então, seria a garantia de acesso igual aos recursos necessários à busca de uma variedade infinita de valores. E a democracia, nesse caso, seria simplesmente nossa capacidade de nos reunir, como seres humanos razoáveis que somos, e tentar resolver os problemas comuns decorrentes — sempre haverá problemas. É uma competência que só se pode ter realmente quando todas as burocracias de coerção que mantêm as estruturas de poder desaparecerem ou entrarem em colapso.

*

Tudo isso ainda pode parecer muito distante. No momento, o planeta pode parecer mais propício a catástrofes sem precedentes do que a uma ampla transformação moral e política que abriria caminho para um mundo como esse. Mas se quisermos ter alguma chance de evitar essas catástrofes, vamos ter que mudar nosso modo habitual de pensar. E, como os acontecimentos de 2011 revelam, a era das revoluções definitivamente ainda não terminou. A imaginação humana se recusa obstinadamente a morrer. E no momento em que um número significativo de pessoas se livrarem simultaneamente das amarras dessa imaginação coletiva, até nossas suposições mais profundamente inculcadas sobre o que é e o que não é politicamente possível podem desmoronar da noite para o dia.

Notas

Introdução

1. Charles Pierce, "Why Bosses Always Win if the Game Is Always Rigged", esquire.com, 18 de outubro de 2012.

1. O começo está próximo

1. A informação apareceu na internet, mas tem origem no artigo de Christopher Helman "What the Top U.S. Companies Pay in Taxes", *Forbes*, 2 de abril de 2010.
2. Joseph E. Stiglitz, "Of the 1%, By the 1%, For the 1%", *Vanity Fair*, maio de 2011.

2. Por que funcionou?

1. Ginia Bellafante, "Gunning for Wall Street, With Faulty Aim", *The New York Times*, 23 de setembro de 2011.
2. China Study Group, "Message from Chinese Activists and Academics in Support of Occupy Wall Street", chinastudygroup.net, 2 de outubro de 2011.
3. Amanda Fairbanks, "Seeking Arrangement: College Students Seeking 'Sugar Daddies' to Pay Off Loan Debt", huffingtonpost.com, 29 de julho de 2011.
    Embora não haja estatísticas sobre os Estados Unidos, uma pesquisa recente no Reino Unido revelou que impressionantes 52 por cento das universitárias recorreram a algum tipo de trabalho envolvendo sexo para ajudar a pagar os estudos; menos de um terço se prostituiu de fato.
4. David Graeber, "Occupy Wall Street Rediscovers the Radical Imagination", *The Guardian*, 25 de setembro de 2011.
5. "Pessoas que apoiam o Tea Party em geral são homens, brancos e mais velhos; 40 por cento têm 55 anos ou mais, em comparação com 32 por cento entre todas as

pessoas que participaram da pesquisa; apenas 22 por cento têm menos de 35; 79 por cento são brancos e 61 por cento são homens. Muitos também são cristãos fundamentalistas: 44 por cento se identificam como 'convertidos', em comparação com 33 por cento entre todos os participantes." Heidi Przybyla, "Tea Party Advocates Who Scorn Socialism Want a Government Job", Bloomberg, 26 de março de 2010, citando uma pesquisa da Selzer & Company de março de 2010.
6. Malcolm Harris, "Bad Education", *n+1*, 25 de abril de 2001.
7. O debate foi lançado por um post de 19 de agosto do blog Freakonomics: Justin Wolfers. "Forgive Student Loan Debt? Worst Idea Ever", www.freakonomics.com.
8. Excelentes histórias podem ser lidas em: Anya Kamentz, *Generation Debt: Why Now Is a Terrible Time to Be Young* (Nova York: Riverhead Books, 2006). Curiosamente, esse fenômeno também esteve bastante presente nos noticiários na época do início da ocupação. Por exemplo, em um artigo de Tamar Lewin no *New York Times*: "College Graduation Rates Are Stagnant Even as Enrollment Rises, a Study Finds" (27 de setembro de 2011, p. A15). Um parágrafo: "Os números são chocantes: No Texas, por exemplo, de cada cem estudantes que se matriculam em uma universidade pública, 79 começaram em um instituto superior comunitário e apenas dois receberam o certificado do curso de dois anos dentro do prazo; mesmo depois de quatro anos, apenas sete tinham se formado. Dos 21 dos cem que se matricularam em um curso de quatro anos em uma universidade, cinco se graduaram no prazo; depois de oito anos, apenas 13 tinham recebido o diploma." De acordo com uma pesquisa do Pew Research Center, cerca de dois terços dos que abandonaram os cursos relataram ter desistido por causa da impossibilidade de financiar os estudos e ao mesmo tempo ajudar a sustentar a família (Pew Research Center, "Is College Worth It?", 16 de maio de 2011).
9. Stockton, na Califórnia, é um caso drástico. O município declarou falência no início de 2012 e anunciou que pretendia obter a receita para pagar os credores aumentando a "aplicação de regulamentos", ou seja, basicamente aplicar multas de estacionamento e multas por falta de manutenção dos jardins, ou ainda multar os moradores por não removerem imediatamente eventuais pichações. Essas penalizações inevitavelmente recaem em maior proporção sobre a classe trabalhadora mais pobre. Ver "Stockton Largest U.S. City Going Bankrupt", *Daily News*, 26 de junho de 2012.
10. "Parsing the Data and Ideology of the We Are 99% Tumblr", disponível em <http://rortybomb.wordpress.com/2011/10/09/parsing-the-data-andideology-of-the-we-are99-tumblr/>.
11. Ver, por exemplo: <http://lhote.blogspot.com/2011/10/solidarity-first-thenfear-for-this.html>, <http://attempter.wordpress.com/2011/10/12/underlyingideology-of-the-99/>, além dos comentários.
12. Linda Lowen, "Women Union Members: The Changing Face of Union Membership", womensissues.about.com. Atualizado em 17 de dezembro de 2008.
13. Giovanni Arrighi, *The Long Twentieth Century: Money, Power, and the Origins of Our Times* (Londres: Verso, 1994).

14. Michael Hudson, *Super Imperialism: The Economic Strategy of American Empire* (Londres: Pluto, 2006), p. 288.
15. Pam Martens, "Financial Giants Put New York City Cops on Their Payroll", *Counterpunch*, 10 de outubro de 2011. Tecnicamente, essas horas são de trabalho como segurança privada, mas eles trabalham com uniforme, armas e cassetetes e pleno poder de prisão.
16. Andrew Ross Sorkin, "On Wall Street, a Protest Matures", *The New York Times*, Dealbook, 3 de outubro de 2011.
17. Ron Suskind, "Faith, Certainty and the Presidency of George W. Bush", *The New York Times Magazine*, 17 de outubro de 2004.
18. George Gilder, *Wealth and Poverty* (Nova York: Basic Books, 1981) e citação de Pat Robertson, ambos em: Melinda Cooper, "The Unborn Born Again: Neo-Imperialism, the Evangelical Right and the Culture of Life", *Postmodern Culture*, vol. 17, n° 1, outono de 2006; Robertson, 1992, p. 153.
19. Rebecca Solnit, "Why the Media Loves the Violence of Protestors and Not of Banks", Tomdispatch.com, 21 de fevereiro de 2012. A matéria da KTVU está disponível em: <http://www.ktvu.com/news/news/emails-exchangedbetween-oakland-opdreveal-tensio/nGMkF/>. Sobre a questão da agressão sexual, surgiram estatísticas infladas, que incluíam todos os registros de agressões sexuais ocorridas nas proximidades das ocupações, estando o acusado relacionado com os acampamentos ou não.
20. Os interessados devem consultar um livro recente de Norman Finkelstein, *What Gandhi Says: About Nonviolence, Resistance, and Courage* (Nova York: OR Books, 2012), que contém várias citações que deixam claro que Gandhi considerava a passividade o pior dos crimes. Uma frase conhecida do indiano diz que, diante de injustiça manifesta, "se a única escolha for entre a violência e a covardia, aconselharia a violência".

3. "A plebe começa a pensar e a raciocinar": a história oculta da democracia

1. Matthew Continetti, "Anarchy in the U.S.A.: The Roots of American Disorder", *Weekly Standard*, 28 de novembro de 2011.
2. John Adams, *The Works of John Adams* (Boston: Little, Brown and Company, 1854), vol. 6, p. 481.
3. R. C. Winthrop, *The Life and Letters of John Winthrop* (Boston: Little, Brown and Company, 1869).
4. James Madison, "Federalist #10". Em: *The Federalist Papers*, p. 103.
   Embora Madison use a expressão "democracia pura" e Adams, "democracia simples", o único tipo a que ambos chamariam "democracia" é o governo por assembleia popular.
5. *The Federalist Papers*, n° 10, p. 119.

6. Para uma boa descrição de como as eleições parlamentares funcionavam no governo de Henrique VII, ver P. R. Cavill, *The English Parliaments of Henry VII, 1485-1504* (Oxford: Oxford University Press, 2009), pp. 117-31. Em geral, o eleitorado era um conselho local de ilustres. Em Londres, por exemplo, o grupo deve ter tido entre 150 e 3 mil participantes.
7. Bernard Manin, *The Principles of Representative Government* (Cambridge: The Cambridge University Press, 1992), p. 38. Na Grécia Antiga, por exemplo, as democracias tendiam a escolher os detentores de cargos executivos por sorteio entre um grupo de voluntários; a eleição era considerada o método oligárquico de escolha de representantes.
8. Ver John Markoff, "Where and When Was Democracy Invented?", *Comparative Studies in Society and History*, 41, n° 4 (1991), pp. 663-65.
9. Gouverneur Morris to [John] Penn, May 20, 1774. Em: Jared Sparks, *The Life of Gouverneur Morris: With Selections from His Correspondence and Miscellaneous Papers: Detailing Events in the American Revolution, the French Revolution, and in the Political History of the United States* (Boston: Grey & Bowen, 1830), p. 25.
10. Ambas citadas por Morris em: E. James Ferguson, *The Power of the Purse: A History of American Public Finance. 1776-1790* (Chapel Hill: University of North Carolina Press, 1961), p. 68.
11. Adams, *The Works*, vol. 6, pp. 8-9.
12. Madison, *The Federalist Papers*, n° 10, pp. 54-55.
13. Jennifer Tolbert Roberts, *Athens on Trial* (Princeton: Princeton University Press, 1994), p. 183.
14. Benjamin Rush, *Medical Inquiries and Observations*, vol. 1 (Philadelphia: J. Conrad, 1805), pp. 292-93.
15. Francis Dupuis-Déri, "History of the Word 'Democracy' in Canada and Québec: A Political Analysis of Rhetorical Strategies", *World Political Science Review*, vol. 6, n° 1 (2010), pp. 3-4.
16. John Markoff, "Where and When Was Democracy Invented?", *Comparative Studies in Society and History*, n° 41 (1999), p. 673.
17. Conforme reconstituído por Marcus Rediker em *Villains of All Nations: Atlantic Pirates in the Golden Age* (Boston: Beacon Press, 2004).
18. Ibid., p. 53.
19. Colin Calloway, *New Worlds for All* (Baltimore: Johns Hopkins University Press, 1997) (cf. Axtell 1985).
20. Cotton Mather, *Things for a Distress'd People to Think Upon* (Boston, 1696).
21. Ron Sakolsky e James Koehnline, *Gone to Croatan: Origins of North American Dropout Culture* (Oakland: AK Press, 1993).
22. Mediker, *Many-Headed Hydra* (Boston: Beacon Press, 2001).
23. Angus Graham, *The Inner Chapters* (Indianapolis: Hackett Publishing Co., 2001).
24. James Scott, *The Art of Not Being Governed: An Anarchist History of Upland Southeast Asia* (New Haven: Yale University Press, 2010).

25. Muitas das razões históricas do meu pensamento estão esboçadas em *Debt: The First 5,000 Years* (Brooklyn: Melville House, 2011), particularmente nos capítulos 10, 11 e 12.
26. Citado em: Francesca Polletta, *Freedom Is an Endless Meeting: Democracy in American Social Movements* (Chicago: University of Chicago Press, 2004), p. 39.
27. Estou dando apenas um breve resumo do que aconteceu, porque escrevi sobre isso mais detalhadamente em, por exemplo, *Direct Action: An Ethnography* (Oakland: AK Press, 2009), pp. 228-37.
28. Como diz Aristóteles: "Aqui a própria constituição da alma nos mostra o caminho; nela, uma parte naturalmente manda e a outra se sujeita, e asseveramos que a virtude da que manda é diferente da virtude da que se sujeita; uma é a virtude da parte racional e a outra, da parte irracional. É óbvio que o mesmo princípio se aplica em geral e, assim, quase todas as coisas mandam e são mandadas de acordo com a natureza. Mas o tipo de comando varia; o homem livre manda no escravo de modo diferente do que o homem manda na mulher, ou o homem manda na criança; embora as partes da alma estejam presentes em todos eles, estão presentes em graus diferentes. Pois o escravo não tem nenhuma faculdade deliberativa; a mulher tem, mas sem autoridade, e a criança também tem, mas não está amadurecida." *Política*. Agradeço a Thomas Gibson por me mostrar quão estranha é essa visão da natureza humana em comparação com quase todas as outras em sociedades agrárias.
29. Devo essa reflexão a um ensaio brilhante do filósofo político francês Bernard Manin.
30. Deborah K. Heikes, *Rationality and Feminist Philosophy* (Londres: Continuum, 2010), p. 146.
31. Samuel Blixen e Carlos Fazio, "Interview with Marcos About Neoliberalism, the National State and Democracy", Struggle Archive, outono de 1995, disponível em: <http://www.struggle.ws/mexico/ezln/inter_marcos_aut95.html>.
32. A prova disso está em uma pesquisa recente do economista Peter Leeson, que concluiu que "embora o estado de desenvolvimento permaneça baixo, em quase todos os 18 indicadores que permitem pré e pós-estabelecer comparações de bem-estar, os somalis estão melhores sob a anarquia do que quando havia governo". Ver Leeson, "Better Off Stateless: Somalia Before and After Government Collapse", *Journal of Comparative Economics*, vol. 35, n° 4, 2007. O artigo pode ser lido na íntegra em: <www.peterleeson.com/Better_Off_Stateless.pdf>.
33. Rebecca Solnit, por exemplo, escreveu um livro brilhante, *A Paradise Built in Hell: The Extraordinary Communities That Arise in Disaster* (Nova York: Viking Books, 2009), sobre o que de fato acontece em desastres naturais: as pessoas quase invariavelmente inventam formas de cooperação espontânea e muitas vezes sistemas de decisão democrática que contrastam dramaticamente com o modo como estão acostumadas a se comportar em sua vida cotidiana.

5. Quebrando o encanto

1. David Harvey, *A Brief History of Neoliberalism* (Londres: Oxford University Press, 2007).
2. Arjun Jayadev e Samuel Bowles, "Guard Labor", *Journal of Development Economics*, 79 (2006), pp. 328-48. Alguns dos números apresentados podem ser facilmente contestados. Os autores incluem nas contas, por exemplo, não apenas os membros das forças de segurança, mas também o "exército de reserva" de prisioneiros desempregados. A lógica aqui é: se essas pessoas contribuem com a economia, o fazem forçando os salários para baixo e com outras "funções disciplinares". Ainda assim, mesmo que se eliminem as categorias contestáveis, os números são impressionantes — e mais ainda o fato de que os números variam imensamente de país para país: Grécia, Estados Unidos, Reino Unido e Espanha têm cerca de 20 a 24 por cento de trabalhadores dedicados a algum tipo de serviço de proteção; os países da Escandinávia têm apenas entre 1 e 10 por cento. A explicação central disso parece ser a desigualdade social: quanto mais riqueza nas mãos do um por cento, maior o percentual dos 99 por cento que eles empregam para protegê-los.

Índice

Obs.: As iniciais OWS significam Occupy Wall Street.

abstenções, 213
Abu-Jamal, Mumia, 79
ação direta, 17
Ackerman, Bruce, 234
Adams, John, 15, 159, 164, 168-169, 172, 178, 196
   sobre a democracia ateniense, 159, 169
   sobre os povos indígenas, 178, 250
Adbusters, 25, 27, 40-41, 51-56, 60
   leitores, 60
   sobre a assembleia geral de 2 de agosto, 43, 214
   sobre a ocupação de 17 de setembro, 51, 53-54, 64
agências de crédito rápido, 95, 97
Agriculturalismo, 189
Al Jazeera, 78, 80
Albert, Michael, 226, 274
alianças, 252-255
Ameaça Vermelha, 147
Anarchy in the U.S.A.: The Roots of American Disorder [Anarquia nos Estados Unidos: As raízes da desordem americana] (Continetti), 156
anarcocapitalistas, 285
anarquismo (definição), 187-188
Anonymous, 247-248
Answer (Act Now to Stop War and End Racism) [Aja Agora para Parar a Guerra e Acabar com o Racismo], 44
anti-intelectualismo, 133
antifederalistas, 14

aristocracia natural, 162, 164
Aristóteles, 163, 186, 197
   sobre eleições, 163
   sobre racionalidade, 196-197
Arrighi, Giovanni, 155
Arts Against Cuts [Arte Contra os Cortes], 34
Asper, Colleen, 37
assembleias de devedores, 19, 154
assembleias gerais (do OWS), 72
   avisos da *Adbusters* sobre, 51-56
   conselho de porta-vozes das, 143, 217, 224, 228
   crise das, 278
   em Bowling Green, 43-44, 50
   grupos de trabalho das, 52
   isolamento de pessoas que queriam atrapalhar intencionalmente as, 154
   mediação das, 52, 63
   microfone humano na, 67, 217, 244, 253
   no Memorial à Grande Fome Irlandesa, 53, 60
   no Parque Tompkins Square, 60, 224, 229
   no Parque Zuccotti, 11, 66, 73, 78-79, 103, 135, 144, 148, 165, 244
   processo das, 52
   sinais com as mãos nas, 52
   sobre o 17 de setembro (no Parque Zuccotti), 66, 73, 78-79, 103, 135-136
   uso do idioma espanhol nas, 65
ataque à Universidade de Columbia, 251
ataque sexual, 135
ataques de 11 de setembro de 2001, 28, 40, 44, 61, 77, 138, 148, 149, 269, 270
ativismo ecológico, 28, 44, 46, 102

autoridade intelectual, 126
Awaiting the Magic Spark [Esperando a centelha mágica] (Graeber), 27
Banco da Inglaterra, 115, 167
Banco Mundial, 102, 114, 268
Bank of America, 36, 72, 93
Barr, Roseanne, 253
Bellafante, Ginia, 75, 100
Bellamy, Black Sam, 180
Bernanke, Ben, 101
Berrigan, Daniel, 248
black bloc, 34, 35, 77, 150-151, 207-208, 235, 239
   em Seattle, 235
   reação da polícia a, 238-239
Blanc, Louis, 283
Bloomberg, Michael, 38, 247
   medidas de austeridade de, 38, 48
   reação ao OWS, 247-248
   sobre a polícia de Nova York, 61
Bloombergville, 38-40, 55, 59, 62, 68, 70, 153
bloqueio da ponte do Brooklyn, 73, 78
bloqueios, 51
Bolívia, 258
Bologna, Tony, 73, 77, 135
Bolsa de Valores de Nova York, 37
Bookchin, Murray, 195
Boston Tea Party, 165, 169
Bouton, Terry, 168
Bowling Green, 43-44, 50, 53, 56, 65-66, 97
Braudel, Fernand, 115
Burke, Edmund, 158
burocracia, 279-281
Bush, George W., 108, 110, 128, 133-134, 156
   anti-intelectualismo de, 133-134
   guerras de, 118, 148-149, 269
   princípios econômicos de, 128-129
Callon, Michael, 129
Canassatego (negociador Haudenosaunee), 178, 183
capitalismo financeiro, 154
   como feudalismo, 93
   crise global da dívida no, 157
   fundamentalismo de mercado do, 41, 118
   lobby no, 36, 56, 92, 123
   níveis internacionais do, 31, 118
   poder dos Estados Unidos no, 114
   setor FIRE (conjunto dos setores financeiro, imobiliário e de seguros) do, 89, 90
   taxas, bônus e dividendos no, 92
capitalismo global, 157
   capitalismo financeiro do, 154
   fundamentalismo de mercado do, 118
   instituições financeiras do, 21, 82, 268
   neoliberalismo do, 120, 121, 270
   poder dos Estados Unidos e, 114
   Veja também movimento antiglobalização
capitalismo mafioso, 22
capitalismo, 92-93, 273, 280-281
   dependência do poder do Estado no, 117
   financeirização do, 154
   livre comércio no, 102, 120
   opinião pública sobre o, 230
   origem do, 183
   questionamento feito pelo OWS do, 158
   setor FIRE (conjunto dos setores financeiro, imobiliário e de seguros) do, 89, 90
   taxas de imposto para empresas no, 95
   Ver também capitalismo global
Castro, Fidel, 85
Chase Plaza, 64
Chávez, Cesar, 104
China, 78
   Agriculturalismo na, 189
   capitalismo na, 93, 116
   Revolução Cultural na, 117, 176
Cho En-Lai, 85
Chomsky, Noam, 80, 156
Chris (do Food Not Bombs [Comida, Não Bombas]), 47-48, 55
Chuang Tsé, 189
CIA (Agência Central de Inteligência americana), 31
civilização ocidental, 173
classe média, 20, 80, 138
classe profissional-gerencial, 127, 133
classe social. *Ver* classe
classe trabalhadora, 82
   crise hipotecária e, 133
   dívida pessoal da, 83, 88
   populismo conservador do, 99
classe, 18, 20
   dívida pessoal e, 22
   na polícia de Nova York, 20
   no populismo conservador, 87
Clinton, Bill, 131
CNN, 56, 79, 131
Coalizão dos Nova-Iorquinos contra os Cortes no Orçamento, 38-39
cobertura do OWS pela imprensa, 43
   apagões na, 79
   imprensa internacional, 79
   mídia de direita, 140
   sobre a intimidação da polícia de Nova York, 145

sobre a recusa do OWS em fazer demandas, 100
sobre o bloqueio da ponte do Brooklyn, 73
Código da natureza (Morelly), 283
coletivo Christiania, 191
coletivo Modern Times, 191
comentaristas, 17-19, 104, 105, 110, 111, 149
complexos de trabalhos equilibrados, 226
comunalismo, 280
comunidades áreas não colonizadas (Estados Unidos), 181-183, 197
comunismo, 105, 281, 282
  definição original de, 282
  nas práticas cotidianas, 284
Conferência de Bretton Woods, 114, 116
Congresso dos Estados Unidos, 162
conhecimento institucional, 129
Conselho Central do Trabalho, 153
consenso absoluto, 120, 252
consenso modificado, 194-195
conservador (como termo), 106
considerações econômicas, 218
  capitalismo feudalizado nas, 98
  classe trabalhadora dos Estados Unidos nas, 83
  contas de previdência nas, 95
  dívida nas, 94
  falência de cidades nas, 21
  financiamentos estudantis nas, 97
  fundamentalismo de mercado nas, 118
  leis de usura nas, 91
  no questionamento do OWS ao capitalismo, 110
  papel-moeda nas, 170
  pobreza orientada pelo gênero nas, 124
  setor manufatureiro nas, 117
  taxas de imposto para empresas nas, 90
  Ver também Grande Recessão
Constituição dos Estados Unidos, 162, 167, 177, 231, 274
  ausência do termo "democracia" na, 172
  Declaração de Direitos da, 14
  impacto das sociedades indígenas na, 176
  sobre o governo representativo, 32
contaminacionismo, 42-43, 74
contas de previdência, 95
Continetti, Matthew, 156-158
controle dos trabalhadores, 226, 227
Convenção Constitucional, 14, 167, 231
Correa, Rafael, 258
corrupção, 117
  contribuições de campanha e, 57
  dos partidos políticos, 117

financiamento de especialistas e, 287
lobby e, 123
criação de espaços, 29, 64
  para criatividade e improvisação, 202
  para redes de espaços libertados, 232
crime, 136
crise da dívida do Terceiro Mundo, 118, 261
crise de 2008. *Ver* Grande Recessão
crise ecológica, 278
crise hipotecária, 108
Crítica ao Programa de Gotha (Marx), 283
cultura democrática, 19, 102, 222
  contaminacionismo e contágio da, 42, 74
  do movimento Occupy Wall Street, 83
  em práticas de consenso, 42
  na mobilizações na Grécia e na Espanha, 38
  prática horizontal na, 52
  Ver também democracia direta; assembleias gerais
Daily Kos, 107
Debt: The First 5,000 Years [Dívida: Os primeiros 5.000 anos] (Graeber), 116, 295
Declaração de Direitos, 12-15, 231
  liberdades da Primeira Emenda na, 198, 231-237
  terra natal da, 14
democracia direta, 26, 29, 32, 41
  do movimento Occupy Wall Street, 26,
  no local de trabalho, 102
  práticas tradicionais locais de, 102
  Ver também processo de consenso
democracia na América (Tocqueville), A, 173
democracia, 147
  como deliberação coletiva, 222
  como doença, 169
  como o mercado, 120
  como termo, 16
  igualdade na, 173
  liberdade de expressão na, 198
  pensamento racional sobre o bem comum na, 197
  razoabilidade na, 199
  sem a governança do Estado, 121
  Ver também panorama histórico
  visão dos Pais Fundadores sobre a, 159
derretimento dos reatores de Fukushima, 38
desastres naturais, 295
Descartes, René, 200
desigualdade, 87, 98, 147, 158, 170, 188, 190, 196
desigualdades estruturais, 188
desobediência civil, 19, 32, 33, 38-39, 59, 64, 73-74, 153-154, 228-234, 240

ÍNDICE | 299

dinheiro na política. *Ver* corrupção
Direct Action Network [Rede de Ação Direta], 17, 59, 66, 139
direita cristã, 126, 128
dissidentes chineses, 79
dívida, 153
    calote da Argentina, 260
    campanha pelo perdão da, 275
    crise global da, 102
    da Guerra de Independência, 116
    de financiamentos estudantis, 95
    estratégias de redução da, 279
    juros e taxas da, 172
    levantes populares contra a, 172
    papel-moeda e, 170
Dupuis-Déri, Francis, 171-172
eclosões transformadoras da imaginação, 26
    Ver também movimentos revolucionários de massa
economia participativa, 226
Edifício Federal Hall National Memorial, 11-13, 149
educação elementar, 266
Ehrenreich, Barbara, 127
Eisenhower, Dwight, 91
eleições americanas, 16, 17, 103, 104, 107, 108
    2000, 110
    2006, 103
    2008, 103
    2010, 109
    2012, 149
eleições presidenciais. *Ver* eleições
elite cultural, 126, 132
Empire State Rebellion, 101
empréstimos estudantis, 21, 95, 96, 97
Equador, 258
Espanha, 37, 41, 49
    Indignados da, 41, 58
    movimento antiausteridade na, 37
    movimentos radicais de trabalhadores na, 155, 190, 215
    serviços de proteção na, 271, 272
Estado, 21, 25, 151, 180, 181
    estrutura de poder e força no, 229
    paradoxo da soberania do, 233
    perda de governança do, 121
    potencial de surgimento de um poder arbitrário no, 220
    Ver também polícia
Estados imperiais, 113
Estados Unidos, 12, 15
    como república, 158
    corrupção nos, 123
    cotação do dólar dos, 113, 115, 118
    déficit comercial dos, 116
    déficit nos, 116
    direitos de reunião nos, 211
    gastos militares dos, 116
    guerras no Oriente Médio dos, 118, 137
    ideias iluministas dos, 273
    império dos, 113, 117
    mecanismos de propaganda política dos, 137
    mecanismos de segurança dos, 137
    produção de armas nos, 117
    reações ao movimento Occupy nos, 83, 253
    síndrome do Vietnã nos, 269
    Ver também Constituição dos Estados Unidos
estágios não remunerados, 133
estágios, 133
estratégia da Cidade Sadr, 255
estratégia de Buenos Aires, 259
estratégia de deslegitimação, 261
estratégia de duplo poder, 253, 255
estratégia de El Alto, 258
estratégia de San Andrés, 256, 257
estratégia, 41, 44, 71, 76, 140, 141, 174, 189, 191, 235, 244, 245, 249, 252, 273
etos produtivista, 276
excrementos, 139-141
expulsões, 19, 135, 142
faccionismo de partidos políticos, 160, 163, 197
faccionismo, 160, 163, 197
FBI (Federal Bureau of Investigation), 45, 138
Federação de Professores, 38
Federal Reserve (FED), 92, 112, 115, 126, 128, 167
federalista, O, 159, 164
federalistas, 14, 170
Federici, Silvia, 134
feminismo, 134
    capacidade transformadora do, 134
    processo feminista do, 195
feudalismo, 93
financiamentos de pesquisa, 125
Finkelstein, Norman, 293
Finley, Moses, 98
Fithian, Lisa, 64, 66
Ford, 90
Ford, Henry, 92
Foucault, Michel, 129
FOX, 131
Frank, Barney, 108
Franklin, Benjamin, 177
Freeman, Jo, 218

Fundação Heritage, 106
Fundo Monetário Internacional (FMI), 261
  políticas do Terceiro Mundo do, 118, 261
  protestos de 2002 contra o, 118, 260
Gandhi, Mohandas K., 191
  Deixem a Índia (campanha), 151
  Marcha do Sal, 229
gastos militares, 116
General Motors (GM), 90
Geórgia (país), 32
Gilder, George, 128-129
Gitlow contra Nova York, 232
Gladstone, William, 174
Goldman, Emma, 191
Gore, Al, 110
governo parlamentar, 194
Grã-Bretanha, 115, 166
  Ver também Reino Unido
Graco, Caio, 166
Graco, Tibério, 166
Graeber, David, 98, 156
Grande Recessão, 20, 86
  crise da indústria automobilística na, 90-91, 106-107
  crise hipotecária da, 108
  diminuição da dívida na, 81, 82, 83, 84
  financiamentos estudantis na, 97
  salvamento dos bancos na, 34, 82
  Ver também movimento antiausteridade
Graves, Robert, 200, 201
Grécia, 37-38, 41, 49-50, 61, 118-119, 136-137, 174-175, 184, 186, 259
  escravidão na, 50
  estratégia de deslegitimação na, 261
  forma de autogoverno comunitário da Antiguidade na, 168
  movimentos contra as medidas de austeridade na, 137
  ocupações da Praça Syntagma na, 41, 68, 136, 232
  orçamento de austeridade, 137
  práticas de votação na Antiguidade, 168
  serviço de proteção na, 61
Grinde, Donald, 176, 182,
Grupo 16 Beaver, 37
grupos de trabalho, 52, 54, 72, 141, 142
guerra ao terror, 148
Guerra de Independência dos Estados Unidos, 162
Guerra do Afeganistão, 118, 134, 159, 175, 269
Guerra do Iraque, 12
  dano colateral na, 121
  estratégica da Cidade Sadr na, 255

Guerra dos Castores, 183
Guevara, Che, 85
Hamilton, Alexander, 15, 168
Harris, Malcolm, 85, 292
Hedges, Chris, 150
Heikes, Deborah, 201, 295
Henry, Patrick, 14
Hezbollah, 255
História (Tucídides), 159
Hobbes, Thomas, 159, 198
Hoffman, Abbie, 269
Holmes, Marisa, 29, 80
  mediação feita por, 195
  sobre planos B, 64
  trabalho de vídeo de, 36
Hudson, Michael, 116
Hume, David, 198
Huntington, Samuel, 174
Husband, Herman, 170
ideias iluministas, 273
igualdade, 165, 173
imprensa internacional, 79
Índia, 37, 93, 151, 184, 230
indianização, 182
Indignados (Espanha), 50, 58
índios americanos, 66, 182
  práticas de consenso dos, 183
  práticas de federalismo entre os, 183
Industrial Workers of the World [Trabalhadores Industriais do Mundo] (IWW), 47, 147
Inglaterra. *Ver* Reino Unido
instituições alternativas/autônomas, 256,-261
International Action Center [Centro de Ação Internacional] (IAC), 44
International Socialist Organization [Organização Socialista Internacional] (ISO), 48
Itália, 137, 174, 188, 274
Jackson, Andrew, 115, 172
Jefferson, Thomas, 174, 180
Johansen, Bruce, 176, 182
Keating, Charles, 57
Kentucky Fried Chicken (KFC), 230-231
Keynes, John Maynard, 43, 114
King, Martin Luther, 150, 248
Kirchner, Néstor, 260
Kohso, Sabu, 38
Konczal, Mike, 98
Kropotkin, Peter, 191
KRSS (Associação de Agricultores do Estado de Karnataka), 230
Lakey, George, 194-195
Lao Tsé, 189

LaRouche, Lyndon, 63, 65
Le Guin, Ursula K., 275
Leeson, Peter, 295
Lei Glass-Steagall, 56
Leibniz, Gottfried, 175
leis de licenciamento, 55
leis de usura, 91
liberdade de expressão, 14, 198, 231
liberdade de reunião, 55, 146, 232
liberdades abordadas na Primeira Emenda, 13, 146, 231-232
Liga das Seis Nações dos Haudenosaunee, 176
Linebaugh, Peter, 182
livre comércio, 102, 120, 231
lobby, 36, 56, 92, 123, 158
Locke, John, 176
macarthismo, 148
machismo, 188
Madagascar, 204-205, 223, 226
Madison, James, 14-15, 159-160, 168-169, 174, 180, 196
 sobre a democracia (ateniense) pura, 159
 sobre o governo republicano, 169
Magna Carta, 174
Maher, Ahmed, 29, 31
Makram-Ebeid, Dina, 25
Mao Tsé-Tung, 85
Marco Zero, 41, 148
Markoff, John, 179
Marx, Karl, 283
marxismo, 190
Mason, George, 14
Mather, Cotton, 181, 183
McCain, John, 106
McDonald's, 231
McGuire, Mike, 64
McKinley, William, 191
mediadores, 67, 216, 219
 guias para, 59
 nas assembleias gerais do OWS, 66
 papel dos, 216
 Ver também processo de consenso
microfone humano, 67, 217, 244, 253
mídia, 38, 62, 74-75, 77-80, 102, 110, 118
 apoio à polícia na, 79
 e a cobertura das táticas gandhianas, 75, 76
 e a cobertura do Movimento de Justiça Global, 16, 28, 29, 31, 32
 e a cobertura do Tea Party, 80
 grandes formadores de opinião, 110, 111
 influência do dinheiro na, 17, 21, 82
mídias sociais, 75, 77

 conexões internacionais nas, 79
 Tumblr "Nós somos os 99 por cento", 21, 53, 58, 59, 97
milícias armadas, 255
Milosevic, Slobodan, 31
modelo argentino, 259
Montaigne, Michel de, 200
Montesquieu (Charles de Secondat), 163, 176
Moore, Michael, 253
Morales, Evo, 258-259
Morelly, Étienne-Gabriel, 283
Morris, Gouverneur, 165, 196
Morris, Robert, 167, 170
MoveOn.org, 146, 253
Movimento 6 de Abril, 29-32
movimento anarquista, 101
 ação direta no, 228-238
 consenso e processo igualitário no, 101-103, 186-188, 191-205
 Continetti sobre o, 156-158
 estratégias para mudar a realidade no, 190-193
 sobre a desobediência civil, 232-235
 sobre empreendimentos de economia alternativa, 190
 sobre Gandhi, 151-152
 sobre o trabalho, 276
movimento antiausteridade, 37
 crise da dívida, 117-118, 278-279
 Empire State Rebellion, 101
 Grupo 16 Beaver, 37-43
 na Grécia, na Espanha e em Israel, 21, 37, 60, 61, 65, 119, 136, 137, 232
 No Cuts de Nova York, 55
 Nova-Iorquinos Contra os Cortes no Orçamento (Bloombergville), 38-40, 55, 59, 62
 UK Uncut [Reino Unido Sem Cortes], 33-36, 40
movimento antiglobalização, 118
 modelo do conselho de porta-vozes do, 143
 origens do, 156-157
 protestos contra a OMC, 28-29, 76-78, 79, 138-142, 230-231, 235, 250
 Ver também Movimento de Justiça Global
movimento antinuclear, 32
Movimento de Justiça Global, 16, 28-29, 31-32, 42, 67, 102, 138, 143, 155, 192, 208
 ações contra o FMI em Washington, em 2002, 40, 270
 cobertura da mídia do, 43, 74, 76
 criatividade e improvisação no, 46

debates sobre táticas no, 34
principios anarquistas do, 47
processo igualitário do, 101
repressão do, 147
sobre a democracia direta e o contaminacionismo, 42, 43, 74
Ver também protestos contra a OMC em Seattle
movimento de solidariedade zapatista, 50
movimento dos kibutz, 191
Movimento Escola Livre, 191
movimento Escuela Moderna, 191
Movimento Indígena Americano, 147
movimento mundial de assembleias gerais, 49
movimento Occupy em Oakland, 136, 149-151, 208
black blocs no, 34, 35, 150
incidentes com quebra de vidraças na, 77, 102, 150
repressão policial ao, 79
movimento United Farm Workers [Trabalhadores Agrícolas Unidos], 104
movimentos antiguerra, 102, 232, 269-273
movimentos de massa. *Ver* movimentos revolucionários de massa
movimentos revolucionários de massa, 42
adaptação nos, 110
alianças nos, 110
ataque preventivo pelo governo aos, 27
consenso nos, 111
criação de espaços libertados nos, 64
de 1968, 267
desafios dos, 32, 34
desobediência civil e ação direta dos, 19
espaços de criatividade e improvisação nos, 181, 183
estratégias dos, 71
igualdade nos, 188
panorama histórico dos, 26, 59
questionamento da burocracia governamental, 102
questionamento da dívida, 28, 56, 81, 84
questionamento da natureza do trabalho, 275, 278
questionamento do foco no trabalho, 117
questionamento do OWS ao capitalismo como, 87
questionamento do OWS ao papel do dinheiro na política como, 74, 88
reações repressivas aos, 149
recuperação do comunismo nos, 281
recusa do OWS em fazer demandas como, 101

restrições impostas pela polícia aos, 188, 205
senso comum político nos, 266
Ver também Revolução Egípcia
MSNBC, 73, 80, 131
Mubarak, Hosni, 25
mudança climática, 153
mulheres, 34
afiliação a sindicatos, 99, 100
ataques sexuais a, 135
em profissões assistenciais, 34
movimento feminista, 134
pobreza das, 99
nações Haudenosaunee, 176-177, 183
nações iroquesas, 176-177
Nader, Ralph, 111
Nanjundaswamy, M. D., 230
natureza do trabalho, 275, 278
natureza humana, 198, 282
neoliberalismo, 120-121, 270-272
esfera de mercado do, 87
esfera política do, 198, 267
New Deal, 252, 266
New Party [Partido Novo], 104,
No Cuts de Nova York, 55
Obama, Barack, 30, 41, 104-109, 131, 262
conservadorismo de, 30
eleição de 2008, 105
políticas fiscais de, 105
sobre a classe média, 106
Ver também Grande Recessão
Occupy Austin, 243
Occupy Wall Street (OWS), 22
aliados e apoios do, 114
anúncios na *Adbusters* do, 25, 27
aparente fim do, 75
bibliotecas do, 150, 236
capacitações, 152
cobertura da mídia, 43, 74, 76, 78
como movimento revolucionário, 25, 28, 42, 85, 110, 119, 192
conta no Twitter, 52
cozinhas do, 72, 144, 236
criação de espaços libertados no, 64
democracia direta do, 29, 32, 41
desenvolvimento da base no, 68
desobediência civil e ação direta do, 19
diversidade dos participantes no, 150
doações ao, 235
e regulações sobre o uso da calçada, 38
estratégia de deslegitimação do, 259, 261
expectativas dos *liberais* em relação ao, 133
expulsões do, 254

higiene e limpeza no, 141
horizontalidade do, 63
	na Union Square, 11, 144-145
	origem do, 183
	planos de greve no Primeiro de Maio, 143, 153, 265
	política em relação à polícia, 77
	primeira reunião (2 de agosto), 43, 214
	principais instituições do, 21
	rápida expansão do, 154
	reação da polícia ao, 79
	reação dos mecanismos de segurança de Estado, 137
	recusa em fazer demandas, 52
	segurança no, 61, 99
	slogan "Nós somos os 99 por cento", 59
	sobre o dinheiro na política, 32
	Ver também Parque Zuccotti
	visitas de celebridades ao, 253
Occupy Wall Street Journal, 26
ocupação da New School em 2009, 28
ocupações, 19, 21, 27, 40, 50, 61, 72, 78, 101, 134
Of the 1%, By the 1%, and For the 1% [Do um por cento, pelo um por cento e para o um por cento] (Stiglitz), 56-57
oligarquia, 18
opinião dominante, 112
Organização Mundial do Comércio (OMC), 51, 67, 76, 79, 102, 139, 208, 240, 268
organizações militares, 113, 114
	papel na desigualdade estrutural, 161
	práticas de votação das, 185
	Ver também polícia
Orwell, George, 121
Osterwail, Willie, 51
Otpor!, 31-32
Paine, Tom, 164
Pais Fundadores, 14-15, 159-160, 164, 176, 197
	riqueza pessoal dos, 57
	sobre a aristocracia natural, 164
	sobre a democracia e as massas, 178
	panorama histórico, 26, 59, 61, 75
	da dívida e da pobreza, 99
	da Guerra de Independência dos Estados Unidos, 162
	da invenção da "civilização ocidental", 173
	da razoabilidade, 199
	da visão dos Pais Fundadores sobre a democracia e as massas, 164
	da votação, das eleições e dos sorteios, 164
	das civilizações igualitárias da Antiguidade, 186
	das comunidades nas áreas não colonizadas e da indianização (Estados Unidos), 182
	das monarquias centralizadas da Europa, 175
	das sociedades indígenas dos Estados Unidos, 176
	das tradições locais, 183
	das tripulações pirata, 180
	do consenso, 209
	do governo direto na Grécia, 172-173
	do governo representativo, 184
	do movimento anarquista, 101
	do pensamento racional sobre o bem comum, 196
	do populismo, 87, 88, 132
	dos espaços de improvisação e criatividade, 46
	dos levantes contra a dívida, 172
	dos sistemas de federação, 176
Panteras Negras, 208
papelada, 280
Parque Zuccotti, 11, 66, 73, 78, 79, 103, 135, 136, 144, 148, 165, 244, 247, 253, 285
	Ver também Occupy Wall Street
Partido Democrata, 17, 107, 131, 133, 146, 252, 269
	apoio da ala esquerdista ao OWS, 146
	base eleitoral, 17
Partido Republicano, 29, 108, 133
	ameaças de calote ao governo, 260-262
	direita populista do, 80, 131, 132, 133
	e as eleições de 2008, 109, 111
	e as eleições de 2010, 111
	principal eleitorado e interesses do, 130
	Tea Party do, 63, 75, 80, 84, 165
partidos minoritários, 111
passividade, 293
Paul, Ron, 128
pensamento *liberal*, 119
pensamento libertário, 243
perguntas frequentes sobre consenso, 195
Pierce, Charles, 17
piratas somalis, 123
Platão, 158
Plaza de Cataluña (Barcelona), 68
Plowshares Eight, 248
Políbio, 166
polícia de Nova York, 28, 61, 71, 73, 88, 153
	currais para manifestantes da, 46
	detenções em massa feitas pela, 35, 150
	dinheiro de Wall Street para a, 41

divisões de classe na, 133
políticas do OWS em relação à, 151
reação à ocupação do Parque Zuccotti, 66, 71, 73, 78, 79
relatos de ataques à, 155
repressão e violência empregados pela, 147
sobre invasão, 127
Ver também organizações militares
polícia, 12, 20, 21, 28
   apoio da imprensa à, 51
   conexões com a, 61, 62
   divisões de classe entre a, 12
   função na estrutura de poder do Estado, 61
   militarização pós-11 de Setembro da, 61
   política do OWS em relação à, 62
   reação coordenada ao OWS, 44, 71
   reações a táticas não violentas, 51, 71
   restrições à liberdade de reunião, 68
   sindicalização da, 100
   uso da violência, 28, 44, 65, 70
populismo, 87, 132-133
povo Cayuga, 183
povo Mohawk, 183
povo Oneida, 183
povo Onondaga, 176, 183
povo Seneca, 183
Praça Syntagma (Atenas). *Ver* Grécia
Praça Tahir (Cairo). *Ver* Revolução Egípcia
prática horizontal, 52
   grupos de trabalho na, 52, 54
   mediadores e lideranças na, 52
   modelo de conselho de porta-vozes na, 42
   reuniões da assembleia geral como, 16, 49
   Ver também processo de consenso
práticas verticais, 46, 62, 228
presidência, 17, 172
Presto, Matt, 47, 55
Primavera Árabe, 78
   na Tunísia, 137, 263
   no Egito, 25-26, 28-33, 68, 138-139, 145
   principais demandas da, 118-119
   redes sociais na, 78
   repressão no Bahrein, 137
processo de consenso, 59
   bloqueios (vetos) no, 51
   compartilhamento de informação no, 212
   conflito no, 62
   conflitos no, 62
   consenso absoluto no, 120, 204, 252
   disponibilidade de tempo no, 212
   em grupos grandes, 212
   espaços de criatividade democrática no, 212
   grupos de trabalho descentralizados no, 224
   mediação e liderança no, 52
   nas práticas tradicionais locais, 212
   objetivo comum no, 202
   perguntas frequentes sobre, 218
   princípios de unidade no, 212
   procedimento em quatro etapas do, 212
   quatro princípios do, 209, 210, 212
   razão para fazer propostas no, 224
   razoabilidade no, 212
   tradição feminista no, 201
   votação no, 212
   votações por maioria qualificada no, 212
produção de armas, 117
proletariado atlântico, 182
protesto na Fortnum & Mason, 34-36
protestos contra a Convenção Nacional do Partido Republicano, 29
protestos contra a OMC em Seattle, 79, 139, 240
   alegações pelos órgãos oficiais de uso da violência, 161
   black blocs nos, 35, 150
   estratégia e tática dos, 41
   inspiração nos agricultores da Índia, 230
   microfone humano nos, 67, 217, 244
   organização dos, 225
   reações da polícia aos, 79
   relatórios de guerrilha na web, 77, 78
protestos contra a Organização Mundial do Comércio (OMC), 79
   Ver também protestos contra a OMC em Seattle
Proudhon, Pierre-Joseph, 188
Pufendorf, Samuel von, 172
punição física, 181
puritanos, 181-182
quacres, 194-195, 216
raciocínio moral, 200
racismo, 126, 132, 183, 188
Rand, Ayn, 128, 281
Randolph, Edmund, 171
Rashed, Waleed, 30, 31
Rawls, John, 198
razoabilidade, 199-201, 262
Reagan, Ronald, 112, 125
Rebelião de Shay, 168
Rebelião do Uísque, 168
Rebuild the Dream [Reconstruir o Sonho], 146

recessão de 2008. *Ver* Grande Recessão
Reddy, Priya, 29
Rediker, Marcus, 180, 182
regulações sobre o uso da calçada, 38
Reino Unido, 27, 28, 33, 114
    Arts Against Cuts [Artes Contra os Cortes] no, 34
    Constituição do, 166
    governança representativa no, 121
    monarquia limitada do, 161
    serviços de proteção no, 271, 272
república (como termo usado pelos Pais Fundadores), 14, 15, 159, 160, 164, 176, 197
República romana, 162
resistência à Guerra do Vietnã, 148
Reverendo Billy, 65
Revolta Zapatista (Chiapas, México), 28, 157, 250
    estratégia de San Andrés da, 256, 257
    táticas da, 202
Revolução Egípcia, 29
    motoristas de táxi na, 30
    Movimento 6 de Abril da, 29
    ocupações da Praça Tahrir, 25, 30, 68, 145
    reação do governo à, 45
Revolução Francesa, 266-267
Revolução Russa, 266
Robespierre, Maximilien de, 171
Robinson, Kim Stanley, 275
Rousseau, Jean-Jacques, 163, 198
Rush, Benjamin, 169, 170
sabedoria convencional, 111, 122
Sagri, Georgia, 37-38, 232
    performance pública de, 129
    reunião de 2 de agosto e, 43, 214
Santelli, Rick, 84
Santo Agostinho, 198
Schmitt, John, 100
Scott, James, 189
seguro. *Ver* setor FIRE (conjunto dos setores financeiro, imobiliário e de seguros)
Sen, Amartya, 184
Senado, 162, 171
senhoriagem, 115
Sérvia, 32
serviços de proteção, 271-272
setor FIRE (conjunto dos setores financeiro, imobiliário e de seguros), 89, 90
setor imobiliário. *Ver* setor FIRE (conjunto dos setores financeiro, imobiliário e de seguros)
sindicato trabalhista CNT, 191, 193

sindicatos, 38
    alianças com os ativistas, 247
    etos produtivista dos, 276
    filiação da polícia aos, 28, 30, 38
    movimentos radicais de trabalhadores nos, 190
    na coalizão Nova-Iorquinos Contra os Cortes no Orçamento, 38
    no OWS, 150, 151, 157
    participação feminina nos, 134
síndrome do Vietnã, 269
Singsen, Doug, 38, 39, 55
sistema bipartidário, 107
sistema de júri, 163
Sitrin, Marina, 66
slogan "Nós somos os 99 por cento", 59
socialismo, 105, 281
Sociedade Religiosa dos Amigos, 194
Solnit, Rebecca, 135
Somália, 204
sorteamento, 163
sorteio, 163-164, 287
Starbucks, 231, 235
Starhawk, 218, 275
Stiglitz, Joseph, 56, 57, 253
Strauss-Kahn, Dominique, 114
Strike Debt [Lute Contra a Dívida] (campanha), 154
Student Nonviolent Coordinating Committee [Comitê Coordenador Estudantil Não Violento] (SNCC), 193
Students for a Democratic Society [Estudantes por uma Sociedade Democrática] (SDS), 33, 194
Subcomandante Marcos, 202
suborno, 121-122, 123-125, 129-131, 157, 273
    Ver também corrupção
subsidiariedade, 225
Swatane (negociador Haudenosaunee), 183
táticas não violentas, 32
    criação de espaços libertados por meio de, 237, 254, 255
    criatividade e improvisação nas, 46
    desobediência civil como uma das, 228
    do movimento anarquista, 28, 101
    do OWS, 247
    dos black blocs, 34, 35, 105, 207
    impacto do 11 de Setembro nas, 148
    princípios das, 249
    táticas usadas por Gandhi, 75, 76
    Associação de Agricultores do Estado de Karnataka, 230
    criatividade e improvisação nas, 46
    impacto do 11 de Setembro nas, 51

sobre passividade e violência, 75
   Ver também táticas não violentas
taxa de desistência da universidade, 34
Tea Party, 63, 75
   cobertura da mídia, 80
   demografia do, 84
Teamsters, 153
teoria ator-rede, 129
teoria pós-estruturalista, 128
terrorismo, 148
   11 de setembro de 2001, 40
   repressão de Estado como, 270
The Atlantic, 110
The Cancer in Occupy [O câncer no Occupy] (Hedges), 150
The Case for Xanthippe [Em defesa de Xantipa] (Graves), 200
The Daily Beast, 110
The Daily Show, 131
The Guardian, 291
The New York Times, 291
   cobertura do OWS, 78
   cobertura dos protestos contra a OMC em Seattle, 51
   sobre o comunismo, 105, 281
The Weekly Standard, 156, 158
Tocqueville, Alexis de, 173
Tolstoi, Leon, 151
Toulmin, Stephen, 200
trabalho sexual, 145
trabalho sindicalizado. *Ver* sindicatos
trabalho, 19
   foco em cuidar e ajudar, 99
   natureza do, 119
   serviços de proteção e, 271
   Ver também sindicatos
Transit Workers Union [Sindicato dos Agentes do Trânsito] (TWU), 88
Tratado de Lancaster, 177
Tratado de Livre-Comércio da América do Norte (Nafta), 102
Trinity Church (Manhattan), 144
tripulações pirata, 179
Troubled Asset Relief Program (TARP), 108
   Ver também Grande Recessão
Tucídides, 159
Tumblr "Nós somos os 99 por cento", 97, 112
Tutu, Desmond, 144
UK Uncut [Reino Unido Sem Cortes], 33, 34, 35, 36, 40
um por cento, 124
unanimidade forçada, 222
União Europeia, 102, 225
União Soviética, 268, 274, 277, 282
Union Square, 144, 145
US Day of Rage [Dia Americano da Fúria], 63
US Uncut [Estados Unidos Sem Cortes], 32, 33, 35, 36
Venezuela, 32
Villains of All Nations [Vilões de todas as nações] (Rediker), 180
violação dos direitos humanos, 241
violência, 28
   em territórios criados por milícias armadas, 255
   papel na estrutura de poder do Estado, 104
   táticas gandhianas, 75, 76
   Ver também táticas não violentas
Volcker, Paul, 112
Voltaire, 174
votação, 185
   na prática do consenso, 194
   votações por maioria qualificada e, 186
votações de maioria qualificada, 185
Wall Street. *Ver* capitalismo financeiro; Bolsa de Valores de Nova York; Occupy Wall Street; o um por cento
Wallerstein, Inmanuel, 266
Washington, George, 12, 14, 15, 170
Weber, Marx, 93
Wengrow, David, 288
Where and When was Democracy Invented? [Quando e onde a democracia foi inventada?] (Markoff), 179
White, Micah, 25, 28, 53, 55
Wilson, Charles Erwin, 90
Wobblies [Trabalhadores Industriais do Mundo] (IWW), 50
Women, Austerity and the Unfinished Feminist Revolution [Mulheres, austeridade e a revolução feminista inacabada] (Federici), 134
Workers World Party (WWP), 44-51, 62

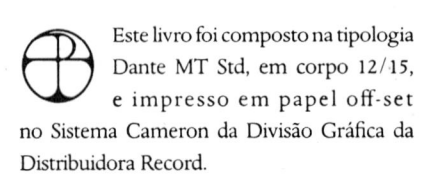

Este livro foi composto na tipologia Dante MT Std, em corpo 12/15, e impresso em papel off-set no Sistema Cameron da Divisão Gráfica da Distribuidora Record.